CURSO DE FORMACIÓN

MINISTERIAL

Cómo
ACONSEJAR
en situaciones de
CRISIS

CURSO DE FORMACIÓN
MINISTERIAL

Cómo ACONSEJAR en situaciones de CRISIS

C O N S E J E R Í A

editorial clie

Norman Wright

EDITORIAL CLIE
C/ Ferrocarril, 8
08232 VILADECAVALLS (Barcelona) ESPAÑA
E-mail: libros@clie.es
Internet: http:// www.clie.es

CÓMO ACONSEJAR EN SITUACIONES DE CRISIS
Título original: *Crisis Counseling*

ISBN: 978-84-7645-447-3

Clasifíquese:
450 CONSEJERÍA PASTORAL:
Tópicos de consejería
CTC: 01-05-0450-02
Referencia: 223352

Índice

Anatomía de una crisis

A principios del año 1960 yo formaba parte del personal de una iglesia grande como ministro de educación cristiana y juventudes. Un domingo por la noche teníamos a un pastor de otra iglesia como predicador invitado. Su presentación produjo un efecto dramático en cada una de las personas de la audiencia. Cuando llegó el momento en que debía dar su mensaje, se levantó, anduvo hacia el púlpito y, sin una sola nota ni abrir la Biblia, empezó a recitar ocho pasajes de la Escritura de memoria como la base de su mensaje. Luego dijo a la congregación: «Esta noche quisiera hablaros acerca de lo que hay que decir y lo que no hay que decir, lo que hay que hacer y lo que no hay que hacer en situaciones de aflicción y crisis.» Hizo una pausa, y vi desde mi punto de observación con ventaja, frontalmente desde la plataforma, que todo el mundo en la congregación estaba buscando un pedazo de papel en que tomar nota de los principios que el predicador estaba a punto de discutir. Yo también busqué un papel, y todavía conservo algunas notas sobre aquel mensaje. Nos dio toda la ayuda y guía que necesitábamos, porque la mayoría no sabía qué decir, aconsejar o hacer cuando uno pierde a un ser querido o se halla en una situación de crisis. (Es por esto que muchas personas procuran evitar situaciones de este tipo.)

Lo práctico y útil del mensaje de aquella noche está todavía grabado en mi memoria, y con frecuencia he pensado: «¡Qué diferente sería si los pastores educaran a sus miembros para muchas de las crisis de la vida como lo hizo este pastor! Tendríamos congregaciones que se ayudarían y se interesarían unos por otros. Podríamos hacer una labor mucho mejor al intentar comunicar con los que están en necesidad.»

El viaje de la vida incluye un conjunto de crisis, algunas de las cuales son predecibles y esperadas, y otras son completas sorpresas. Algunas crisis son de desarrollo, otras son situaciones. Tú, como ministro o como consejero laico, probablemente has experimentado numerosas crisis en tu propia vida y sabes lo que es pasar por ellas. El estar vivos significa que tenemos que estar resolviendo problemas constantemente. Cada nueva situación nos proporciona la oportunidad de desarrollar nuevas técnicas de usar nuestros recursos a fin de conseguir mantener el control. Algunas veces tenemos que intentarlo una y otra vez, porque nuestros primeros esfuerzos no dan resultado. Pero, al persistir, descubrimos nuevas formas de vencer los problemas. Y cuando hacemos frente a un problema similar en el futuro, hallamos que es más fácil resolverlo en base a lo que hemos aprendido en el pasado.

Un día, sin embargo, nos encontramos frente a un problema que parece hallarse más allá de nuestra capacidad. Cuando un problema es abrumador, o cuando nuestro sistema de sostén y apoyo, dentro de nosotros o de los demás, no funciona, perdemos el equilibrio. Esto es lo que llamamos una crisis. Y si hay precisamente alguien a quien se acuda para obtener ayuda durante una ocasión de crisis, éste es el pastor o ministro. Las crisis son parte de la vida. Deberíamos esperarlas y verlas venir. Son inevitables. El ayudar a los que pasan por crisis puede ser una fase muy importante del ministerio. De hecho, dos de las tareas del ministerio de la iglesia son el preparar a todos los miembros para resolver mejor sus propias crisis y equiparlos para ayudar a otros en tiempos de crisis. Los principios para la comprensión de una crisis y para ayudar a otros en tiempo de crisis se pueden enseñar en sermones y en clases. La razón por la cual las personas vacilan en implicarse en los problemas de los demás no es porque no les importen; más bien es que se sienten incapaces o poco preparados, ¡no saben qué hacer o qué decir! Incluso un ministro preparado tiene que luchar con los mismos sentimientos, y hay ocasiones en que vacila en envolverse en algunas situaciones de crisis. Esto es normal.

Todos los que nos dedicamos a aconsejar, sea en el ministerio o profesionalmente, hemos sentido los dolores de la inadecuación en un momento u otro, y vamos a seguir sintiéndolos el resto de nuestras vidas. Siempre hay que aprender más y nuestras técnicas pueden mejorar día a día.

Permíteme contarte algunas de mis experiencias en la labor de aconsejar durante el curso de los años. No serán muy diferentes de las que te vas a encontrar tú como pastor o consejero en tu iglesia. Al leerlas, procura visualizar la situación, y las personas afectadas, como si tú fueras la persona a quien acuden para pedir ayuda. Considera dos cuestiones importantes: *¿Cuáles serían tus sentimientos en cada situación? ¿Qué harías?* Muchas personas pasan por alto la primera pregunta y se concentran sólo en la solución del problema. Pero nuestros sentimientos afectan a lo que hacemos.

Veamos:

Una mujer de nuestra congregación entra en el despacho de la iglesia sin tener hora asignada y dice que desea verte. Está visiblemente trastornada y tú le dices que pase y que se siente. Te contesta: «La policía acaba de salir de nuestra casa. Vinieron esta mañana y preguntaron por mi marido. Nos dijeron que había sido acusado por tres de los niños del vecindario de haberles molestado sexualmente. Él dijo que no había hecho nada semejante. Pero los vecinos habían presentado una acusación formal. ¿Qué vamos a hacer? Mi marido no quiso decirme nada, y se ha marchado. No sé adónde se ha ido. ¿Qué debo hacer?» ¿Cuáles serían, como pastor, tus sentimientos y qué harías?

Te han llamado de un hospital los familiares de un individuo. No sabes casi nada de su situación y cuando entras te encuentras con la esposa y el médico. El doctor te dice que el enfermo se encuentra en estado terminal, y que se halla en una condición anímica tal que no se han atrevido a decirle nada de su estado. El marido enfermo ha solicitado un ministro para hablar con él, pero el médico te advierte que seas muy cuidadoso referente a su condición. Tú entras en la habitación e inmediatamente el enfermo te dice: «Quiero preguntarle algo, pastor: ¿Estoy a punto de morir? ¿Lo sabe Vd.? ¿Puede decírmelo?» ¿Cuáles serían tus sentimientos, y qué harías?

Un individuo entra en tu despacho. Se trata de uno de los ancianos dirigentes de tu iglesia. Está llorando y con angustia en la cara te dice entre sollozos: «¡Mi esposa me ha dejado! ¡Llegué a casa hoy y ya se había ido! ¿Por qué? ¿Dónde está? ¿Por qué se marchó? ¡Yo no tenía idea de que hubiera problema alguno en nuestro matrimonio! Pero ¡se ha marchado! ¡Dijo que ya no me amaba, y que se iba a vivir con otro hombre! ¿Por qué? ¿Por qué? ¿Por qué?» ¿Cuáles serían tus sentimientos y qué dirías o harías?

Estás sentado en tu despacho en la iglesia y suena el teléfono. Contestas y al otro extremo de la línea hay un hombre que dice que quiere hablar contigo. No quiere dar su nombre ni información alguna con que puedas identificarle. Te dice que se ha divorciado recientemente de su esposa. Te explica que es cristiano y quiere hacer la voluntad del Señor. Su esposa vive con otro hombre y tiene a los niños con ella. Empieza a preguntarte qué dice la Biblia acerca del suicidio. Te dice que lo único que impide que se quite la vida es que teme que iría al infierno si lo hiciera. Te comenta, sin embargo, que sería mejor para él dejar este mundo, y que no quiere que sus hijos estén con su esposa, pues es una «mala mujer». No desea que sus hijos tengan que pasar por lo que él ha pasado en la vida y sugiere indirectamente que quizás sería mejor «llevárselos» con él. ¿Cuáles serían tus sentimientos, y qué es lo que dirías?

Una mujer pide hora para verte. Reconoces que es una persona de la cual te ha hablado ya otro miembro de la iglesia. Esta mujer perdió hace poco un hijo de quince años en un trágico accidente. Cayó de una camioneta y se partió la cabeza contra el pavimento. Estuvo en coma ocho días en el hospital, durante los cuales ella no le abandonó nunca. El resto de la familia iba a visitarle y se marchaba, pero ella no se movía de su lado, ayunando y orando por su recuperación. El séptimo día comenzó a mejorar, pero precisamente cuando empezaba a tener esperanzas de que sanara, murió de repente. La mujer se halla sentada en tu despacho, te mira y te dice: «¿Dónde estaba Dios durante aquellos días? ¿Por qué me castigó de esta manera? Se llevó a mi hijo después de darme esperanzas de su recuperación. ¡Nunca…, nunca más… voy a recobrarme! He perdido todo deseo de vivir hasta que pueda ir donde se halla mi hijo.» ¿Cuáles serían tus sentimientos y qué dirías o harías?

Permíteme que te describa una última situación muy extraña. Sucedió hace unos años en mi iglesia. En varias ocasiones me he preguntado cuáles habrían sido mis sentimientos y qué es lo que habría dicho y hecho si me hubiera enfrentado cara a cara con el personaje que voy a describir.

Llegué a la iglesia hacia las 6 de la tarde, un miércoles. Cuando me dirigía al despacho, miré en el buzón de cartas que teníamos en el exterior del edificio, para ver si había alguna. En el buzón había una Biblia. No le di mucha importancia, imaginando que la habría dejado allí alguno de los estudiantes de la escuela secundaria. Después de la reunión de jóvenes di una mirada al interior de la Biblia. Me quedé un poco sorprendido al ver una fotografía en color de un hombre en traje de camuflaje del ejército, con una bandolera de balas colgando del hombro y un rifle en la mano. En el fondo se veían dos rifles más, apoyados contra la pared. Y luego noté que en la primera parte de la Biblia había diversas páginas de lo que parecía un diario personal. Empecé a leer:

«Señor Jesús, creo que moriste por mis pecados en la cruz. Te recibo como mi Salvador y Señor personal. Te invito a tomar posesión de mi corazón. Te entrego mi vida. Tómala y haz que viva para tu gloria.

El amor de Jesús no ha penetrado en los corazones de los que me rodean. Todos me traicionan de una u otra manera, y, al hacerlo, traicionan también a su Creador. Sé que soy un artista cristiano auténtico. Por eso quiero que la verdad suene de modo claro en mis grabaciones. Pronto voy a grabar de nuevo y voy a enviar las cintas a todos los editores de discos y cassettes. Pero sé que me encuentro bajo vigilancia electrónica y por medio de una manipulación de minorías se me priva de mi lugar legítimo en la sociedad.

Todas las mujeres que mis enemigos controlan o manipulan a mi alrededor para dominarme no van a cambiarme nunca. Simplemente, no conseguirán controlarme más que convertir mi cuerpo en un árbol. Esta capacidad que tienen de influir a través de las mujeres es un arma muy fuerte. Pero no les sirve.

Ésta es toda la historia: Dios me creó para que viviera como cantante, un artista y un hombre fuerte. Pero los humanistas profanos se están burlando de mí y de Dios.

Cuando arda en llamas y se destruya el edificio de la injusticia federal, cuando queme la Constitución, la carta de derechos cívicos y todos los documentos de nuestra llamada herencia histórica, cuando el fuego destruya todo este mundo lleno de hipocresía, entonces, sólo entonces, voy a pagar mis impuestos.

El hermano de Robert Kennedy fue asesinado; él mismo también. Sólo que de forma diferente. Mi hermano vive todavía; únicamente su mente fue asesinada volviéndola contra mí.

Hay demasiados cristianos, o por lo menos gentes que se llaman con este nombre, que dan testimonio falso.

¡Y no veo razón alguna para continuar esta hipocresía! Querido mundo: no me preocupa ni me afecta la vida eterna. Lo que quisiera alcanzar o tener es un poco de vida ahora, aquí, en este momento. No vivo, meramente existo. Sal. 19:13; 54:3; 55:17; 59:2, 4; Jer. 23:1.»

12

(Escrito enviado a la Policía del Estado de California.) «En esta casa están sucediendo cosas extrañas. El propietario me ha demostrado que es un malvado.

Si muero como artista cantante, que es lo que soy, señal que será la voluntad de Dios. Si muero disparando, luchando por mi libre albedrío, por el derecho a mis propias decisiones y rehusando que mi vida sea anulada como lo es ahora. Si hablan mis pistolas, la sociedad misma será la causa de ello; yo soy solamente el efecto. Recuerda, mundo, cuántos años y cuántos días he pasado combatiendo contra este crimen infame de querer anular mi vida, luchando contra fuerzas imposibles de contener. Así que pido perdón por la sangre que he derramado, puesto que yo mismo he sido asesinado innumerables veces. Por ello, cuando me convierta en un peligro social, busque la sociedad las causas en sí misma, puesto que ella es la culpable. Este mundo está lleno de fuerzas malévolas en acción.

Voy a encontrarme con Dios mucho antes de lo que debería hacerlo. Los que me persiguen –y hay abundante evidencia de que lo hacen– son la causa de mi muerte y de mi fracaso aquí en California o en parte alguna. ¿De dónde viene esta influencia?

Es una conspiración religiosa, así como política, en la que está envuelta la policía. Tanto cristianos como judíos son parte de esta conspiración, pero es verdaderamente una conspiración y América no ha sido América para mí. Te quiero, Tom.

Todos los masones que he conocido son, sin la menor duda, hombres inicuos. Juegan una parte importante en la influencia que hay detrás de esta conspiración. Washington y Jefferson sabían perfectamente que los masones de hoy se desentenderían de ellos, que se volverían en contra suya.

Mi comida ha sido drogada. En defensa de los masones quiero decir que Carlos, el marido de mi casera, es un buen hombre y, ciertamente, no como los que he mencionado, que fueron condicionados contra mí. Su difunto marido era también masón, y estoy seguro de que fue un buen hombre para su mujer.

La Palabra de Dios te guardará del pecado o el pecado te alejará de la Palabra de Dios. – Navegantes.

Es una vergüenza que en esta llamada sociedad algunos tengamos que morir para poder ser comprendidos o creídos. Creo que ha sido siempre así, pero eso no quiere decir que yo sea uno de los grandes en esta lista de héroes. De un modo especial, el crimen de los que me persiguen, los humanistas profanos, es que están tratando de hacer de mí un hombre vulgar. Toda su pretendida ayuda es tratar de destruirme, ponerme en ridículo delante de la sociedad. Todo lo que hacen es destruirme porque ellos no saben cuál es la mente que Dios me ha dado, que no es la mente que ellos creen que yo debería tener. Sé que debería triunfar en el mundo del espectáculo como un cantautor. Pero lo que hacen es impedir que ocupe el lugar que me corresponde en la sociedad, lo cual me demuestra que se burlan de Dios, aquí en este país que una vez fuera tierra de oportunidad libre y digna. No puedo ser otra cosa que lo que Dios me ha creado para que sea. Repito, no hago más que existir, simplemente, puesto que no vivo. Se me niegan los talentos creativos que Dios me ha dado. Esto lo hacen mis enemigos. Me doy cuenta de que cada sociedad y cada religión ha creado sus propios demonios. Creo que esto es lo que se proponen los que me persiguen. Evidentemente yo soy para ellos un demonio. Lo veo bien claro en la máscara psicológica de mi propio hermano. Para él soy un demonio, pero sé que es tan sólo en su mente, no en mi corazón y, ciertamente, no en mi propia mente.»

Al final de la página había el nombre del autor. Tomé la Biblia y me dirigí hacia casa. Llegué a las 10 de la noche y mi esposa estaba preocupada. Su madre había llamado por teléfono desde una ciudad cercana y le había hablado de una búsqueda por parte de la policía y un tiroteo que había ocurrido hacía poco. Al parecer, un hombre había entrado en una farmacia y había secuestrado a uno de los clientes: una señora. Se la llevó en su coche a una área montañosa, en tanto que la policía los seguía, y después de un tiroteo el individuo fue capturado, quedando la persona secuestrada en libertad. Durante el día se había efectuado una búsqueda general por todo el estado. Al parecer, con anterioridad, el individuo estaba fuera de sí y con tendencias suicidas. Había intentado ponerse en contacto con el pastor de su iglesia. Durante tres horas el pastor había estado hablando con él. A pesar de todo, este hombre estaba todavía decidido a suicidarse y decidió manipular la situación de forma que muriera del disparo de un agente de policía. Se dirigió a una de las carreteras principales y condujo a una velocidad superior a 150 kilómetros por hora, hasta que atrajo la atención de la policía de tráfico.

Cuando le detuvieron salió del coche, empuñando una pistola con la que apuntó al policía de tráfico. Esperaba que éste respondería sacando su propia pistola y disparándole un tiro. Sin embargo, por alguna razón, el policía, o bien no reaccionó a tiempo, o no se dio cuenta de lo que ocurría, por lo que el fugitivo le disparó, matándole. Más tarde entró en la farmacia mencionada anteriormente y secuestró a la cliente.

Después de haber oído toda esta historia, decidí escuchar las noticias de las 11 para ver si obtenía más información. La dieron. Relataron de nuevo la historia con detalle y el locutor mencionó el nombre del interfecto. Cuando lo oí, me di cuenta de que este nombre era el mismo del documento. Lo comprobé al abrir la Biblia que había descubierto en la iglesia. ¡El sospechoso y el dueño de esta Biblia eran la misma persona! Llamé a la policía y les dije lo que tenía en mi poder. Me pidieron se lo entregara para poder examinarlo.

En algún punto durante este día trágico, había acudido a nuestra iglesia esperando hallar a alguien con quien poder hablar. Al no haber nadie disponible, dejó su Biblia en el buzón. A su manera esto era un grito pidiendo socorro. «¡Ayudadme! ¡Salvadme! ¡Detenedme!» ¿Qué es lo que habrías hecho si tú hubieras estado allí? ¿Cuáles habrían sido tus sentimientos? ¿Qué es lo que habrías hecho o dicho si te hubieras encontrado en aquel lugar?

Estoy seguro que podrías añadir a esta lista numerosas experiencias e historias propias. No hay límite en el número de experiencias de crisis que han ocurrido en tu vida. Piensa en las infinitas posibilidades: La pérdida de un empleo, la pérdida de un amigo o persona en que te apoyabas, un cargo u honor; una enfermedad que te ha incapacitado, una operación, un accidente; la muerte de uno de los padres, de un amigo, del cónyuge o un hijo; noticias de que estás enfermo de modo incurable; descubrir que tu hijo toma drogas o es homosexual; comprobar una minusvalía seria en ti mismo o bien en otro miembro de tu familia; un aborto, un embarazo no deseado; un huracán, un terremoto; un intento de suicidio; una separación o un divorcio; la lucha por la custodia de un hijo; una experiencia espiritual que afecta a los miembros de otra familia; descubrir que tu propio hijo es miembro de una secta rara; un nacimiento prematuro; un pleito; tener que llevar a los padres, ya mayores, a un hogar de ancianos; vivir con una persona deprimida de modo crónico; el descubrimiento de que tú o tu cónyuge sufrís la enfermedad de Alzheimer o la corea de Huntington; tener un ataque cardíaco o sufrir una operación seria que dé lugar a una pérdida de memoria. La lista no tiene fin. Ninguna de estas situaciones de crisis es ficticia. Todas son reales. Y tú y yo podemos vernos en la necesidad de ministrar a personas reales en situaciones semejantes.

Este libro es para pastores y consejeros laicos, o sea, miembros de una iglesia voluntarios en esta labor. Su propósito es facilitar principios bíblicos e instrucciones detalladas que explican cómo manejar situaciones de crisis. Finalmente, termina con un tema casi tan importante como el saber aconsejar; y es saber cuándo hay que referir o enviar a la persona en situación de crisis a alguien que tenga más experiencia y preparación que tú mismo para tratar sus problemas.

2

¿Qué es una crisis?

La Palabra de Dios describe a muchos seres humanos en estado de crisis. Pablo es uno de ellos.

Saulo, respirando aún amenazas y muerte contra los discípulos del Señor, se presentó al sumo sacerdote y le pidió cartas para las sinagogas de Damasco, a fin de que si hallaba algunos hombres o mujeres de este Camino, los trajese presos a Jerusalén. Mas yendo por el camino, aconteció que al llegar cerca de Damasco, repentinamente le rodeó un resplandor de luz del cielo; y cayendo en tierra, oyó una voz que le decía: «Saulo, Saulo, ¿por qué me persigues?» Él dijo: «¿Quién eres, Señor?» Y le dijo: «Yo soy Jesús, a quien tú persigues; dura cosa te es dar coces contra el aguijón.» Él, temblando y temeroso, dijo: «Señor, ¿qué quieres que yo haga?» Y el Señor le dijo: «Levántate y entra en la ciudad, y se te dirá lo que debes hacer.» Y los hombres que iban de camino con él, se pararon atónitos, oyendo en verdad la voz, mas sin ver a nadie. Entonces Saulo se levantó del suelo, y aunque tenía abiertos los ojos, no veía a nadie; así que, llevándole de la mano, le metieron en Damasco, y estuvo tres días sin ver, y no comió ni bebió... (Hch. 9:1-9).

Éste es uno de los relatos más famosos de conversión religiosa, y frecuentemente una conversión puede desembocar en una crisis. El caso de Pablo es un ejemplo excelente de algunas de las características de la crisis. Esta experiencia afectó a Pablo en muchas formas. Le afectó físicamente, porque no podía ver y tuvo que ser llevado de la mano a la ciudad. Le afectó espiritualmente, porque pasó a ser un creyente; e invirtió toda la pauta de su actitud frente a los cristianos. Le afectó mental y emocionalmente, porque no comió ni bebió en tres días. Su conversión causó una crisis, en cuyo punto culminante Pablo cambió el curso de su vida, en este caso para mejoría.

Hemos hablado mucho sobre la palabra *crisis*, pero para ministrar propiamente a otros, nosotros hemos de llegar a comprender bien lo que significa la palabra. El diccionario de Webster define crisis como un «momento crucial» y «un punto de cambio en el curso de algo». Este término es usado con frecuencia para indicar la reacción interna de una persona ante una amenaza o riesgo externo. Una crisis generalmente implica la pérdida temporal de la facultad de reaccionar o hacer frente a las cosas, con la suposición de que esta alteración de la función emocional es reversible. Si una persona hace frente de modo efectivo a la amenaza, supera la crisis y vuelve al nivel previo en que funcionaba.

El carácter o signo de escritura que usan los chinos para indicar una crisis está hecho de dos símbolos: el uno es la pérdida de la esperanza, y el otro el de la oportunidad. Cuando un médico habla de crisis, está hablando del momento en el curso de una enfermedad en que se produce un cambio, para bien o para mal. Cuando algunos consejeros hablan de una crisis matrimonial, están hablando de puntos cruciales en que el matrimonio puede ir en una dirección u otra: puede avanzar hacia el fortalecimiento, enriquecimiento o mejora, o bien pasar a la insatisfacción, el dolor y, en algunos casos, a la disolución.

Cuando una persona pierde el equilibrio como resultado de un suceso, se dice que experimenta una crisis. El término es usado, con frecuencia, de modo erróneo. Se aplica de manera incorrecta a las molestias o inconvenientes cotidianos. Los términos *stress* y *tensión* se utilizan de modo indiscriminado, pero esto es incorrecto, como veremos más adelante.

Una crisis puede ser el resultado de uno o más factores. En ocasiones puede ser un problema que ha crecido de modo desproporcionado y abrumador, como la muerte de un hijo. En otros casos no es un problema serio, y serio sin importancia para la mayoría de las personas, pero que para una persona determinada adquiere un significado especial y se convierte en algo agobiante. Normalmente porque se produce en un momento de vulnerabilidad especial, o cuando la persona no está preparada. Para una persona normal el problema resultante de haberse atascado un fregadero se resuelve sin grandes apuros. Pero cuando la persona se halla en un estado de tensión, puede convertirse en un verdadero drama. Cuando los mecanismos de respuesta del individuo son anormales, no funcionan bien o no tiene el apoyo de otros a quienes necesita, un simple grano puede convertirse en una montaña.

Las crisis no son siempre malas o dañinas. Más bien actúan como punto de giro o gozne en la vida de una persona. Por tanto, pueden significar una oportunidad lo mismo que un peligro. Cuando la persona busca métodos para hacer frente a una situación, puede inclinarse hacia caminos de destrucción, pero puede también descubrir caminos y métodos nuevos y mejores que los que antes tenía a su disposición.

ELEMENTOS COMUNES EN UNA CRISIS

El primer elemento es el suceso o hecho que genera el problema. Es la razón que desencadena una reacción de sucesos que culminan en crisis. Una esposa joven que se preparó para una carrera durante siete años, descubre de pronto que está embarazada. Un joven atleta que ha estado entrenando durante sus años de estudio a fin de ser seleccionado por los profesionales, se fractura un tobillo durante una excursión a una montaña. Un viudo que tiene cinco hijos pequeños pierde el empleo en una profesión muy especializada. Todas estas personas comparten algo en común: El motivo causante de la crisis. Algo que es importante que los que les ayudan sean capaces de identificar desde el primer momento.

El segundo elemento es el estado vulnerable. Ninguno de estos sucesos conduce por sí mismo a la crisis. Para que esto suceda, la persona ha de ser vulnerable. El simple hecho de pasarse dos noches sin dormir puede hacer a una persona vulnerable a una situación que de otro modo habría resuelto sin dificultad. El estar enfermo o deprimido rebaja los mecanismos de defensa. Recientemente hablé con una mujer que quería ceder a su hijo adoptado, cerrar su negocio y dejarlo todo. Había perdido al marido y estaba deprimida por la amenaza de otra pérdida en su vida. Le pedí que no tomara ninguna decisión durante el período de depresión, puesto que estas decisiones suelen ser lamentadas más tarde.

El tercer elemento es el factor precipitante. Dicho de otra forma: «la gota que hace rebosar la copa». Algunas personas se defienden bien durante un período de pérdida o de sufrimiento extremo, pero se desmoronan por haber roto un plato o dejar caer un vaso. Ésta es la gota final, pero en realidad la reacción y las lágrimas son respuesta a otra razón o pérdida más seria.

El cuarto y última elemento es ya el estado de crisis activa. Cuando la persona no puede sostener más la situación, estalla la crisis. Hay varias indicaciones de este estado:

1. *Síntomas de tensión* o *«stress» psicológicos, físicos* —o los dos—. Éstos pueden incluir depresión, dolores de cabeza, ansiedad, úlceras. Siempre hay algún tipo de malestar extremo.
2. *Una actitud de pánico o de derrota.* La persona puede considerar que ya ha intentado todo lo que se puede hacer y que no hay nada que dé resultado. Por tanto, se con-

sidera un fracasado: está derrotado, abrumado, impotente. A esto tiene dos formas de responder: una es el nerviosismo y agitación extrema que le llevan a actuar en formas que no producen ningún resultado positivo. Éstas incluyen el andar desasosegado de acá para allá, beber, tomar drogas, conducir a velocidades excesivas o entrar en reyertas y peleas. La otra forma de responder es volverse apático. Un ejemplo es dormir en exceso.

3. *Una necesidad extrema de ayuda.* «¡Sacadme de esta situación!», es lo que pide y suplica. Quiere alivio al dolor de la tensión. No está en condiciones de resolver el problema de forma racional. Algunas personas en crisis puede parecer que se hallan en estado de estupor o responden de forma estrafalaria. Otras se muestran frenéticas en sus esfuerzos y van a otros en busca de ayuda, hasta el punto de hacerse dependientes de otros en exceso, tratando que les ayuden a resolver su dilema.

4. *Una disminución en la eficiencia.* La persona en una crisis activa puede seguir funcionando con aparente normalidad, pero en vez de responder con un 100 % de eficiencia responde sólo con un 60 %. Cuanto mayor es la amenaza según la evaluación de la situación por parte del individuo, menos efectivas serán sus respuestas y recursos. Pueden darse cuenta de esto, lo cual contribuye a desanimarles más aún.

La forma en que se evalúa la situación es una parte importante del curso de la crisis. La evaluación es lo que la gente «hace» del suceso. Toda persona tiene su forma propia de percibir o reaccionar ante un suceso. Las creencias, ideas, expectativas y percepciones de una persona contribuyen todas ellas a evaluar una situación como de crisis o no de crisis. Es importante que al ayudar a las personas procures que vean y juzguen el suceso con sus propios ojos y no con los tuyos. La muerte de un amigo íntimo, por ejemplo, es evaluada desde varios puntos de vista: lo íntima que era la relación, con qué frecuencia se hallaban en contacto, cómo ha respondido la persona a otras pérdidas, y cuántas pérdidas ha sufrido recientemente. Una viuda cuya vida era dependiente y estaba envuelta íntimamente en la de su marido, considera su pérdida de modo muy diferente que un amigo íntimo, un socio en los negocios o uno de los tíos a quien el marido había visto sólo una vez en los últimos cinco años.

El sentimiento de pérdida es una de las causas más frecuentes generadoras de crisis. Incluso un ascenso en el empleo puede causar una sensación de pérdida que precipita una crisis. Juan se llevaba bien y disfrutaba con la camaradería de los otros vendedores en su agencia de venta de coches. Fue ascendido a gerente de ventas. Esto le dio más categoría, más dinero, pero cambió sus relaciones. Ya no se encontraba en el mismo nivel que los vendedores. En realidad ahora tenía que presionarles para que aumentara su cuota de ventas. A Juan esto no le gustaba y acabó tan insatisfecho que entró en crisis, dejando de ir al trabajo por hallarse enfermo y, de este modo, evitar conflictos.

Evaluación y equilibrio de factores

Hay quien cree que un problema no desemboca en crisis a menos que haya deficiencias de uno o más factores en el equilibrio de la vida de una persona. El principal de estos factores es una percepción adecuada: la forma en que ve el problema y el significado que tiene para ella. Si su hija se divorcia, los padres pueden considerar que es la tragedia mayor en su vida y un fallo negativo como padres de su propia capacidad educativa demostrada en la crianza de la hija. Otros padres, sin embargo, en situación similar, no verán el mismo hecho, ni del mismo modo.

Un segundo factor de equilibrio es disfrutar de un número suficiente de amistades. Esto implica tener un grupo de amigos, parientes o conocidos que pueden dar apoyo durante el problema. Es aquí que el Cuerpo de Cristo tiene el potencial de ser uno de los mayores grupos de apoyo a disposición, si se le hace actuar de modo adecuado respecto a la persona en necesidad.

Un tercer factor de equilibrio son los mecanismos de defensa sobre los que todos nos apoyamos. Si éstos no funcionan bien o si dejan de responder, puede generarse una crisis. Estos mecanismos implican racionalización, negación, hallar nueva información en un libro, orar, leer las Escrituras y así sucesivamente. Cuanto mayor es el número y la diversidad de los mecanismos de defensa, menos probable es que una persona experimente una crisis.

El factor final es la duración limitada. Las personas no pueden permanecer en un estado de crisis durante un período muy extendido. Hay que hacer algo y es necesaria alguna decisión al respecto. La experiencia y la investigación indican el hecho de que una crisis termina y el equilibrio se restaura dentro de un máximo de seis semanas. Es posible que el equilibrio sea diferente de antes, pero por lo menos se alcanza de nuevo algún tipo de equilibrio.

Algunas veces el momento más apropiado para ayudar a una persona en estado de crisis activa es durante la misma, puesto que al sentirse más dañada, con frecuencia está mejor dispuesta a hacer cambios significativos en su vida.

Las transiciones como causa de crisis

No todas las crisis son inesperadas. Hay un tipo de crisis y éstas ocurren por sucesos predecibles. Un hecho que es parte de un proceso planeado, esperado o normal de la vida, puede conducir también a una crisis. La vida está llena de transiciones. Una transición es «un período en que se pasa de un estado de certeza a otro, con un intervalo de incertidumbre y cambio entre los dos» (1).

Durante el curso de la vida tiene lugar un cierto número de transiciones que conllevan el potencial de generar crisis. Hay la transición de soltero a casado; la transición de los años veinte a los treinta, y la de los cuarenta a los cincuenta; la transición de un matrimonio sin hijos al ser padres; de ser padres a verse con el nido vacío; del nido vacío a ser abuelos; de estar empleados a estar jubilados.

La mayor parte de estos sucesos se ven venir en el horizonte. Y la persona puede prepararse para ellos imaginando mentalmente lo que serán, antes de que lleguen. Se puede recabar información al respecto para ayudar en el proceso de transición. Un maestro que se dio cuenta que al cabo de diez años tendría que retirarse, empezó a expansionar sus áreas de interés. Comenzó tomando cursos en un colegio local sobre temas que le gustaban. Se dedicó a la fotografía y empezó a leer en áreas que no había considerado antes. Hizo una larga lista de proyectos que creyó le gustaría emprender, caso de tener salud y recursos, cuando se retirara. Como previó una pérdida significativa en los recursos económicos y de calidad del estilo de su vida, hizo planes por adelantado, previniendo una serie de sustituciones inevitables, trabajándolas mentalmente, para adaptar sus sentimientos a estas posibles pérdidas. Desarrolló *hobbies* e intereses que pudieran serle agradables, caso de que su salud fuera deficiente. Por medio de este proceso anticipativo eliminó la posibilidad de que esta transición desembocara en una crisis.

Si el movernos a lo largo de los diversos estadios de la vida fuera algo suave y todo fuera predecible, la vida sería relativamente fácil para individuos sensatos y maduros. Pero hay dos factores que deben considerarse: Primero, que una gran parte de la gente no es sensata o que no son capaces de tomar o aceptar responsabilidades, porque padecen un estado de inmadurez. Y segundo, que hay numerosos cambios que no son predecibles y que no ocurren en el momento y modo que se habían planeado.

Consideremos por un momento algunas de las cosas que pueden generar cambios productores de tensión a lo largo de la vida. Empezar nuevas actividades o estudiar durante horas, en tanto que seguimos con las responsabilidades de ama

24

de casa o bien empleados trabajando todo el día. Adoptar otros niños mientras seguimos criando a los propios. A veces puede tratarse de un cambio radical de situación. Divorciarnos y, de este modo, renunciar a nuestro cónyuge. Graduarnos de la universidad y tener que aceptar la responsabilidad de un empleo o profesión.

Hay también otras cosas a las que nos podemos ver obligados a renunciar sin que sean reemplazadas por otras. Éstas incluyen el jubilarse sin hallar una actividad sustitutiva en el retiro; el perder un cónyuge sin volvernos a casar; o el que la casa se quede vacía por marcharse los hijos, sin tener otra ocupación fuera del hogar que la de pasar a ser abuelo.

Podemos también experimentar cambios geográficos, como el trasladarnos de un país a otro, de un área rural a una zona urbana, o del centro de la ciudad a los alrededores o suburbios.

Hay también cambios socioeconómicos que incluyen el pasar de una clase social inferior a una clase media, o de una clase económica superior a otra inferior.

Sin olvidar los cambios físicos, como son el perder el oído, el quedar confinados en una silla de ruedas durante años y luego recobrar la capacidad de andar, el dejar de ser obeso y adelgazar, o viceversa.

Las transiciones pueden ser rápidas o graduales, y pueden tener un impacto positivo o devastador en la vida de la persona. Todas las transiciones, sin embargo, tienen el potencial de llegar a convertirse en crisis y depende de la persona afectada que lo llegue a ser. Incluso la experiencia de que un cónyuge pase a ser cristiano ha sido el catalizador de una crisis en algunas familias. El Dr. Lloyd Ahlem discute esta experiencia a fondo en su libro *Living with Stress*.

El papel de la iglesia, si hemos de contribuir a disminuir o aminorar algunas de las crisis de la vida, ha de ser preparar la congregación por adelantado para los cambios que van a experimentar. Esto implica educarlos para estos estadios de la vida y para las transiciones reales por las que van a pasar, y ayudarlos a aplicar la Palabra de Dios de manera que puedan resolver mejor tanto los cambios súbitos como los predecibles.

CAMBIOS EN LA MITAD DE LA VIDA

Consideremos ahora una época particular de crisis. La llamada ¡crisis de la mitad de la vida! Se ha escrito y dicho mucho sobre esto. Los años de la mitad de la vida pueden ser una ocasión de reminiscencia, crecimiento, estímulo y deleite, o bien un período de sufrimiento, frustración, búsqueda frenética e ira. Se escribe libro tras libro sobre la crisis masculina de la mitad de la vida, hasta hacernos creer que esta crisis es inevitable para cada hombre. En realidad esto no es cierto. Sólo son una minoría los hombres que experimentan una «crisis de la mitad de la vida», en tanto que la mayoría pasan por una simple transición que puede considerarse como un proceso normal.

La expresión «crisis de la mitad de la vida del hombre» significa, literalmente, los cambios que tienen lugar en su personalidad. Estos cambios suelen ocurrir rápidamente y son de importancia, por lo que aparecen como dramáticos y traumáticos. Es una época en la que el hombre se da cuenta de que está cambiando física y mentalmente, e incluso cambian sus valores. Reacciona ante estos cambios con otros cambios. Para algunos, estos cambios son amenazadores. Para el cristiano presentan una oportunidad para aplicar su fe y desarrollarse más hacia la madurez. No es una fase de la vida en que tiene lugar un agotamiento, sino un período de cosecha y de nuevo comienzo; un período de enriquecimiento y estabilidad. Nuestra interpretación de la vida y sus sucesos puede cambiar. El temor y desengaño de las desilusiones a las que uno tiene que hacer frente y los objetivos no alcanzados pueden transformarse en una aceptación sensata y realista. Con la experiencia del pasado podemos crear un futuro diferente.

David C. Morley lo interpreta de esta manera:

Para el cristiano estos cambios de mitad de la vida tienen un significado distinto. Este cambio, que es tan amenazador para el no creyente, es una oportunidad para el cristiano de ejercitar su fe y experimentar el proceso de la verdadera madurez cristiana. El cristiano maduro es una persona que puede afrontar y realizar los cambios sin problemas. Puede aceptar todas las vicisitudes de la vida en lugar de negarlas o quejarse de ellas. Las ve todas como manifestaciones del amor de Dios. Si Dios me ama, entonces Él me va a proporcionar una experiencia que haga mi vida más rica y más ajustada a su voluntad. Para el cristiano, «todas las cosas cooperan para bien para los que aman a Dios...» (Ro. 8:28). ¡Con cuánta frecuencia oímos citar esto de las Escrituras y cuán poco lo vemos aplicado a las experiencias de la vida real! Lo que Dios nos dice realmente es que deberíamos sentirnos confortados con la idea de que todo lo que sucede en nuestras vidas, las victorias o las derrotas, la pobreza o la riqueza, la enfermedad o la muerte, es todo indicación del amor de Dios y parte de su plan para nuestras vidas. Si Él nos trae enfermedad, deberíamos estar gozosos por la oportunidad de sentirnos más cerca de Él. Con qué frecuencia cuando la salud florece nos olvidamos de recordar que Dios es el que nos la proporciona. Cuando nos hallamos en una posición de debilidad, es más probable que reconozcamos su fuerza y estemos mejor dispuestos a pedirle ayuda y guía en cada paso del camino (2).

El ideal es que el cristiano sea capaz de responder positivamente a los cambios de la mitad de la vida. Pero, por desgracia, esto no siempre sucede. ¿Por qué? En la mayoría de los casos porque no están preparados para estas transiciones a fin de prevenir una crisis. El hombre puede evitar la crisis preparándose hacia la mitad de la vida de las siguientes maneras:

1. Formando y robusteciendo su sentido de identidad personal sobre una base sólida, y no sobre su empleo o profesión y en lo bien que la ejecuta.
2. Llegando a una mayor intensidad en su capacidad hu-

mana de experimentar, aceptar y expresar sus sentimientos.
3. Desarrollando amistades firmes e íntimas con otros.
4. Preparándose para los cambios y crisis de la vida, incorporando la Palabra de Dios en su vida.

En este punto quisiéramos sugerir la lectura de libros como: *Estaciones para un matrimonio*, y *El americano sin amigos*, así como *Manual del consejero cristiano* y *Usted es algo especial*, publicados por CLIE (Terrassa), por ejemplo.

Las necesidades de las personas en crisis

¿Qué es lo que posiblemente querrán que les ofrezcas a las personas cuando vengan a verte con ocasión de un período de crisis? Las necesidades varían. No te sorprendas por la variedad de la gama de peticiones que se te harán. En muchos casos van a esperar que puedas hacer milagros. Tú eres su última esperanza, y sus expectativas de ti, desorbitadas. Cuando no puedas darles o realizar lo que esperan, no te sorprendas si se muestran desengañados e irritados. Con todo, es posible que, sin que se den cuenta, les ayudes en otras formas que van a cubrir algunas de sus necesidades. Es de esas otras formas de las que trata este libro.

¿Cuáles son los tipos de personas que vendrán a verte para que les des consejos? Aarón Lazare y sus asociados, que han realizado una encuesta sobre los pacientes que visitan una clínica o dispensario psiquiátrico, han catalogado 14 categorías distintas, que representan una gran variedad de tipos de pacientes necesitados de intervención a causa de una crisis:

1. Los pacientes que quieren una persona fuerte que los proteja y controle. «Por favor, hágase cargo de mi situación.»
2. Los que necesitan a alguien que los ayude a mantenerse en contacto con la realidad. «Ayúdeme a darme cuenta de que soy real.»

3. Los que se sienten desamparados en extremo y necesitan que los quieran. «Cuídeme.»
4. Los que necesitan de un consejero disponible para sentirse seguros. «Le necesito siempre a mi disposición.»
5. Los plagados por un sentimiento de culpa obsesiva y que necesitan confesarse. «Quíteme el sentimiento de culpa.»
6. Los que necesitan hablar de todo. «Déjame sacar todo lo que tengo dentro.»
7. Los que necesitan consejo sobre cuestiones que los oprimen. «Dígame lo que tengo que hacer.»
8. Los que intentan poner en orden ideas conflictivas. «Ayúdeme a situar las cosas en perspectiva.»
9. Los que verdaderamente tienen el deseo de entenderse a sí mismos y ver de modo claro sus problemas. «Quiero que me aconseje.»
10. Los que ven su desazón como un problema clínico que necesita la intervención de un médico. «Necesito un doctor.»
11. Los que buscan alguna ayuda práctica como sostén económico o un lugar en qué residir o mantenerse. «Necesito esta ayuda específica.»
12. Los que echan la culpa de sus dificultades a otros con los que están relacionados y piden al consejero que intervenga o interceda. «Hágalo por mí.»
13. Los que quieren información acerca de la forma de conseguir ayuda para satisfacer sus necesidades, e intentan en realidad conseguir acceso a los recursos de la comunidad. «Dígame dónde puedo hallar lo que necesito.»
14. Personas carentes de motivación o personas psicopáticas que son traídas al consejero en contra de su voluntad. «No quiero nada» (3).

Intuir y descubrir quiénes tienen verdaderos problemas

De entre los que buscan ayuda, algunos podrán hacer frente y superar la crisis. Pero otros van camino del fracaso o tendrán dificultades serias. Estos últimos son fáciles de predecir.

La primera de sus características es la debilidad emocional, que arrastran desde mucho antes de producirse la crisis. Su hipersensibilidad y su incapacidad para reaccionar positivamente ante cualquier dificultad hacen que, pese a que creen actuar de la mejor forma, de cualquier insignificancia hacen un drama, multiplicando así los efectos de la crisis.

La segunda es deficiencia física, bien sea por enfermedad o congénita, lo que les resta recursos a la hora de hacer frente emocionalmente a cualquier situación de crisis. La persona que sufre cualquier tipo de dolencia física se halla en inferioridad de condiciones. A veces esta situación puede ser ignorada por el mismo paciente, por lo que es conveniente aconsejar un examen médico.

La tercera es la falta de realismo o, dicho de otra forma, la incapacidad de la persona para aceptar las cosas tal y como son. Hay quien, en un intento de evitar el dolor o la ira, recurre a la artimaña de negar completamente el hecho o la realidad que los produce. Negarse a creer que padecen una enfermedad incurable, que están arruinados financieramente, que sus hijos toman drogas, etc. Tal forma de reaccionar, que suele darse incluso entre personas de alto nivel intelectual, les incapacita sensiblemente para soportar la crisis y debilita sus posibilidades de hacerle frente.

Una cuarta característica son los «infantilismos». Hay personas que cuando se enfrentan a dificultades retroceden a estadios de comportamiento infantil que, comúnmente, se plasman en la tendencia o necesidad de comer, beber, fumar o hablar en exceso a fin de mantener la boca siempre en movimiento. Algo que un famoso psiquiatra de Harvard, el Dr. Ralph Hischowitz, ha etiquetado con el nombre de «la magia de la boca». El problema interno que les acosa les produce un estado de ansiedad y nerviosismo, y, para disimularlo y darle salida, tratan de hacer algo con la boca constantemente. Esta costumbre puede convertirse en crónica y persistir incluso después de que la crisis haya desaparecido. Por este procedimiento la persona no hace más que añadir a la crisis, creando otra minicrisis adicional.

La quinta es la negación del factor tiempo. Hay personas que ante un problema prescinden del factor tiempo en relación al mismo, bien sea eliminándolo del presente o proyectándolo en dirección al futuro. Es decir, tan pronto exigen una solución «inmediata» del problema, como pasan a demorarlo y postergarlo hacia el infinito. El postergarlo les evita tener que hacer frente a la realidad de forma inmediata, pero va sumando factores e incrementando el problema.

En sexto lugar está el sentimiento de culpa. Hay personas que tienen la tendencia a culparse ellos mismos de las dificultades y problemas que atraviesan, lo que les complica y agrava mucho más su situación ante la crisis.

El séptimo lo ocupa el opuesto al anterior. Los que por sistema echan la culpa a otros, negándose a aceptar su parte de dificultad en el problema. No se centran tanto en el problema en sí como en descubrir «al verdadero responsable», en hallar enemigos, que en la mayoría de los casos son imaginarios, y proyectar la culpa sobre ellos. Esto les incapacita para enfocar la crisis desde un punto de vista realista y resolverla como es debido.

La octava característica es la de los muy dependientes o muy independientes. Tan pronto rechazan todo tipo de ayuda como se adhieren a los demás como una enredadera. Ambos extremos son nocivos para hallar una solución real del problema y de la crisis. Los que son excesivamente independientes declinan toda oferta de ayuda aunque vean que se están hundiendo; no aceptan en modo alguno una mano por parte de los demás. Los excesivamente dependientes tienen tendencia a neutralizar los esfuerzos de los que tratan de ayudarles, al negarse a aportar nada por sí mismos.

Por último queda una característica que no debemos olvidar y que, en cierto sentido, tiene relación con todas las que hemos citado. Las creencias religiosas de la persona, que indefectiblemente van a jugar un papel esencial en el desarrollo y tratamiento de la crisis. Queramos admitirlo o no, la vida y las reacciones de una persona mantienen una relación directa con su posición respecto a la existencia de Dios, la realidad de la otra vida y su enfoque teológico de ambas cosas. Los que creen firmemente en la soberanía y el cuidado de Dios para con sus criaturas tienen mucha mejor base sobre la que hacer frente a la vida y a sus crisis.

Se ha publicado un libro de gran interés. Se titula *How can it be all right when everything is all wrong?*, de Lewis Smedes. Su claridad de visión y su sensibilidad notable con relación a las crisis de la vida y la presencia e implicación de Dios en nuestras vidas pueden responder muchas de nuestras preguntas. Una de sus propias experiencias describe en qué forma nuestra teología nos ayuda a avanzar por entre los cambios de la vida. Dice así:

«La otra noche, intentando conciliar el sueño, empecé a recordar cuáles habían sido los momentos más felices de mi vida. Dejé que la mente fuera saltando y danzando por donde quisiera. Traté de crear mentalmente la sensación de dejarme caer desde lo alto de un granero sobre un gran montón de heno recientemente segado. Fue un momento sumamente feliz. Pero de inmediato, de alguna forma, mi mente fue seducida hacia una escena transcurrida hace algunos años, que, según recordé, había sido uno de los momentos más penosos de mi vida. Nos fue arrebatado nuestro primer hijo por lo que yo consideré una deidad caprichosa, y a la que me negué llamar Dios. Tuve la impresión de que una especie de ratero cósmico nos había despojado. Durante un tiempo llegué a pensar que no volvería a sonreír de nuevo.

»Pero después, no sé cómo, en un cambio milagroso en mi perspectiva, me inundó el sentimiento extraño e inexpresable de que mi vida, nuestras vidas, eran útiles todavía. Que la vida es buena porque nos es *dada*, y que sus posibilidades eran todavía incalculables. Entre el vacío de los sentimientos que me quedó a causa del dolor, penetró un sentimiento de que las cosas me eran *dadas*, de que todo era una dádiva. Algo que no me era posible explicar. Sólo se puede *sentir* como una dádiva de gracia. Un impulso irreprimible de bendición llegó a mi corazón y lo inundó de gozo por encima del dolor. Mirando hacia atrás, me parece ahora que no he conocido de nuevo un sentimiento de gratitud y felicidad tan agudo, tan intenso, un gozo profundo y tan sincero» (4).

Chuck Swindoll siempre habla de modo muy realista sobre las crisis de la vida. En uno de sus escritos dice así:

«La crisis estruja. Y al estrujar, con frecuencia refina o purifica, pese a que momentáneamente puede hacerte sentir desanimado, porque la crisis no ha generado aún una entrega o rendición. He permanecido al lado de muchos moribundos. Y he ministrado a muchísimos estrujados y quebrantados como para creer que este aplastar sea un fin en sí mismo. Por desgracia, sin embargo, son necesarios los golpes brutales de la aflicción para ablandar y penetrar nuestros corazones endurecidos. Por más que estos golpes puedan parecernos injustos.

»Recordemos la admisión de Alexander Solzhenitsyn:

"Fue tan sólo cuando me hallaba pudriéndome en una prisión, entre la paja, que sentí dentro de mí el primer aleteo de lo bueno. Gradualmente se me fue haciendo claro que hay una línea que separa lo bueno de lo malo, que pasa, no por Estados, ni aun entre clases, ni tampoco entre partidos políticos, sino por entre los corazones de los seres humanos. Así que bendita prisión por haber entrado a formar parte de mi vida" (5).

»Estas palabras nos proporcionan una ilustración perfecta de los pensamientos del salmista:

Antes que fuera yo humillado, andaba descarriado;
    mas ahora obedezco tu palabra...
Ha sido un bien para mí el haber sido humillado,
    para que aprendiera tus estatutos.
(Sal. 119:67, 71)

»Después que las crisis han estrujado bastante a las personas, Dios interviene para consolar y enseñar» (6).

Demos una mirada, ahora, a la pauta típica de lo que ocurre en la vida de una persona cuando pasa por los estadios del cambio y de la crisis. Como se puede ver por la gráfica, hay cuatro fases en todo cambio o crisis en la vida.

SECUENCIA DEL CAMBIO O CRISIS EN LA VIDA

	Fase I	Fase II	Fase III	Fase IV
	IMPACTO	ESCAPISMO CONFUSIÓN	AJUSTE	RECONSTRUCCIÓN RECONCILIACIÓN
Tiempo Respuesta	HORAS Lucha-Huida	DÍAS Ira-Temor-Culpa-Furor	SEMANAS Empiezan los pensamientos positivos	MESES Esperanza
Pensamiento	Entumecimiento o parálisis Desorientación	Ambigüedad Incertidumbre	Resolución del problema	Consolidación de solución del problema
Dirección	Búsqueda del objeto perdido	Esfuerzos para recobrarlo Separación	Búsqueda de un nuevo objeto	Reanudación
Comportamiento de búsqueda	Reminiscencia	Contemplación perpleja	Exploración enfocada	Prueba de la realidad
Ayuda que precisa	Aceptación de los sentimientos	Dirección orientada al objetivo	Apoyo Comprensión espiritual	Llegar al otro lado Esperanza reforzada (7)

34

La fase del impacto suele ser muy breve. La persona descubre inmediatamente que se está enfrentando a un suceso de capital importancia. Para algunos es como si hubieran recibido un gran mazazo en la cabeza. La fase del impacto implica darse cuenta de la crisis y quedar aturdido. Este período dura de una hora a unos días y ello depende del suceso y de la persona afectada. En una pérdida severa, pueden aparecer lágrimas inmediatamente o unos días más tarde. Cuanto más severa sea la crisis o pérdida, evidentemente mayor es el impacto y mayor la incapacitación y el sentimiento de aturdimiento.

Es posible que la fase de impacto se prolongue durante mucho tiempo, como en el caso de un divorcio. Durante esta fase, la persona tiene que tomar la decisión de si va a permanecer firme y luchar para vencer el problema mediante su resolución, o bien huir del problema y no admitirlo. Los psicólogos llaman a esto la pauta de lucha o de huida. Durante este estadio de impacto, en general la persona es menos competente de lo que es normalmente, y va a reaccionar, probablemente, en la tendencia usual en la forma de manejar los problemas de la vida. Si su tendencia en el pasado ha sido hacer frente a los problemas, posiblemente hará frente al problema. Pero si su tendencia ha sido evadir los problemas, es probable que haga lo mismo.

El luchar o intentar hacerse cargo de la situación en medio de la crisis parece ser la respuesta más sana. El huir o evadir sólo prolonga la crisis. Y como cada una de las fases sucesivas depende de los reajustes que hagamos en la fase previa, el evitar la realidad no demuestra mucha sensatez. Con ello se prolonga el sufrimiento en lugar de resolverlo.

Durante la fase del impacto disminuye nuestra capacidad para pensar. Nos hallamos algo aturdidos y desorientados. Incluso es posible que algunos tengan la impresión de que les es imposible pensar o sentir nada. Es como si todo el sistema se hubiera desconectado. La capacidad de comprensión está disminuida y no es posible esperar mucho de ella en estos momentos. La información que se le proporciona de carácter factual la persona no la registra, de modo que tendrá que ser repetida más adelante. Es común la experiencia de estar explicando algo a una persona y ésta, a su vez, hacer alguna pregunta que indica que no ha oído nada de lo que se le ha dicho. Debido a que está como entumecido, sin sentido, o bien aturdido, puede tomar decisiones poco sensatas. Pero, por desgracia, a veces es necesario tomar decisiones importantes; el aplazarlas es imposible. Es por esto que necesita la ayuda de otras personas.

Durante la fase de impacto, la persona, de modo real y simbólico, está buscando e intentando recobrar la situación o el objeto perdido. El proceso de su pensamiento va dirigido hacia la pérdida. Por ejemplo, es común que el que ha perdido a un deudo a causa de la muerte, saque y busque fotografías y otros objetos que le recuerdan a la persona que ha muerto. Cuando se ha perdido algo que significa mucho para nosotros, nos adherimos a nuestros vínculos emocionales durante un tiempo. Es muy normal buscar el objeto perdido o un sustitutivo, y la búsqueda es mayor cuando no nos damos cuenta completa de lo que nos está sucediendo.

La intensidad en la búsqueda de lo perdido está en proporción al valor atribuido. Es necesario que esta persona sea escuchada y que sus sentimientos sean aceptados. El rechazo de los sentimientos demora la resolución del problema. No es bueno enterrar o negar los sentimientos en este punto. La persona puede incluso sentirse extraña respecto a los pensamientos y sentimientos que está experimentando, y los comentarios negativos de los demás no le ayudan nada. Si te sientes incómodo cuando estás aconsejando a una persona en crisis, en vez de hacerle moderar la expresión de sus sentimientos, dedica tiempo a descubrir la fuente de tu propia incomodidad, porque al hacerlo podrás tú mismo responder mejor a los sucesos de tu vida y ayudar a los demás.

36

El sentido de culpa, común también a esta fase de impacto, debe asimismo ser discutido. Hay personas que se sienten culpables de haber fallado. Otras, por el contrario, se acusan de haber conseguido algo. Para muchas es tan difícil aceptar un éxito como su fracaso. Se preguntan si lo merecen, o ven a otros que no han triunfado y, en su empatía por ellos, se sienten culpables de su propio éxito. Los hijos de padres que se divorcian se sienten culpables con frecuencia, como si fueran ellos los responsables de la disolución del matrimonio. Los que presencian accidentes o catástrofes, con frecuencia experimentan culpa. «¿Por qué yo no fui afectado? ¿Por qué murió mi hijito y no yo? ¡A él le quedaban muchos años de vida, en tanto que yo...!» Éstas son reacciones comunes.

La persona que experimenta culpa tiene muchas opciones disponibles para aliviarla. Puede conseguir alivio por medio de la racionalización. Puede proyectar la culpa sobre otros. Puede intentar hacer penitencia y satisfacer así la culpa. O bien puede solicitar el perdón cuando ha habido un pecado genuino y una violación de los principios de la ley de Dios. Dios puede quitar, y quita, la verdadera culpa. Pero existen otros sentimientos de culpa que no tienen base alguna. Y la persona que vive de sus emociones la mayor parte del tiempo, tendrá más tendencia a sentirse culpable durante una crisis que otros. Aquellos cuyas pautas de pensamiento son de carácter negativo van a experimentar y exhibir más culpa que otros. El perdón de Dios no suele ser necesario ni se aplica a la culpa falsa. Lo que es necesario es ayuda externa para cambiar la perspectiva o lo que uno se dice a sí mismo. Pero para ello hace falta tiempo, y durante la fase del impacto no es precisamente lo que sobra.

Antes de pasar al próximo estadio, quiero explicar en qué forma el uso de la gráfica puede ser útil para aconsejar a las personas en estado de crisis. Con frecuencia la persona en crisis se siente abrumada y se pregunta si sus reacciones son normales. En ocasiones he mostrado a algunas personas la gráfica completa, describiéndoles los diferentes estadios, y les he pedido que me indiquen el punto en que se encuentran en la gráfica. Suelen responder identificando primero el lugar en que se hallan, y luego preguntan: «¿Quiere Vd. decir que mi reacción es normal?» Al asegurarles ser normal su respuesta, se sienten aliviados. A partir de aquí pueden ver más claramente hacia dónde se dirigen, lo cual contribuye a aliviar su ansiedad.

LA FASE DE ESCAPISMO-RETRAIMIENTO Y CONFUSIÓN

Uno de los factores clave en esta fase es el declive en el nivel emocional. Esto ocurre generalmente porque su sentimiento está agotado o en depresión. La persona ya no tiene sentimientos para la experiencia. Si miras la gráfica, vas a notar que cada fase se hace progresivamente más larga. Esta fase puede durar días o incluso semanas.

Durante esta fase está la tendencia a negar los sentimientos propios de un modo probablemente más intenso que en ninguna otra. Los sentimientos pueden hacerse ahora muy desagradables. Aparece ira intensa hacia lo ocurrido, lo cual en algunos casos da lugar a un sentimiento adicional de culpa por tener estos sentimientos. Puede producir también vergüenza, y el dolor generado por los diversos sentimientos puede dar lugar a una tendencia y deseo de suprimirlos. Hay cristianos y personas no cristianas, por un igual, que rehúsan dejar paso al proceso de la pena y el dolor. Esta negación, con el tiempo, conduce a dificultades físicas, emocionales y trastornos de la personalidad.

Si los sentimientos que compartimos con otros dan lugar a que éstos se alarmen o se ofendan, se genera una tendencia a reprimirlos. Pero no se deben reprimir en nuestra relación con Dios. Él los entiende y acepta nuestro estado emocional. Los sentimientos deben manifestarse, lo que significa que es necesario que haya amigos, parientes u otras personas dispuestas a compartirlos. Por desgracia es posible que cuando más una persona necesita ayuda no haya amigos ni parientes disponibles. Por otra parte, es común el que se ofrezcan manifestaciones de simpatía, comidas, regalos, tarjetas, compañía y oraciones durante la fase inicial de impacto y el comienzo del estado de escapismo-confusión. Pero, en general, al cabo de unas semanas el apoyo disminuye, aunque es entonces cuando más se necesita.

En el curso de los años hemos visto cómo cada vez hay más iglesias que desarrollan un ministerio activo para los que experimentan la pérdida de un ser querido. Algunas iglesias llegan a visitar y ministrar a la persona en duelo en alguna forma, cada día, durante un período de hasta dos años. Esto no sólo ayuda eficazmente a la persona afectada sino que implica en ello a muchos miembros de la congregación.

Durante este período la persona no necesita de consejos psicológicos o espirituales. Su estado emocional, sea de ira o de depresión, no está a este nivel. Sólo podemos esperar que sea capaz de sacar recursos de lo que ya había aprendido, puesto que a estas alturas va a tener dificultades para incorporar algo nuevo.

Una de las mejores maneras de ayudar a las personas durante esta fase es ayudarlas a organizar sus vidas. Necesitan apoyo para poner en orden sus actividades, tener la casa en orden y asumir otras responsabilidades comunes. Necesitan ayuda porque pueden sufrir cierta parálisis de la voluntad.

A este nivel se manifiesta también una tendencia a la autocompasión, lo que produce a veces en la persona reacciones confusas. Va y viene. Empieza un trabajo y de súbito lo deja. Busca la amistad o el apoyo en otras personas y de pronto las abandona. Hay que tener en cuenta que esta búsqueda o refugio, bien sea en hacer algo nuevo o en buscar nuevas amistades, es, probablemente, una necesidad de sustitución de lo perdido, pero que se abandona al caer de nuevo en el recuerdo y reminiscencia del pasado. Hay que evitar a toda costa que en esta situación la persona tome decisiones dirigidas a sustituir lo perdido o reemplazar el pasado, como pudiera ser el caso de casarse de nuevo. Y hay que tener en cuenta que no está preparada para este tipo de decisiones en tanto que no se ha desprendido aún totalmente de lo que ha perdido.

LA FASE DE REAJUSTE

El tiempo de duración de esta fase es mucho más largo que el de las demás. Las respuestas emocionales durante este período son de esperanza. Puede quedar rezagada aún algo de depresión que viene y va, pero han empezado las reacciones positivas. Las cosas vuelven a adquirir color. La persona habla con esperanza sobre posibilidades futuras, como disfrutar de un nuevo empleo, o un nuevo emplazamiento, reconstruir la casa destruida por un incendio, o vuelve a considerar casarse de nuevo. Se ha desprendido ya por completo de lo que había perdido y ahora va en busca de algo nuevo a que adherirse.

Lo que está ocurriendo en su mundo empieza a adquirir nueva importancia. Ha pasado por las profundidades del valle y ahora inicia el ascenso. Aquello a lo que empieza a adherirse tiene para él un significado especial. El espectador no puede ver el mismo significado ni sentir lo que siente la persona, por lo que puede quizás considerar que se equivoca en sus decisiones al escoger un nuevo empleo, un nuevo hogar o incluso un nuevo cónyuge. Pero no podemos actuar como críticos, porque la persona afectada está respondiendo desde una perspectiva diferente a la nuestra. Tenemos que procurar ver su vida a través de sus propios ojos, no de los nuestros.

Recuerda que la persona en este punto ha recobrado algo de esperanza, pero ésta no es todavía un sentimiento firme. Fluctúa y, a veces, se desvanece. Aún necesita de alguien cerca, que esté disponible. Como está recobrando la perspectiva puede ser ya más objetivo acerca de lo que le ocurre, de forma que ahora está ya en situación de aceptar y procesar nueva información y sugerencias. En este punto está ya maduro

40

para recibir consejo moral y espiritual, aunque no hay que olvidar que la transformación experimentada puede haber alterado su escala de valores (8).

LA FASE DE RECONSTRUCCIÓN-RECONCILIACIÓN

La fase final es la de reconstrucción y reconciliación.

La característica principal de esta fase es un sentimiento genuino y espontáneo de esperanza. Hay una expresión de confianza y se hacen planes. Las dudas y la autocompasión han desaparecido porque la persona ha tomado la decisión lógica. Toma la iniciativa para el progreso y tiene lugar la reanudación de relaciones. Su nuevo mundo implica nuevas personas, nuevos lugares, nuevas actividades, nuevas tareas y nuevas respuestas y profundidades espirituales. Si ha habido ira o acusaciones hacia otros o si hubo interrupción de relaciones, ahora es el momento de la reconciliación. Los gestos de ayuda, la simpatía, el compartir comidas juntos y el ofrecerse para cualquier ayuda colabora a esta reconciliación.

La resolución final de una crisis es un reflejo de nueva creación en la persona. Una crisis es una oportunidad para que la persona consiga nuevas fuerzas, nuevas perspectivas, nuevos aprecios, nuevas evaluaciones y una nueva forma de enfocar la vida. Yo he experimentado personalmente las cuatro fases de la crisis en mi vida. Algunas veces es posible superar las cuatro fases en menos tiempo del que se ha indicado.

Durante el pasado año experimenté algunos fenómenos físicos extraños. Éstos incluían la sensación de vértigo, presión en la parte posterior de la cabeza y dolores de cabeza en general. Estos síntomas persistieron durante varias semanas, durante las que los médicos me dieron varias teorías, pero nada en concreto. Me invadía una incertidumbre, y mi propia preocupación por lo que podía resultar de todo ello se añadía a los síntomas que experimentaba. Finalmente, después de pasar por un examen a conciencia que incluyó un examen TAC, los síntomas desaparecieron. Cuando tratamos de ordenar las piezas del rompecabezas llegamos a la conclusión de que los síntomas físicos habían sido causados por haber dado varios cursos agotadores en número excesivo, a lo que se había sumado, sin el suficiente tiempo de recuperación, un resfriado y algunos cambios en la altitud topográfica. El agotamiento físico era uno de los principales culpables. Pero esta experiencia, a la edad de 47 años, me hizo pensar, volver a evaluar y considerar algunos cambios. No me gustaron todas las cosas por las que tuve que pasar, pero gané experiencia a través de ellas y me di cuenta de que todo había sido necesario. Espero y confío –me dije– que seré diferente a causa de lo ocurrido.

La crisis y las pruebas pueden convertirse en instrumentos de un crecimiento estimulante. Siempre me ha causado impresión la forma en que William Pruitt reaccionó contra su problema físico, que finalmente venció. En muchas formas su crisis no desapareció, sino que le siguió afectando el resto de su vida. Pero en su obra *Run from the Pale Pony*, Pruitt usa una analogía para describir lo que le sucedió. En el prólogo del libro escribe:

«Hace como treinta años, mi diversión favorita era montar un caballo blanco al que llamábamos "Príncipe". Un animal orgulloso y lleno de nervio al que yo dominaba, haciendo que me llevara donde quería y al paso que le ordenaba. No tengo que explicar a los jinetes el profundo sentimiento de satisfacción, de fuerza e incluso de autoridad que resulta de poder controlar a un animal así. Tampoco hace falta que insista en describir la emoción que me embargaba al poder galopar con él a toda velocidad, o el orgullo que sentía al realizar con él, en los ejercicios de rodeo, toda clase de cabriolas. Después de todo, era mío. Lo había entrenado yo. Su comportamiento y la satisfacción que me producía eran parte de mi herencia y posesión.

»Hace unos quince años que mi caballo blanco tuvo que desaparecer, hasta tal punto que, prácticamente, dejé de acordarme de él. En su lugar me encontré con otro tipo de caballo, totalmente distinto. Un caballo cuyo espectro, al principio, no fui capaz de discernir en toda su magnitud. Jamás me había enfrentado a nada semejante ni jamás lo había buscado. No lo quería. Y, con todo, pese a mis esfuerzos, pronto me di cuenta de que mi nueva montura se había pegado a mí como una sombra y no llevaba trazas de desaparecer. En sus comienzos no le di excesiva importancia y continué pensando que me sería fácil librarme de él. "Estás demasiado ocupado –me dije– como para perder tiempo y dejarte perturbar por algo que no es de vital importancia. Desembarázate de él." Y procuré deshacerme de él a fuerza de voluntad. Pero, por más que hiciera, su espectro me seguía los pasos día y noche, de tal modo que cuanto mayores eran mis esfuerzos para librarme de él, más iba creciendo y haciéndose más monstruoso ante mis ojos.

»Mi ansiedad se convirtió en desespero cuando empecé a darme cuenta de que esta sombra indeseable, esta nueva cabalgadura fantasmagórica, tenía voluntad propia y que, pese a mis esfuerzos, no llevaba intención alguna de abandonarme. Sin previo aviso, empezó a comunicarse conmigo y un día, de modo franco y con voz áspera, casi rígida y hostil, me espetó: "No vas a librarte de mí. Ya no podrás ir nunca más donde quieras y al paso que tú quieras. A partir de ahora, en lugar de fuerza voy a darte debilidad. ¿Entusiasmo y orgullo? Y no los recobrarás jamás. En mis planes sólo está el conducirte al confinamiento y la incapacidad. Mi nombre es enfermedad crónica."

»Al escuchar su nombre sentí un escalofrío. Su naturaleza me recordaba a mi querido caballo blanco, pero a la inversa. En el paralelismo había una maligna y amarga ironía. En lugar de dirigirle yo a él, él me dirigía a mí. La enfermedad tomó para mí la forma de cabalgadura, la forma de un esturión monstruoso y deformado sobre el que yo cabalgaba sin poder controlar. Su melena era pálida, con rayas de desesperación acumulada durante siglos. Pero el rasgo que más me aterrorizaba de él era su mirada abrumadora, una mirada fija y penetrante que me dejaba paralizado, impotente. Sus ojos, desorbitados, se movían incansables de un lado a otro, robándome todo instante de sosiego. Este libro ha sido escrito para aquellos que se han encontrado con esta cabalgadura fantasma frente a frente» (9).

Esta cabalgadura fantasma puede presentarse de muchas formas y maneras: enfermedades físicas y mentales de carácter grave, guerras, lesiones y muchísimas más. Sea cual sea la forma de montura, los resultados son muy similares. La cabalgadura fantasma de William Pruitt era una esclerosis en placas. Una enfermedad que sentía le iba afectando progresivamente hasta dejarle totalmente inútil. Pero su historia es una historia de esperanza. Se dio cuenta de que le quedaban aún cierto número de años antes de quedar totalmente imposibilitado, y previendo que le sería del todo imposible seguir realizando el trabajo en el que se ocupaba, ingresó de nuevo en la universidad, en una silla de ruedas. Sacó un doctorado en ciencias económicas y se convirtió en profesor.

El libro de Pruitt no es una historia de cesión de renuncia, sino una invitación a la lucha y la victoria. Un libro sincero, que habla del dolor, del sufrimiento y de la lucha, pero poniendo énfasis a la vez en la fe y la esperanza.

¿Qué es lo que hace que una crisis se convierta en una tragedia permanente en vez de ser una experiencia que produzca crecimiento y madurez a pesar del dolor y el sufrimiento?

Nuestra actitud.

Muchas personas que atraviesan crisis descubren que, más adelante, pueden servir a otros de mejor forma. Una vez salidos de las dificultades, podemos hacernos cargo de lo que sienten los otros y acompañarles en sus pruebas en una forma distinta.

NOTAS

1. Naomi Golan, *Passing through transitions* (Nueva York: The Free Press, 1981), p. 12.
2. David C. Morley, *Halfway up the mountain* (Old Tappan, N.J.: Revell, 1979), pág. 26.
3. Aaron Lazare, F. Cohen, O. Jacobsen, «The Walk-in Patient as a "Customer": A Key Dimension in Evaluation and Treatment», *American journal of orthopsychiatri*, 42 (1979): 872-883, tal como se cita en *Counseling teenagers*, Dr. G. Keith Olson, p.p. 283-284.
4. Lewis B. Smedes, *How can it be all right when everything is all wrong?* (N. York: Harper & Row, 1982), pp. 16-17.
5. Alexander Solzhenitsyn, *The Gulag Archipeligo*, citado por Philip Yancey, *¿Dónde está Dios cuando se sufre?* (Editorial CLIE).
6. Charles R. Swindoll, *Growing strong in the seasons of life* (Portland, Ore.: Multnomah, 1983), pp. 274-175.
7. Basado en similar esquema de Ralph Hirschowitz en «Addendum», de *Levinsor Letter* (Cambridge: The Levinson Institute, n. d.) p. 4.
8. Phases of a Crisis, adaptado de Lloyd Ahlem, *Living with stress* (Ventura, Cal.: Regal, 1978), pp. 31-64.
9. William Pruitt, *Run from the Pale Pony* (Grand Rapids: Baker, 1976), pp. 9, 10, tal como se cita en *More communication keys for your marriage*, H. Norman Wright (Ventura, Cal.: Regal, 1983), pp. 19-20.

3

El aconsejar
en situaciones desde una
perspectiva bíblica

En todo tipo de aconsejar en crisis entre cristianos, sea ésta de carácter individual, matrimonial o de familia, es esencial el conocimiento del enfoque bíblico. Y la mejor forma de desarrollar el enfoque bíblico es estudiar la vida de Jesús en sus relaciones con los demás. La forma en que Él ministró a los demás es un modelo para todos los que intentamos ayudar a otros.

Al considerar las características del enfoque de Jesús en el aconsejar, hemos de recordar que las técnicas solas no son efectivas. La relación de Jesús con la persona a la cual estaba ministrando era el fundamento.

Un individuo, un matrimonio o una familia que viene a nosotros para que le aconsejemos ha de saber que el ministro tiene interés en ellos, y esto se demuestra con su comprensión, simpatía, aceptación y certeza de que el que acude es capaz de cambiar y madurar.

La forma en que Jesús respondía a las personas

Al estudiar el enfoque de Jesús al aconsejar hay que tener en cuenta una observación importante, y es que su labor con las personas era un *proceso*. No las veía unos pocos minutos durante una hora señalada. Pasaba tiempo con ellos ayudándoles a resolver las dificultades de su vida en una forma que podemos calificar como profunda. Veía a las personas no sólo con referencia a sus problemas, sino a su potencial, fe y esperanza.

Una característica básica de su enfoque era su compasión para con los demás. Sólo hace falta leer en Marcos 8:2: «Se me enternecen de compasión las entrañas sobre la multitud, porque hace ya tres días que permanecen conmigo y no tienen qué comer.» Otro pasaje que muestra su compasión es Marcos 6:34: «Salió él, y vio una gran multitud, y tuvo compasión de ellos, porque eran como ovejas que no tienen pastor; y comenzó a enseñarles muchas cosas.» Lo que le interesaba era aliviar el sufrimiento y cubrir las necesidades de la gente.

Cuando se encontraba por primera vez con las personas las aceptaba tal y como eran. Dicho en otras palabras, creía en ellas y en lo que podían llegar a ser. La característica de esta *aceptación* la vemos en Juan 4, Juan 8 y Lucas 19. Cuando Jesús encontró a la mujer en el pozo, la aceptó tal como era, sin condenarla. Aceptó a la mujer sorprendida en adulterio, y a Zaqueo, el cobrador de impuestos defraudador.

La persona como tal, con sus virtudes y defectos, era su primera prioridad. Establecida ésta, *procuraba que la persona se amara y se valorizara a sí misma*, comparando su sinceridad con la hipocresía de los líderes religiosos y de las reglas y ordenanzas por ellos dictadas. Él mismo se hacía parte de las personas que eran consideradas como peores pecadores, y los aceptaba tal y como eran a fin de llenar sus necesidades. Este proceder le permitía elevarles su sentimiento de valía personal, lo que es un paso importantísimo en el aconsejar en situación de crisis.

Una de las formas en que Jesús valorizaba a los individuos era mostrándoles la valía que tenían a los ojos de Dios, explicándoles el cuidado de Dios por otras criaturas, de las cuales Dios cuidaba: «¿No se venden dos gorriones por un cuarto? Con todo, ni uno de ellos caerá a tierra sin consentirlo vuestro Padre» (Mt. 10:29). En el fondo de los problemas de muchas personas hay un fallo en el sentimiento de valoración personal. El ayudarles a descubrir su valor personal contrastándolo con lo que es Dios y lo que Él ha hecho por nosotros ayuda a estabilizarlos.

Otra característica del ministerio de Jesús era su capacidad de descubrir las necesidades de los demás, dirigiéndose directamente a ellos, al margen de lo que ellos mismos intentaban presentar a su atención. Vemos este *discernimiento* en el ejemplo de Nicodemo, el cual acudió a Jesús durante la noche. Fuera cual fuera la razón aparente por la que quería hablar con Jesús a estas horas, Jesús abordó su problema real y le presentó delante la necesidad que tenía de nacer de nuevo.

Al hacer frente a las necesidades inmediatas de las personas, Jesús no usaba con todos el mismo enfoque. Gary Collins expresa esto en su obra *How to be a people Helper*:

> «Jesús no sólo trataba de modo distinto a cada persona, sino que se relacionaba con los individuos en niveles diferentes de profundidad y de intimidad. Juan era el discípulo a quien Jesús amaba, quizá el amigo más íntimo del Maestro, en tanto que Pedro, Jacobo y Juan parecen haber formado juntos el círculo más íntimo con el cual el Señor tenía una relación especial. Aunque los demás no estaban tan cerca de Él como estos tres, todos los apóstoles eran compañeros de Cristo: un grupo de doce hombres que habían sido escogidos para llevar a cabo la obra después de su partida. En Lucas 10 leemos de un grupo de setenta hombres a quienes Jesús había dado un entrenamiento especial. Después de la resurrección se apareció a un grupo más numeroso, de quinientas personas, y luego hubo multitudes, algunas veces en número de miles, muchos de los cuales sólo podían ver a Jesús de lejos» (1).

Cada uno de los que a ti acuden en caso de crisis se halla en una situación de necesidad desesperada.

También las *muchas palabras* que Jesús usaba al ministrar a los individuos eran importantes. A veces les hablaba directamente, incluso de modo brusco. Otras veces hablaba con palabras suaves. Algunas veces transmitía sus sentimientos sin palabras, como en Marcos 3:5: «Y después de echarles una mirada alrededor con ira, entristecido por la dureza de sus corazones, le dijo al hombre: Extiende tu mano. Y él la extendió, y la mano quedó restablecida.»

Jesús *ponía énfasis especial en el comportamiento apropiado* en las vidas de aquellos a quienes ministraba. A la mujer sorprendida en adulterio le dijo: «Vete y no peques más.» «Todo el que viene a mí, y oye mis palabras, y las pone en práctica, os voy a mostrar a quien es semejante: Es semejante a un hombre que edificó su casa sobre la roca» (Lc. 6:47, 48).

Jesús procuraba que las personas aceptaran su responsabilidad en el proceso de restauración. En Juan 5 respondió al hombre que se hallaba en el estanque de Betesda, diciendo: «¿Quieres quedar sano?» (v. 6). En otras palabras: «¿Quieres realmente recibir la salud? ¿Quieres ser curado? ¿Quieres un cambio?» Esta pregunta indica que Jesús procuraba que el hombre aceptara la responsabilidad de permanecer enfermo o ser restaurado. En otro caso le preguntó a un ciego: «¿Qué deseas que haga por ti?» (Mr. 10:51). Al aconsejar en una crisis, la persona, pareja o familia debe darse cuenta de que son ellos quienes han de tomar la decisión de seguir tal como están o cambiar y crecer, y han de tomarla antes de que se pueda ver progreso sin resultado alguno. Uno de los objetivos en el aconsejar en crisis, como se verá, es ayudar a la persona necesitada a aceptar la responsabilidad.

A otras personas Jesús les daba *esperanza*: «Pero ellos se asombraban aún más, y decían entre ellos: Entonces, ¿quién puede ser salvo? Jesús, mirándoles fijamente, dice: Por parte de los hombres, imposible; pero no por parte de Dios, porque con Dios todo es posible» (Mr. 10:26, 27).

Jesús *animaba* a las personas a quienes ministraba: «Venid a mí todos los que estáis fatigados y cargados, y yo os haré descansar. Llevad mi yugo sobre vosotros y aprended de mí, que soy manso y humilde de corazón, y hallaréis descanso para vuestras almas, porque mi yugo es cómodo, y mi carga ligera» (Mt. 11:28-30). ¿Qué importancia tiene el dar ánimo al aconsejar en crisis? El ánimo proporciona al aconsejado la esperanza y el deseo de cambiar.

Jesús enfatizaba en la *paz mental* que se hallaba a disposición de los que estaban en necesidad: «La paz os dejo, mi paz os doy; yo no os la doy como el mundo la da. No se turbe vuestro corazón, ni tenga miedo» (Jn. 14:27). Si carece de alguna cosa la persona en situación de crisis, es precisamente de paz mental. Jesús ofrece esta esperanza.

Podemos ver también que Jesús ayudaba a *formar o modelar el modo de pensar de las personas*. Les ayudaba a dirigir su atención a las cosas importantes, desviándola de las que no lo eran (ver Lucas 5:22-25; 12:22-27).

El *enseñar* era una parte definida de su aconsejar, y vemos una y otra vez la forma en que enseñaba Jesús. Con frecuencia usaba afirmaciones directas. En otras ocasiones usaba preguntas:

> «Aconteció un sábado, que habiendo entrado para comer en casa de uno de los principales de los fariseos, éstos le acechaban atentamente. Y he aquí que estaba delante de Él un hombre hidrópico. Entonces Jesús tomó la palabra y se dirigió a los intérpretes de la ley y a los fariseos, diciendo: ¿Es lícito sanar en sábado? Mas ellos callaron. Y él, tomándole, le sanó, y le despidió. Y dirigiéndose a ellos, dijo: ¿Quién de vosotros, si su asno o su buey cae en un pozo, no lo sacará inmediatamente, aunque sea en sábado? Y no le podían replicar a estas cosas (Lc. 14:1-6; ver también Lc. 6:39, 42).

Otra característica del enfoque de Jesús es que hablaba con *autoridad*. No vacilaba hablando con tapujo o de modo incierto, sino que hablaba con autoridad: «Porque les enseñaba como uno que tiene autoridad y no como los escribas (Mt. 7:29). ¿En qué forma puede ser usada la autoridad de un ministro, de modo debido o indebido, al aconsejar a una persona en estado de crisis?

Notemos en qué forma Jesús, cuando era necesario, *advertía y se enfrentaba* a los individuos. «Él les dijo: ¿Por qué teméis, hombres de poca fe? Entonces, levantándose, reprendió a los vientos y al mar; y sobrevino gran calma» (Mt. 8:26). «Y si tu hermano peca contra ti, ve y repréndele a solas, tú con él; si te escucha, has ganado a tu hermano» (Mt. 18:15).

Otro ejemplo de la forma en que Jesús advertía y se enfrentaba a otros lo hallamos en Juan 8:3-9:

> «Entonces los escribas y los fariseos le trajeron una mujer sorprendida en adulterio; y poniéndola en medio, le dijeron: Maestro, esta mujer ha sido sorprendida en el acto mismo de adulterio. Y en la ley nos mandó Moisés apedrear a tales mujeres. Tú, pues, ¿qué dices? Mas esto decían tentándole, para tener de qué acusarle. Pero Jesús, inclinado hacia el suelo, escribía en la tierra con el dedo. Y como insistieran en preguntarle, se enderezó y les dijo: El que de vosotros esté sin pecado, sea el primero en arrojar la piedra contra ella. E inclinándose de nuevo hacia el suelo, siguió escribiendo en tierra. Pero ellos, al oír esto, acusados por su conciencia, salían uno a uno, comenzando desde los más viejos hasta los últimos; y quedó Jesús solo, y la mujer que estaba en medio.»

Algunas veces es necesario enfrentarse con el aconsejado directamente acerca del problema.

Factores en la efectividad del ministerio de Jesús

El ministerio de Jesús era el de motivar a las personas a conseguir plenitud en sus vidas, ayudándoles a desarrollar su capacidad para tratar los problemas, conflictos y cargas de la vida. Quizá lo que es realmente importante para el consejero –se trate de un profesional o un laico– es considerar la forma en que Jesús hacía su ministerio de modo tan eficiente.

Cuando damos una mirada a su vida personal la respuesta se hace evidente.

Ante todo, en su vida personal había *obediencia a Dios*. Había una relación definida entre Él y su Padre, y la obediencia era el puntal de su vida. Hay dos versículos en el Evangelio de Juan que ponen énfasis sobre este punto: «Porque yo no he hablado por mi propia cuenta; sino que el Padre que me envió, Él me dio mandamiento de lo que he de decir, y de lo que he de hablar» (Jn. 12:49). «Yo te he glorificado en la tierra; he llevado a término la obra que me diste a realizar» (Jn. 17:4).

Otra razón de que el ministerio de Jesús fuera efectivo es que vivía una vida de *fe* y esto le permitía poner las cosas en su debida perspectiva, viéndolas a través de los ojos de Dios. El ejemplo de la hija del principal de la sinagoga, en Marcos 5, y la respuesta de Jesús a la afirmación de que su hija había muerto, muestran esta fe.

Una tercera razón de la eficiencia de Jesús en su ministerio era el poder generado por su vida de *oración*. Su ejemplo indica que la oración es un elemento muy importante en el ministerio: «Pero su fama se difundía aún más, y grandes multitudes se reunían para escucharle y ser sanadas de sus enfermedades. Él, por su parte, se retiraba con frecuencia a los lugares solitarios para orar» (Lc. 5:15, 16). «Aconteció en aquellos días que Él salió al monte a orar, y pasó la noche entera en oración con Dios. Y cuando se hizo de día, convocó a sus discípulos y escogió de entre ellos doce, a quienes puso también el nombre de apóstoles» (Lc. 6:12, 13).

Algunos consejeros hallan útil el orar o bien al principio o al fin de sus sesiones de consejería. Otros no lo hacen así, sino a solas; pero la oración es, con todo, una parte importante de su ministerio. Algunos consejeros oran de modo específico por cada uno de sus pacientes cada día, indicando al aconsejado el hecho de que lo hacen. Otros piden también a los aconsejados que oren por ellos para que Dios les dé sabiduría y comprensión en su ministerio o servicio.

Un pastor dice que tiene la costumbre, cuando se halla frente a obstáculos infranqueables y no sabe qué hacer en una sesión, de admitir este hecho abiertamente ante el aconsejado. Le dice que quisiera hacer una pausa durante un momento para pedir a Dios que le revele lo que debe hacer a continuación, lo que debe decir y la dirección que ha de emprender. Este pastor afirma que en muchos casos, tan pronto como ha terminado de orar, se le hace claro lo que debe hacer o decir a continuación.

Una cuarta razón para la efectividad de Jesús era la *autoridad* con que hablaba. «Porque les hablaba como el que tiene autoridad, y no como los escribas» (Mt. 7:29). Jesús conocía bien el hecho de su autoridad. Los que conocen a Cristo y son llamados a un ministerio de ayuda por medio de aconsejar tienen la autoridad de la Palabra de Dios que les respalda.

Hay una diferencia, sin embargo, entre el usar la autoridad de las Escrituras y el ser autoritario. Algunos consejeros agarran un pasaje escritural y lo aplican a martillazos a cualquier problema, sin escuchar de modo completo la dificultad del paciente y sin saber si la Escritura es necesaria en aquel momento particular. Se dan casos en los que es el mismo consejero el que no está dispuesto a examinar los problemas en su propia vida y, no obstante, intenta aconsejar y usar la autoridad escritural aplicando mal la Escritura, o deformándola, a causa de sus propias dificultades.

Una quinta razón para la efectividad del ministerio de Jesús era su *implicación* personal en la vida de sus discípulos y seguidores. No era distante y huraño, sino que era sensible, personal, y mostraba interés.

El *poder del Espíritu Santo* le capacitaba para ser efectivo. Algunos han llamado a este poder una unción del Espíritu. Vemos que el ministerio de Jesús empezó cuando recibió el poder del Espíritu Santo en Lucas 3:21, 22: «Aconteció que, cuando todo el pueblo era bautizado, también Jesús fue bautizado; y mientras oraba, se abrió el cielo, y descendió sobre

Él el Espíritu Santo en forma corporal como una paloma; y salió del cielo una voz que decía: Tú eres mi Hijo amado, en ti he puesto mi complacencia.» En el capítulo siguiente Lucas indica que Jesús se hallaba lleno del Espíritu Santo, y era guiado por el Espíritu, y que el Espíritu del Señor era sobre Él.

Lucas 5:17 señala que el poder del Señor estaba sobre Él para curar: «Aconteció un día que Él estaba enseñando, y estaban sentados allí unos fariseos y maestros de la ley, que habían venido de todas las aldeas de Galilea y Judea, y de Jerusalén; y el poder del Señor estaba presente para sanarles.»

William Crane, en su obra *Where God Comes in: The Divine Plus in Counseling*, habla del ministerio del Espíritu Santo en las vidas del consejero y el aconsejado:

> «El Espíritu Santo tiene acceso a todos los materiales que los otros psicoterapeutas conocen y usan. Pero, además, tiene acceso directo a los pensamientos y sentimientos íntimos del consejero. Cuando el consejero pasa a ser aconsejado en la presencia del Admirable Consejero, y sinceramente busca su aprobación, corrección y entrenamiento en la justicia que promete el Espíritu Santo, sin duda que lo hallará. Muchos lo tienen» (2).

Estableciendo un proceso bíblico de aconsejar

Hemos dado una mirada a las formas en que Jesús trataba a la gente y los factores que hacían efectivo su ministerio. Lo que necesitamos ahora es aplicarlo al proceso de aconsejar.

Girad Egan, un terapeuta de vanguardia, sugiere cuatro frases distintas en el proceso de aconsejar: establecer el contacto y cimentar una confianza; ser sensible a su problema y ayudarle a analizar sus propios sentimientos, experiencia y conducta; crear un clima de comprensión entre consejero y aconsejado; y estimular la acción que posteriormente debe ser evaluada por ambos.

El psicólogo Lawrence Brammer facilita una lista similar, aunque más larga: empezar la entrevista y conocer el problema o problemas; clarificar el problema y objetivos para solucionarlo; estructurar la situación del aconsejado y los procedimientos a seguir; establecer una relación profunda; explorar los sentimientos, conducta o pensamientos; decidir algunos planes de acción, ponerlos a prueba y evaluarlos; y terminar la relación.

El proceso y el éxito al aconsejar dependen, en gran parte, del tipo de problema de que se trate, las personalidades del que ayuda y del que es ayudado, y la naturaleza de su relación. Partiendo de las sugerencias de Egan y Brammer, me atrevo a sugerir que el proceso de aconsejar tiene por lo menos cinco pasos, casi todos ellos ilustrados claramente en la Biblia:

1. Crear una relación entre el que ayuda y el ayudado (Jn. 16:7-13).
2. Explorar el problema, procurando clarificar las cuestiones y analizar el proceso histórico, determinando lo que se ha hecho en el pasado, para atacarlo.
3. Decidir un curso de acción. Hay varias alternativas posibles que se pueden intentar una tras otra (Jn. 14:26; 1ª Co. 2:13).
4. Pasar a la acción y proceso práctico que ambos evalúan conjuntamente. Cuando algo no da resultado hay que probar otra vez (Jn. 16:13; Hch. 10:19, 20; 16:6).
5. Terminar la relación de consejería alentando al ayudado a que aplique lo que ha aprendido y emprenda el camino por su propia cuenta (Ro. 8:14).

Gran parte de este proceso queda ilustrado muy bien en Lucas 24, donde Jesús encuentra a dos hombres en el camino a Emaús. Una vez iniciada la relación, Jesús usa diversas técnicas para ayudarlos a través de su crisis y período de desaliento.

Primero, Jesús se une a ellos caminando a su lado. Aquí se establece el contacto y la relación de afinidad. Mientras ellos andan, Jesús les hace algunas preguntas indirectas. Pasa tiempo escuchándoles. Sin duda no estaba de acuerdo con lo que decían, pero escucha, y les da oportunidad para expresar su contrariedad y mostrarles el amor que le llevó a morir por los pecadores.

Después de un rato, se enfrenta con su incomprensión lógica y fallo en interpretar las Escrituras de modo correcto. Se enfrenta con ellos de modo suave, pero firme, después de haber iniciado el proceso de estimularles a cambiar su modo de pensar y su conducta.

Al final del viaje intensifica la relación, aceptando su invitación a que entre en su casa y coma con ellos.

Entonces ocurrió algo extraño. Algo que todo consejero sueña con poder hacer ante sus aconsejados –especialmente los más difíciles–. Al hacerlo, ¡Jesús «desapareció de su vista»! (v. 31) a solas, por su cuenta, estimulándoles así a la acción. Éste es el objetivo final de todo proceso de consejería: el impulsar al aconsejado a alcanzar la independencia, de modo que ya no necesite confiar en la ayuda de su consejero (3).

Recuerda este último punto, porque es decisivo en el proceso de aconsejar en situaciones de crisis (4).

NOTAS

1. Gary Collins, *How to be a people helper* (Santa Ana, Cal.: Vision House, 1976) p. 37.
2. William Crane, *Where God comes in: The divine plus in counseling* (Waco: Word, 1970), pág. 28.
3. Colins, pp. 51-53.
4. Adaptado de H. Norman Wright, *Marital counseling* (Santa Ana, Cal.: Christian marriage enrichment, 1981).

4

Aplicación
de los principios bíblicos

Incluso después de años de entrenamiento y experiencia, hay muchas ocasiones en las que los pastores y consejeros se preguntan qué es lo que deben decir o hacer en una situación determinada durante el proceso de aconsejar. Tales ocasiones fuerzan al consejero cristiano a postrarse ante el Señor y preguntar: «Señor, ¿qué es lo que he de hacer ahora, y qué necesita esta persona?» Si tratamos de ayudar a las personas por nuestra propia cuenta y fuerza, vamos a cometer equivocaciones. Necesitamos *confiar en el poder y sabiduría de Dios*.

En Proverbios 3:5, 6 se nos instruye: «Fíate de Jehová con todo tu corazón, y no te apoyes en tu propia prudencia. Reconócele en todos tus caminos, y Él enderezará tus veredas.» Un pensamiento similar se expresa en Proverbios 15:28: «El corazón del justo piensa para responder, mas la boca de los impíos derrama malas cosas.»

Aprendiendo a escuchar

Uno de los problemas del que más sufren los consejeros es el de no saber cuándo han de escuchar y quedarse quietos.

59

La mayoría de los pastores, al aconsejar, tratan de hablar ellos y ofrecer consejo o exhortar según las Escrituras. Hay oportunidad para hablar y exhortar, pero ¿cómo puede uno saber lo que ha de decir, a menos que haya escuchado primero? El *escuchar* es una parte crucial del proceso de aconsejar.

Examinando las Escrituras, vemos que Dios es nuestro modelo en el arte de escuchar (Sal. 34:15-18; 116:1, 2; Jer. 33:3). Las Escrituras tienen mucho que decir sobre la importancia de escuchar en el aconsejar. Santiago 1:19 dice que cada uno ha de ser un «oidor atento». (Ver también Proverbios 15:31; 18:13, 15; 21:28.)

Es importante que como pastor o consejero laico te des cuenta de algunos factores personales que influencian la forma en que escuchas e interpretas lo que oyes. Peter Buntman y Eleanor Saris, instructores de cursos sobre paternidad, han identificado siete puntos que determinan la forma en que una persona escucha y lo bien que lo hace.

Edad: Las personas de diferentes edades tienden a escuchar y reaccionar ante las cosas de modo diferente.

Sexo: Los hombres y las mujeres han sido educados por el proceso de socialización a escuchar y reaccionar de modo diferente. (Para información adicional sobre este punto, ver *Comunicación, clave de la felicidad conyugal.*)

Educación: Un psicólogo bien preparado en una universidad que se especializa en la orientación psicodinámina es probable que escuche de modo distinto a un pastor que se ha graduado de un seminario evangélico.

Experiencias previas: La variedad de las experiencias y el grado de sufrimiento y dificultades relativas por las que ha pasado el consejero afectan a su nivel de comprensión y a su capacidad para una respuesta empática.

Percepción de expectativas futuras y objetivos: Los consejeros que tienden a ser optimistas o pesimistas sobre su propio futuro en general van a mantener esta misma actitud respecto a las expectativas y objetivos de sus pacientes. Si has realizado alguna vez el Test del Temperamento de Taylor Johnson,

¿cuál fue el resultado que obtuviste en el rasgo «subjetivo-objetivo»? La forma en que escuchas se verá afectada en gran manera por el determinado resultado que hayas obtenido. Si eres muy subjetivo en tu enfoque de la vida, vas a tender a entender los comentarios e interpretar gran parte de lo que escuches a través de tus propios filtros.

Sentimientos respecto al aconsejado: Los consejeros son atentos, abiertos y responden de forma positiva a los pacientes que les gustan, en tanto que tienden a ser menos atentos, más cerrados y responden de modo más negativo a los que no les gustan. Si te sientes amenazado, o tienes miedo a ser dominado por la persona, la escucharás de forma distinta a como lo harías con otra persona.

Emociones y sentimientos físicos: Si te sientes deprimido, tienes dolor de cabeza o has dormido poco la noche anterior, tenderás a escuchar afirmaciones negativas en lo que dice el paciente, en tanto que un consejero alegre y optimista puede escuchar de forma más positiva (1).

El escuchar es una técnica que puede ser aprendida. ¿Sabes que una persona puede escuchar lo que dice otra que hable a una velocidad tres veces superior de lo que se hace normalmente, sin ninguna pérdida significativa en la comprensión de lo que dice? Procura escuchar a personas que hablen a distintas velocidades y determina a cuáles tiendes a responder mejor.

Hay una diferencia entre oír y escuchar. El oír es obtener información. El escuchar es tener interés y mostrar empatía hacia el que habla. Al escuchar tratamos de comprender los sentimientos de la otra persona, y escuchamos por amor a él. El oír viene determinado por lo que pasa en mi interior, el efecto que tiene la conversación sobre mí. El escuchar está determinado por lo que ocurre en el interior de la otra persona, lo que mi atención hace por él.

Al escuchar interpretamos y tratamos de comprender lo que hemos oído. Paul Wilczak dice:

«Es el "corazón" el que da nuestra respuesta emocional; el que integra percepciones varias en un contacto total pleno y personal, y esto es lo que necesitamos hoy. Podemos escuchar con el intelecto. Podemos comprender el contenido intelectual del mensaje de una persona y, sistemáticamente, analizar lo que se nos ha comunicado. Ésta es la empatía cognitiva y puede aprenderse fácilmente. Pero la empatía cognitiva tiene severas limitaciones.

»Pierde la dimensión del significado que va más allá de lo que se hace explícito. Pierde de vista los sentimientos y experiencias transmitidos generalmente sin palabras. Estos otros mensajes vienen del corazón y deben ser captados por el corazón como centro de la experiencia de la persona» (2).

El escuchar es uno de los dones más hermosos que se pueden ofrecer al prójimo, se trate de un paciente, un amigo o un miembro de la familia.

Cuándo hay que hablar y cuándo hay que callar

Eclesiastés 7 pone énfasis en este principio del aconsejar bíblico: *el saber cuándo hay que hablar y cuándo hay que callar,* cuándo se ha dicho poco y cuándo se ha dicho bastante. Proverbios 10:19 añade: «En las muchas palabras no falta pecado, mas el que refrena sus labios es prudente.» Otra versión lo traduce así: «No hables demasiado, a troche y moche. ¡Sé prudente y pon freno a tus palabras!»

El consejero que entiende los problemas del paciente elige las palabras con cuidado: «El que ahorra palabras tiene sabiduría; de espíritu prudente es el hombre entendido. Aun el necio, cuando calla, es contado por sabio; el que cierra sus labios, por inteligente» (Pr. 17:27, 28).

Proverbios 29:20 es otro pasaje que se puede aplicar al principio del saber cuándo hablar y cuándo callar: «¿Has visto a un hombre ligero en sus palabras? Más esperanza hay del necio que de él.» El apresurarse es decir lo que uno piensa, sin considerar el efecto que puede hacer sobre los demás. Cuando se está ministrando a una persona que dice algo que te ofende o te causa asombro, no hay por qué responder inmediatamente. Es mejor aguardar unos segundos, meditar y pedir a Dios que te dé las palabras apropiadas. Entonces di lo que debas decir.

Si no sabes qué decir, el mejor recurso es pedir al paciente más información: «Dígame algo más» o «Déme más información sobre este punto.» Esto te da tiempo para pensar. No hace falta responder en seguida. Puede que haya ocasiones en que tengas que decir: «Necesito unos segundos para pensar lo que ha dicho y decidir en qué forma responder.» Esto quita la presión que hay tanto sobre ti como sobre el aconsejado.

Pero, más que nada, sea lo que sea que digas, tiene que salir de un corazón lleno de *interés genuino y de amor*. Puedes escuchar a tu paciente, puedes confiar en el poder de Dios para saber cómo has de aconsejar, pero no estás verdaderamente interesado en la otra persona, y sin amarla verdaderamente conseguirás muy poco. Hay consejeros pastores que se limitan a decir algo improvisado, superficial, que no afecta a las necesidades del aconsejado y que nada tiene que ver con su problema. Todos nos hemos de preguntar: «¿Cuáles son mis verdaderos sentimientos para con la persona que viene a mí? ¿Estoy interesado de modo sincero?»

El decir las cosas en el *momento oportuno* es muy importante. «El hombre halla alegría en la respuesta de su boca. Y la palabra a su tiempo, ¡cuán buena es!» (Pr. 15:23). La respuesta apropiada, la respuesta correcta, es la palabra dicha en el momento oportuno.

El *mantener el secreto* fomenta la confianza. Es un rasgo característico de profesional en quien se puede confiar. «El que anda en chismes divulga los secretos; mas el de espíritu fiel oculta las cosas» (Pr. 11:13). (Hay excepciones legales a esto que se discutirán más tarde. Con respecto a los ejemplos referidos en este libro, las personas implicadas en los casos citados han dado permiso para usarlos, y se ha cambiado la información de modo suficiente como para asegurar la intimidad de su vida privada.)

Es también importante saber decir *las palabras apropiadas*

en el modo apropiado. Proverbios 25:20 dice: «El que canta canciones al corazón afligido es como el que quita la ropa en tiempo de frío, o el que sobre el jabón echa vinagre.» El presentar una actitud jovial ante una persona que está deprimida no es apropiado. Esta actitud puede causar daño. En ocasiones, la conversación casual o sobre otros temas puede contribuir a animar a una persona, pero en general no es apropiada para el que está sufriendo.

A veces tus palabras van a adoptar la forma de *enseñanza, impartiendo o dando información*. Otras van a tomar el carácter de advertencia o instrucción, ayudar a tomar decisiones inminentes sobre problemas que deben ser resueltos. Otras, vas a dar consejo sobre la forma de resolver conflictos. Este tipo de consejos no debe prodigarse demasiado y deben darse solamente cuando son bien recibidos. Se puede seguir este principio: Usa la técnica de enseñar sólo cuando el aconsejado necesite información que le sea difícil adquirir por su propia cuenta. Procura descubrir si tiene ya esta información o si tiene acceso a la misma. Invita al paciente a describir lo que sabe. Asegúrate de que está dispuesto a escuchar lo que tú le has de decir.

El dar consejos es una forma de enseñanza, pero se abusa de ello y no es efectivo de modo especial. Con frecuencia perdemos nuestro papel de consejeros cuando nos excedemos en dar consejos y pasamos a ser como un amigo o un padre que intenta ayudar al aconsejado. Sin embargo, el darlos en la forma adecuada hace que los consejos sean parte del proceso de curación. Cuando haces sugerencias al aconsejar, procura presentarlas como si procedieran de la misma persona o como si se tratara de opciones: «¿Qué pasaría si...? ¿Ha considerado Vd. la posibilidad de...? ¿Qué posibilidades cree Vd. que...?»

No digas a una persona: «Esto es exactamente lo que Vd. debe hacer». Si lo haces, estás asumiendo la responsabilidad del resultado. Si tu sugerencia no funciona, puede volver para decirte: «Vd. me engañó. No dio resultado alguno. Es culpa suya.» En vez de esto, haz sugerencias de modo tentativo, lo cual es más seguro para ti, y ayudará a dicha persona a pensar en las alternativas. La mayoría de pacientes tienen la capacidad de resolver sus problemas, pero necesitan aliento y estímulo para conseguirlo.

¿Qué pasa si el paciente exige que se le dé consejo? ¿Cuál es la razón de esta petición? Puede ser que trate de asegurarse que tienes interés en él, o quizá quiera que compartas su ansiedad. Puede que esté esperando que tú obres un gran milagro, o simplemente busca una solución.

Por poco que puedas, trata de hallar caminos que resulten más beneficiosos para una situación determinada que el dar consejos. Repasa las características de una crisis en la gráfica que describe sus cuatro fases. ¿En qué punto crees que la enseñanza y consejo serán más útiles?

El enseñar es un arma efectiva si ayuda al paciente a independizarse y le empuja hacia la madurez. Por tanto, será más útil durante la fase de reajuste de la crisis. Durante la fase del impacto es contraproducente, y durante la última fase, en general, ya no es necesario.

El arte de preguntar

Una de las técnicas usadas con más frecuencia en el aconsejar es la de hacer preguntas. Hemos visto ya en qué forma Jesús formulaba sus preguntas. En mi trabajo como profesor de consejeros les he pedido que graben sus sesiones de consejería y comparen el número de preguntas formuladas por el paciente, con el de sus respuestas afirmativas. Muchos han descubierto que cada una de sus respuestas era en realidad una pregunta. Cuando sucede esto, el paciente empieza a predecir las preguntas del consejero y recibe la impresión de que no es más que una pared de rebote. Algunos pacientes dicen: «Voy a ver al pastor. Me hace una pregunta, la contesto con otra y espero a que me haga la próxima pregunta.»

El hacer preguntas es una técnica de la que se abusa, en

especial, por parte de los que empiezan su labor de aconsejar. El preguntar hace que el consejero se sienta seguro, porque le ayuda a obtener información sin que se sienta implicado ni tener que trabajar tan de firme; hace falta si se quieren dar respuestas reales. Es un método seguro y fácil de usar. En general recomiendo a mis alumnos que vuelvan a escuchar las entrevistas grabadas y que escriban cada una de las preguntas formuladas, redactándolas de nuevo en forma de afirmación más bien que de pregunta. Al hacerlo, aprenden una mayor variedad de maneras en que responder y se dan cuenta mejor de sus respuestas.

Cuando haces una pregunta has de saber por qué la haces. Qué propósito tiene y si es necesaria. Con esta técnica demostrarás que sabes mejor que el paciente lo que debe ser discutido.

Cuando haces preguntas, hazlas de modo amplio, que den a la persona que ha de contestar la mayor latitud posible y libertad para la respuesta. El formular preguntas que requieran únicamente respuestas de tipo sí o no, no será útil a ninguno de los dos. Ten cuidado que tus preguntas no transmitan, por medio del tono, mensajes no verbales, inflexiones de tal forma que denoten un sentido de enjuiciamiento o suspicacia. El preguntar es útil en los distintos estadios y fases de una crisis, pero si la persona está ya facilitando información por sí misma, la necesidad de las preguntas desaparece. En la fase final, por supuesto, son innecesarias.

Edificar y ayudar

Gálatas 6:2 enseña el principio de edificar y ayudar a llevar el uno las cargas del otro. «Sobrellevad los unos las cargas de los otros, y cumplid así la ley de Cristo.» Romanos 14:19 expresa: «Así que sigamos lo que contribuye a la paz y a la mutua edificación.»

La palabra *edificar*, que es parte del proceso de ayuda, significa sostener o fomentar el crecimiento en la sabiduría, gracia, virtud y santidad cristianas. Nuestro aconsejar debería incluir la edificación.

El ayudar significa echar una mano a la persona en el proceso de su mejoramiento. Hemos de preguntarnos a nosotros mismos: «¿Va a ayudar a esta persona lo que estoy haciendo por ella a que crezca en la vida cristiana? ¿Contribuirá a hacerla más fuerte?» Puede que alguien venga y te diga: «Deseo que me ayude», pero lo que desea en realidad es que tú estés de acuerdo con su punto de vista. Si se trata de una disputa matrimonial, por ejemplo, es probable que lo que quiera es que te pongas de su lado. Aquí es donde el consejero entra en dificultades: al ponerse de un lado o de otro.

Otra manera de ayudar es animarles. «La congoja en el corazón del hombre lo abate; mas la buena palabra lo alegra» (Pr. 12:25). «Por tanto, animaos unos a otros y edificaos unos a otros, así como lo hacéis» (1ª Ts. 5:11).

El animar, junto con el escuchar, es una de las técnicas más importantes para ayudar a una persona en estado de crisis (ver también 1ª Ts. 5:11). El animar significa impulsar hacia adelante, estimular a una persona a que haga lo que debe hacer. Es decirle: «Creo en Vd. como persona. Creo que tiene la capacidad y el potencial suficientes para avanzar y triunfar.» El animar a una persona es ayudarle a creer en su propio valor personal, lo cual es uno de los objetivos del aconsejar.

Debido a que el aconsejar puede ser también penoso, aunque sea útil para el aconsejado, es importante mantener su confianza y darle seguridad. No me refiero simplemente a la repetición rutinaria de «Todo irá bien», o «Las cosas van por buen camino». Esto no es honesto. El resultado es incierto, y como consejeros cristianos debemos ser cuidadosos en la forma y en el momento en que ofrecemos garantías, y, en todo caso, han de ser conforme a la Palabra de Dios. Hay que pedir al paciente que sea sincero con sus sentimientos, a fin de poder recibir bien el apoyo y consuelo de la Palabra de Dios.

Hay siete tipos de garantías o seguridades que se pueden dar a una persona y que enumeramos seguidamente:

1. La seguridad de saber que su problema no es exclusivo, sino algo común.
2. La seguridad de que tiene una causa conocida y que tiene solución.
3. La seguridad de que aunque los síntomas sean molestos, no son peligrosos.
4. La seguridad de que hay métodos de tratamiento específicos a disposición.
5. La seguridad de que no se está volviendo loco.
6. La seguridad de que aunque pueda haber recaídas, éstas no implican que su condición se esté agravando.
7. Si procede, la seguridad de que su problema no es el resultado de una acción pecaminosa (3).

Al aconsejar a personas en estado de crisis es necesario recordar que para ayudarles a recuperar su capacidad y autosuficiencia es necesario que, gradualmente, se las acostumbre a prescindir de las aclaraciones, ayuda y consejo. Tu objetivo es dejar de ser imprescindible y regocijarte con tu paciente cuando esto tiene lugar.

Empatía

La empatía es uno de los elementos importantes para una consejería efectiva. Pero, por desgracia, la palabra empatía, como muchas otras, tiene muchos significados, que varían según las personas. ¿Qué es lo que significa empatía en relación con el aconsejar? Empatía viene de la palabra alemana *einfulung*, que significa «sentir con». Es como situarse en el asiento del conductor con la otra persona y sentir, en cuanto a sentimientos y reacciones, como siente él. Es ver la situación a través de sus ojos, sentimientos y sentidos. Tanto Gálatas 6:2 como Romanos 12:15 nos aconsejan que sobrellevemos los unos las cargas de los otros, que nos regocijemos con los que se regocijan y que lloremos con los que lloran. Hacer esto es tener empatía.

Girard Egan ha dicho que la empatía implica ser capaz de introducirse en la otra persona, ver el mundo a través de su perspectiva, y percibir el sentido y sensación de lo que es su mundo. No es sólo la capacidad de percibir, sino también la de poder comunicar esta percepción a la otra persona de tal forma que se dé cuenta de que nos hacemos cargo de sus sentimientos y su conducta. Es el ser capaz de experimentar el gozo o el dolor de otra persona, entender lo que hay debajo y hacerle entender que sentimos lo mismo que ella siente (4).

Joshua Liebman describe así la función de la empatía:

«Nos es útil en dos formas. Primero nos ayuda a comprender a la otra persona desde dentro. De este modo comunicamos a un nivel más profundo y le captamos más completamente. Por canal de comunicación, aceptando a la otra persona, entablamos una relación de aprecio y simpatía. Con este proceso la empatía se convierte en fuente de seguridad personal. Nos sentimos tranquilos y seguros cuando vemos que otro ha conseguido captar y sentir nuestro estado mental. Gozamos la satisfacción de ser comprendidos y aceptados. Es, pues, importante que nuestro interlocutor no tan sólo entienda nuestras palabras, sino que aprecie a la persona que hay tras su mensaje. Sólo así sabemos que somos reconocidos y aceptados. Cuando los amigos fallan en empatizar, nos sentimos decepcionados y rechazados. Cuando falta la empatía, disminuyen nuestra evaluación personal propia y el nivel de introvisión por el que nos damos cuenta de nuestra propia realidad interior. Cuando esto sucede, surge la tendencia de vernos a nosotros mismos más como objetos que como personas (5).

La empatía es un comprender y compartir *con* el aconsejado, más que un entender y diagnosticar en el sentido de relación médico-cliente.

La empatía requiere la capacidad de ir más allá del conocimiento de los hechos, y se introduce y participa en el mundo de los sentimientos del aconsejado. Pero lo hace sin que personalmente tenga que hacer lo mismo o idéntico a lo que hace la otra persona. No se pueden experimentar emociones idénticas a las de otra persona; esto sería un implicarse en la situación del otro en modo excesivo. El responder empático se centra exclusivamente en los sentimientos expresados para la otra persona. El responder con simpatía se centra en la expresión de tu interés y compasión a fin de reconfortar al otro.

Donald Houts escribe sobre la empatía en términos de implicación en la vida de otros:

> «El amor es la capacidad de implicarse uno, de modo natural y sin ser consciente de ello, en las vidas de los demás –sin usar esta relación de modo primario para beneficio propio–. Entender sus debilidades, sufrir con ellos, aborrecer las cosas que les dañan y apenarse por sus aflicciones. Éstas son las manifestaciones de la clase de relación que contribuye a una vida en aquellos que, agobiados por sus problemas, se dan por acabados» (6).

William Crane describe la importancia del amor tipo «ágape» como la base de la empatía, con estas palabras:

> «Para una mejor comprensión del significado de este tipo "amor base" en la empatía, permítaseme citar la traducción libre de J.B. Phillips de 1ª Corintios 13:4-8: "Este amor del cual hablo es lento en perder la paciencia; procura ser constructivo. No es dominador ni posesivo; no está ansioso de causar impresión en el otro ni tiene ideas exageradas acerca de su importancia.
>
> »"El amor guarda las formas debidas y no persigue su propia ventaja. No es quisquilloso. No tiene en cuenta lo malo ni se regocija cuando ve maldad en otros. Al contrario, se alegra con todos los buenos cuando prevalece la verdad.
>
> »"El amor no tiene límites en su resistencia, no tiene fin en su confianza, no pierde jamás la esperanza; puede resistir y sobrevivir a todo. De hecho, es lo único que permanece cuando todo lo demás ha caído y caducado."
>
> »Ante todo, no se puede desarrollar empatía cuando perdemos la paciencia rápidamente con la persona que tiene problemas. Y esto es lo que sucede cuando el consejero se siente más

afectado por sus propios problemas que por los intereses o necesidades del aconsejado. La pérdida de la paciencia puede destruir toda posibilidad de empatía; pues el aconsejado la detecta fácilmente, tanto por medio de palabras como de acciones y actitudes.

»Algunas veces el consejero deja entrever su impaciencia "presionando" sobre el aconsejado para que éste se dé cuenta rápidamente de su problema, con miras, presumiblemente, a que una vez destapado el problema, pueda empezar su "labor importante de construcción".

»El amor básico del cual brota la empatía "no es quisquilloso". Ser "quisquilloso" implica un grado excesivo de sensibilidad por parte del consejero, que está más interesado en recibir alabanza y aprobación del aconsejado que en prestar atención a sus necesidades. Aquí hay un área en la que la falta de comprensión y el fallo, por parte del consejero, en controlar los bloques emocionales propios pueden ser motivo de fricción y destruir la empatía, imposibilitando, incluso, establecerla.

»Un consejero susceptible escucha de modo primario, buscando oír cosas que se puedan reflejar sobre su propio carácter o su valor más bien que hallar formas constructivas en que ayudar a su aconsejado. Un consejero neurótico tiende a ser en extremo susceptible y se sitúa a la defensiva por cualquier palabra o acto, por parte del aconsejado, que pueda ser interpretado como un desaire.

»El amor rehúsa, asimismo, "tener en cuenta el mal o regocijarse en la maldad de otras personas".

»En vez de adoptar una actitud crítica, el consejero se alegra con los buenos cuando prevalece la verdad. Esto equivale a decir que el consejero responde a las posibilidades del aconsejado siempre que ve en él potencial para bien y evidencia de verdad. El gozo del consejero ante las reacciones positivas del aconsejado es un factor que contribuye a la profundización y robustecimiento de la empatía.

»Hay una continuidad en el amor que "no tiene límites en su resistencia". El consejero debe aprender a tolerar toda clase de cosas en sus aconsejados.

»Pero el próximo factor es incluso más difícil a veces. El amor "no tiene límite en su confianza".

»Todo consejero, especialmente el consejero pastoral, tiene personas que acuden a él revestidas de hipocresía, falta de sinceridad, y falsedad. Su problema neurótico hace que necesiten poner a prueba la sinceridad del consejero frente a su propia insinceridad.

»El rostro sonriente, las palabras afables y la actitud piadosa que algunos aconsejados muestran en su relación de aconsejar con el pastor, pueden llegar a engañar durante un tiempo. Pero, finalmente, su naturaleza real queda al descubierto y es entonces cuando al consejero se le crea el dilema. Necesita confiar en su aconsejado, pero, ¿cómo puede confiar en alguien que le ha demostrado ser falso, engañoso y poco sincero?

»En realidad, no puede. Y, a pesar de ello, debe aprender a confiar en su convicción y conocimiento de que el aconsejado está en necesidad de ayuda. Llegado a este punto, hace falta una confianza infalible en la presencia y poder del Consejero Admirable, el Espíritu Santo, que está presto y dispuesto a cambiar al aconsejado: de persona que no merece confianza, en persona de integridad y honor, usando para ello al consejero como instrumento. Este cambio básico de la personalidad del aconsejado es imposible sin la obra del Espíritu Santo dentro del corazón. Pero el consejero pastoral no debe dudar del mismo como una posibilidad cierta y un resultado deseable de su relación de aconsejar» (7).

Pon a prueba tu capacidad de empatizar con personas en las siguientes situaciones hipotéticas:

Alguien viene a verte muy trastornado por la posibilidad de perder el empleo. «He procurado tener contento a mi supervisor tanto como me ha sido posible» –dice–, «pero al parecer no lo consigo. Siempre me reprende ásperamente cuando cometo un error. Ayer mismo tuve un error en una carta. Me dio una mala mirada y dijo que le gustaría tener a alguien que supiera algo más de ortografía y tuviera mejor estilo.»

¿Cuál de las siguientes respuestas usarías con esta persona?

1. – Consejero: «Esto no tiene importancia. ¿Por qué no le dice que está haciendo todo lo posible y que nadie es perfecto?» Ésta es una forma típica de responder *dando consejos*, y no muestra ninguna comprensión respecto a los sentimientos de la otra persona. El aconsejado la entendería mal y es probable que no estuviera dispuesto a seguir manifestando sus sentimientos, dando ocasión a descubrir su verdadero problema.

2. – Consejero: «Da la impresión de que le ha tocado a Vd. trabajar con una persona difícil.» Esta respuesta incluye una referencia indirecta a los sentimientos del aconsejado, pero en realidad se centra principalmente en el supervisor.

3. – Consejero: «Me da la impresión de que Vd. está abrumado y confundido respecto a la forma de complacer a su supervisor y considera que no se puede hacer nada ya para complacerle. Tiene miedo de perder el empleo y se pregunta: "¿Qué voy a hacer ahora?" ¿No es así?» Este tipo de respuesta refleja mejor los sentimientos de desazón del aconsejado y su posible actitud de desesperanza ante la situación. La última frase incluye una afirmación de acción, que puede ser útil para que el aconsejado explore algunas alternativas posibles.

Para poder dar la impresión de una persona que tiene interés, de que eres sensible y empatizas, debes usar un lenguaje que transmita este sentimiento. El repetir las mismas frases una y otra vez acaba siendo redundante. Lo que necesitas es un repertorio de frases introductorias apropiadas. A continuación, damos una lista de posibles introducciones a respuestas empáticas. Apréndelas y practícalas hasta que te sientas familiarizado con ellas y estén fijas en tu mente para uso ulterior.

Inicios de respuestas empáticas:

«A mi modo de ver...»

«Por mi parte, mi impresión...»

«Por lo que entiendo, Vd. considera que...»

«Si lo entiendo bien, Vd....»
«Si he oído de modo correcto...»
«Para mí es como si Vd. dijera...»
«Tengo la impresión de que Vd. dice que quizá...»
«Esto le haría sentirse...»
«Lo que Vd. siente más en este momento...»
«Así que Vd. siente...»
«Según veo la cosa, Vd....»
«Lo que creo que Vd. dice es que...»
«No estoy del todo seguro, pero creo que...»
«Tengo la impresión de que Vd. piensa...»
«Vd. cree... no»
«Me pregunto si lo que Vd. indica es interés...»
«Da la sensación que Vd. dice...»
«Vd. da mucho valor a...»
«Vd. muchas veces piensa...»
«Me parece que Vd. cree...»
«Parece como si Vd....»
«Al escucharle, me parece que...» (8).

Las afirmaciones empáticas no sólo responden a los sentimientos superficiales del aconsejado, sino que también se centran en sus sentimientos más profundos, que es posible no exprese, de los cuales no se da cuenta en aquel momento. Con frecuencia, cuando una persona está manifestando su ira, es porque a la vez se siente herida. Hay una forma de encauzar ambos sentimientos. A través de frases que llamamos respuestas empáticas aditivas, intentamos ayudar al aconsejado a poner sus sentimientos más profundos en forma de palabras. Requieren del consejero mucho tacto y buenas dosis de inferencia. Afirmaciones de este tipo no pueden presentarse como algo definido, sino que han de tomar forma tentativa. Esto permite al aconsejado la posibilidad de aceptar o rechazar libremente la afirmación, sin verse presionado ni condicionado. Le permite decir qué parte de tu respuesta era correcta y qué parte incorrecta.

Algunas de estas frases pueden ser:

«Da la impresión de que...»
«Me pregunto si lo que Vd. dice...»
«Quizá...»
«Tal vez...»
«Es posible que...»
«¿Significa esto que...?»
«¿Supone Vd. que...?»

Confrontación

La palabra *confrontación* se usa con frecuencia en seminarios de técnicas de aconsejar. ¿Qué es una confrontación? ¿Cuándo debe usarse? Una confrontación, en el proceso de aconsejar, puede definirse como el acto mediante el cual un consejero señala al aconsejado una discrepancia entre su propia manera de ver la realidad y la del aconsejado. La confrontación es parte de la vida cotidiana y puede usarse efectivamente, si se hace con tacto y habilidad, en el proceso del contacto con el otro individuo para ayudarle. Pero debemos tener muy claro que la confrontación no es un ataque a la otra persona «para su beneficio». Este ataque negativo y punitivo es perjudicial para el aconsejado. Como dice William Crane:

> «Una confrontación crítica, no preparada, puede dar al traste con toda relación que haría posible el aconsejar. La persona se siente culpable y avergonzada, y el criticar y condenar, en lugar de comprender y aceptar, no es otra cosa que un rechazo absoluto. Si una persona cargada ya de culpa se siente apartada y rechazada, aunque sea con justicia y rectitud, acaba de hundirse totalmente. Lo que menos necesita es verse condenado precisamente por la persona a la que acude en busca de ayuda» (9).

Girad Egan sugiere que la confrontación debe ser, en su mejor sentido, una forma de empatía adelantada y precisa. Esto es, una respuesta al aconsejado basada en una comprensión profunda de sus sentimientos, experiencias y conducta.

Esto implica un cierto desenmascarar su deformación, pero acompañado de una comprensión profunda, e incluye un reto a la acción (10).

William Crane dice: «Sólo cuando se ha establecido empatía existe el clima apropiado para la confrontación; hasta entonces, ni es prudente, ni útil» (11). La relación entre la confrontación y la empatía es muy importante. Lamentablemente, muchos consejeros son incapaces de verla.

La confrontación ha sido llamada también un «acto de gracia». Egan define las confrontaciones como «un desenmascarar de modo responsable discrepancias, deformaciones, cortinas de humo y juegos que usa el aconsejado para esconderse de su propia realidad, evitando o demorando un cambio constructivo de comportamiento» (12).

La confrontación implica también un reto al potencial de capacidades y recursos poco desarrollados o no usados del aconsejado, con miras a examinarlos, entenderlos y ponerlos en uso en programas de acción. Es también una invitación mediante la que se ayuda al ayudado a que explore sus defensas, que limitan la comprensión y le impiden la acción.

Nuestro propósito al confrontar a una persona es ayudarla a tomar mejores decisiones por su cuenta, aceptarse más a sí misma y ser más productiva y menos destructiva con su vida. Hay ocasiones en que tanto el profesional como el no profesional vacilan en confrontar, debido a que implica necesariamente compromiso y entrega. Hay, además, el peligro de que el consejero se equivoque o el aconsejado pueda entenderlo mal y sentirse rechazado. También debemos tener cuidado en que la confrontación no resulte contraria a lo que tratamos de realizar en la vida del aconsejado, a pesar de que todo lo hagamos con buena intención.

¿Cuándo es apropiado recurrir a confrontación? Ya mencionamos antes que la empatía ha de ser una parte de la relación. La calidad de la relación entre consejero y aconsejado es muy importante. En términos generales, cuanto más fuerte sea la relación, más poderosa e intensa puede ser la confrontación. La confrontación resulta del interés que tiene el consejero por el aconsejado. Si no tuviera interés en él o en su mejoría, la confrontación podría resultar perjudicial.

La confrontación es el acto constructivo de «acercarse para llevar a cabo una comparación o un examen». Es la oportunidad del consejero para explorar discrepancias que impiden el crecimiento en las percepciones, sentimientos, comportamiento, valores y actitudes del aconsejado, a fin de compararlas y examinarlas. Ayuda al aconsejado a ver su vida y su comportamiento bajo una luz distinta. Pero no hay que olvidar que enfrentarse a las ideas y conducta del aconsejado puede generar una impresión de amenaza, a menos que el aconsejado pueda palpar el interés del consejero y su buena voluntad hacia él.

La confrontación no debe utilizarse durante las primeras fases del proceso de aconsejar. ¿En qué punto de las varias fases de una crisis es la persona capaz de aceptar una confrontación?

Otro factor importante en la confrontación es la capacidad del aconsejado para ver y comprender lo que se le dice. ¿Es capaz de aceptar la confrontación? ¿Puede entender y seguir bien lo que se le está sugiriendo?

En el momento apropiado, las confrontaciones pueden hacerse de manera tentativa con frases como: «Me pregunto si...» «¿No sería posible que...?» «¿Es posible que...?» «¿Qué le parece de...?» «¿Tiene sentido para Vd. el que...?» «¿En qué forma reaccionaría Vd. a esta suposición?»

¿De qué forma puede reaccionar el aconsejado a una confrontación? Egan sugiere varias formas posibles. En primer lugar, puede intentar desacreditar al consejero. En este caso pasará al contraataque sobre el consejero, mostrándole que él es quien conoce la cosa mejor que nadie. Si ocurre esto, puede significar que el consejero se ha equivocado en el momento elegido para la confrontación y que no es muy perceptivo. Otra de las reacciones es intentar persuadir al consejero de que cambie su modo de ver. Incluso utilizando razonamientos. Puede intentar mostrar al consejero que en realidad no es tan malo como parece, o que ha sido mal interpretado. Hasta puede intentar minimizar la importancia del tópico que se discute mediante la racionalización. Como sucede con frecuencia en el aconsejar pastoral, el aconsejado procura obtener apoyo para sus ideas en otras personas.

En muchos casos el aconsejado estará de acuerdo con el consejero. Pero debemos ser cautelosos. Este estar de acuerdo puede ser válido, o tratarse de un juego. Puede acceder al acuerdo para conseguir sus propios fines. Si el estar de acuerdo no conlleva a un cambio de comportamiento, hay que poner en duda la sinceridad del aconsejado. El objetivo en la confrontación no es necesariamente el de conseguir que el aconsejado esté de acuerdo con nosotros, sino el de que examine su conducta de modo que pueda entenderse mejor a sí mismo y obrar en una forma más consecuente.

Un ejemplo de confrontación directa en la Escritura lo hallamos en 2º Samuel 12:6-14. Natán se enfrentó a David acusándole de su pecado contra Urías y la mujer de Urías, Betsabé. David admitió abiertamente su pecado y Natán respondió, diciendo: «El Señor perdona tu pecado; no morirás. Mas por cuanto con este asunto diste ocasión de blasfemar a los enemigos de Jehová, el hijo que te ha nacido ciertamente morirá» (vs. 13 y 14). Debido a la maldad cometida por David –contra Urías, contra su posición como rey de Israel, contra Betsabé y contra el hijo no nacido,– David tuvo que ser confrontado de modo global.

William Crane hace notar:

«El juicio aplicado a David por su pecado no carece de una expresión del amor y misericordia de Dios al proveer perdón. Cuando Natán pudo decir: "También Jehová perdona tu pecado; no morirás", le estaba dando seguridad a David de su aceptación por parte de Dios y de su perdón, como resultado de su verdadero arrepentimiento. Si David no hubiera sido confrontado por Natán en su conducta, es dudoso que hubiera llegado a reconocer o admitir el hecho de su pecado y la necesidad del perdón» (13).

Cuando se trabaja en distintos casos, con personas diferentes, no se puede usar cada vez el mismo enfoque. Hay que darse cuenta de las necesidades de cada uno. La necesidad de *adaptabilidad* se afirma en 1ª Tesalonicenses 5:14: «También os rogamos, hermanos, que amonestéis a los ociosos, que alentéis a los de poco ánimo, que sostengáis a los débiles, que seáis pacientes con todos.»

¿Cómo se confronta a una persona que está haciendo algo equivocado? En Juan 5, Jesús pregunta al paralítico en el estanque: «¿Quieres ser curado? ¿Quieres, en realidad, un cambio?» Cuando trabajo como consejero, siempre hago esta pregunta, en una forma u otra. En Juan 8, Jesús respondió a la mujer sorprendida en adulterio, diciendo: «Vete y no peques más.»

La *honestidad* y *aceptación* son principios importantes a seguir en todo nuestro aconsejar. Proverbios 28:23 dice: «El que reprende al hombre, hallará después mayor estima que el que lisonjea con la lengua.» En Proverbios 27:5 leemos: «Mejor es reprensión manifiesta que amor encubierto.» «Hermanos, si alguno es sorprendido en alguna falta, vosotros, los que sois espirituales, restauradle con espíritu de mansedumbre, considerándote a ti mismo, no sea que tú también seas tentado» (Gá. 6:1). «Y como insistieran en preguntarle, se enderezó y les dijo: El que de vosotros esté sin pecado, sea el primero en arrojar la piedra contra ella» (Jn. 8:7).

Barreras a la ayuda de la persona en crisis

Incluso cuando intentamos seguir todos los principios de un aconsejar eficiente, existe la posibilidad de que nuestro aconsejar pueda afectar al aconsejado en forma adversa. Esto ocurre cuando entran en el proceso de aconsejar elementos destructivos. Vamos a identificar cierto número de ellos, en la esperanza de evitar que se presenten.

La pasividad por parte del consejero puede ser un motivo de contrariedad para el aconsejado. El escuchar y responder con aliento no verbal es importante, pero si hay poca actividad verbal, o ninguna, las respuestas del consejero van a ser consideradas insatisfactorias, o pueden parecer ambiguas. Si la persona es insegura o dependiente, puede interpretar una respuesta pasiva como desinterés, crítica y aun rechazo. Naturalmente, la actividad verbal debe variar de un aconsejado a otro, siendo el consejero quien tiene que decidir en este punto. Elegir el momento adecuado en que es mejor permanecer en silencio y cuándo hay que hablar es difícil, pero puede decidirse escuchando de modo sensato y atento.

El consejero dominante está en contraste con uno pasivo. Por desgracia, los dominantes suelen ser demasiado frecuentes entre los consejeros que son pastores. ¿Por qué? Quizá algunos pastores se sienten consejeros frustrados. Puede que, de su propia inseguridad, surja la necesidad de dominar. Un consejero dominante, sin embargo, no penetra en el mundo de la experiencia y el pensamiento del aconsejado. En lugar de ello, se precipita a dar consejo y saca conclusiones erróneas, pronunciando afirmaciones o interpretaciones dogmáticas. Debido a que responde partiendo de un marco de referencia externo y no desde dentro de la vida del aconsejado, tiene tendencia a actuar como infalible y omnisciente. Pero si lo analizamos, ¿qué necesidades son las que cubren este tipo de aconsejar? Ciertamente, no las del aconsejado. Más bien son las necesidades del propio consejero. Se cubren a expensas del aconsejado.

¿Cómo puede el consejero reconocer si se ha vuelto dominante? Los síntomas incluyen interrupciones frecuentes, impaciencia, cambios de tema, intentos precipitados de persuadir y largos discursos. Algunas personas con tendencia a ser dependientes pueden recibir bien este enfoque, pero no les ayuda en el proceso de crecimiento.

Otro enfoque poco efectivo es el hablar de uno mismo de modo inapropiado. El hablar mucho de uno mismo y sobre las luchas, sentimientos, familia, éxitos y fallos propios, hace que el aconsejado se pregunte en qué forma este repaso de la vida del consejero tiene que ver con sus propios problemas. Tampoco en este caso se cubren sus necesidades. Hay ocasiones en las que el describir las propias experiencias puede resultar beneficioso para el aconsejado, pero es preciso hacerlo con moderación.

Hemos hablado ya del uso apropiado de las preguntas. Por desgracia, algunas veces el uso de preguntas cae en la categoría de interrogatorio casi policíaco. Tenemos que hacer algo más que usar las preguntas para conseguir acceso a los sentimientos del aconsejado y obtener información. Las afirmaciones de comprensión cuando producen aliento y el escuchar con atención, más que las preguntas, van a proporcionar la información sobre los sentimientos. El nivel de confort y seguridad para el aconsejado creado por tus respuestas contribuirá a que sea franco contigo. No sobrecargues de preguntas los primeros estadios del proceso de aconsejar.

Hay varias pautas en el proceso que crean una distancia entre el consejero y el aconsejado. Debido a que mantienen a distancia al aconsejado, impiden desarrollar un interés genuino o franqueza. Son barreras que protegen al consejero de su propia incomodidad o ansiedades, y van asociadas al temor a envolverse de modo profundo en la vida del paciente.

Una de ellas es, por ejemplo, prohibir al aconsejado que llore, en una forma u otra. Al hacer esto, el aconsejado interpreta el llorar como algo malo o como un signo de debilidad. Es un error. El aconsejado necesita el alivio benéfico que proporcionan las lágrimas. El impedir esta forma de expresión resulta perjudicial.

Otra forma de mantener la distancia es limitar la conversación a tópicos no arriesgados, tópicos que no impliquen emociones íntimas. Al hacer esto, el consejero evita el riesgo a implicarse de forma personal, penosa, evadiendo tópicos cargados emocionalmente. El hablar de deportes, del tiempo o las noticias sirve como amortiguador, pero no da ningún resultado.

El tranquilizar de modo falso es también peligroso para

el aconsejado. Dar tranquilidad de modo prematuro o sin justificación, ayuda al consejero a evitar la exploración de sentimientos íntimos en el aconsejado que pueden generar ira, abatimiento, depresión, ansiedad, desespero, temas que pueden ser incómodos para el consejero, como el abuso personal o el incesto. Pero debe haber una base genuina para dar garantías o tranquilizar. Sólo entonces el hacerlo es apropiado. Usarlo en exceso, no obstante, fomenta la dependencia y hace surgir la pregunta de si el consejero sabe de qué está hablando. Otras veces puede eliminar la ansiedad y el conflicto, que es más conveniente permanezca durante un tiempo, a fin de que la persona se sienta motivada o siga buscando consejo.

La indiferencia y distancia emocional crean algunos de los mismos problemas que la pasividad. Consiste en ADOPTAR EL PAPEL DE UN EXPERTO TÉCNICO QUE ESCUCHA PERO SE MANTIENE A DISTANCIA: El intelectualizar es una forma de apartamiento o aislamiento que también mantiene al consejero alejado y a salvo de una entrega o implicación a fondo. El teorizar sobre cuestiones puede ser interesante, pero ¿es productivo? El debatir o hacer discursos sobre teología tiene su valor, pero en la tarea de aconsejar ¿tiene lugar apropiado? Si el aconsejado tiene tendencia a usar la intelectualización como defensa, hay que tener cuidado en no responder de la misma forma.

El moralizar, advertir, enjuiciar al aconsejado, puede que sea algo que se espere. De hecho, es posible que tenga necesidad de ello. Pero el responder de esta manera no da lugar a un cambio genuino. Muchos aconsejados se dan ya perfecta cuenta de la forma en que viven, y lo mejor es usar el tiempo para que sean ellos mismos quienes enjuicien sus propios valores. A las personas que están en crisis estas respuestas no les sirven de ayuda para avanzar a través de las fases de la crisis, sino que las mantienen ancladas en un punto específico.

La actitud condescendiente es también poco efectiva por-

que no refleja respeto. Los aconsejados pueden sentirse humi-
llados por ella, inferiores al consejero, y esto produce resentimiento. Los halagos, las alabanzas insinceras, el complacer
para conseguir el favor y el dar consejo en exceso caen dentro
de esta categoría. Estas acciones por parte del consejero no
producen motivación en la persona para que acepte su
responsabilidad.

Las confrontaciones inapropiadas, a pesar de lo que ya
hemos dicho sobre ellas, merecen una mención especial. Los
consejeros que usan la confrontación de modo excesivo dejan traslucir la creencia de que el problema tiene que ser
«resuelto» cuanto antes. No hay que usar nunca la confrontación hasta que se haya establecido la relación empática de
afecto e interés y exista una implicación emocional.

Por último, hay una cosa más que puede crear distancia,
y es el usar tácticas de presión. El presionar sobre los aconsejados para acelerar su progreso, acosarlos, intimidarlos; el
predecir consecuencias negativas si no responden, y poner en
duda la sinceridad de sus motivos, cae todo ello dentro de
esta categoría. Estas tácticas, en general, prescinden de los
sentimientos de la persona y son percibidas como un castigo.
Hemos de entender que en el caso de muchos individuos el
cambio será muy lento. Pero necesitan ser animados y necesitan de nuestra confianza para que puedan hacer progresos.
Precisamente por esta falta de confianza y esperanza en sí
mismos, necesitan nuestro sentido de esperanza y fe en el
Señor y en el futuro, para que los sostenga hasta que obtengan
su propia esperanza y fe y puedan depender de su propia
fuerza interior.

Éstas son unas pocas de las pautas nocivas que pueden
surgir. El conocerlas bien puede ayudarnos a nosotros y
ayudar a otros.

NOTAS

1. Peter Buntman y Eleanor Sais, *How to live your teenager* (Pasadena, Ca.: Birch Tree Press, 1979).
2. Paul F. Wilczak, «Listening as Ministry» *Marriage and family living*, LXII, 3 (March 1980), p. 4.
3. Frederick C. Thorne, *Principles of personality counseling* (Brandon, Ver.: Journal of Clinical Counseling, 1950), tal como se cita en *Counseling teenagers*, por el Dr. G. Keith Olson.
4. Girad Egan, *The skilled helper* (Monterey, Cal.: Borroks/ Cole, 1975), p. 76.
5. Joshua Loth Liebman, *Peace of mind* (New York: Simon and Schuster, 1946), pp. 7-8.
6. Donald C. Houts, «Sensitivity, Theology and Change: Pastoral Care in the Corinthian Letters», *Pastoral psychology*, XX, 193 (April 1969), p. 25.
7. William Crane, *Where God comes in: The divine plus in counseling* (Waco: Word, 1979), pp. 31, 36.
8. D. Corydon Hammond, Dean H. Hepworth, and Veon G. Smith, *Improving therapeutic communication* (San Francisco, Cal.: Jossey-Bas, 1977), pp. 114-15.
9. Crane, p. 57.
10. Egan, p. 158.
11. Crane, p. 60.
12. Egan, p. 158.
13. Crane, p. 56.

5

El proceso de intervención en una crisis

Hay ocho pasos básicos a seguir al ayudar a una persona en crisis. Todos ellos son aplicables a los distintos tipos de crisis, pero es necesario ser perceptivo y flexible en su aplicación. Cada paciente y cada interés específico es diferente, y es necesario, por tanto, adaptarse al individuo y al caso específico.

Intervenir de inmediato

El primer paso es la intervención inmediata (1). Las crisis son percibidas como un peligro. Amenazan a la persona afectada, y hay un límite en el tiempo de la intervención para que ésta sea oportuna. Es un período delicado, con un alto nivel de malestar y desazón.

El estado vulnerable o agresivo de la persona es su reacción al impacto inicial. Cada persona reacciona al problema de forma distinta. Algunos lo ven como una amenaza a sus necesidades, a su seguridad, o al control de su propia vida. Otros pueden verlo como una pérdida. Y otros lo interpretan como un reto al crecimiento, al dominio, a la supervivencia o a la expresión propia (2).

Todo consejero tiene su propio horario de trabajo. Muchos pastores establecen horarios específicos para aconsejar. Cuando llega una llamada a la iglesia, tú o la persona responsable de dicha iglesia tendréis que decidir si se trata de una crisis que requiera atención inmediata o una cuestión que pueda esperar hasta más tarde. Algunas personas pueden tolerar bastante bien un accidente, el descubrimiento de maltratos a un niño, una vejación sexual, un amorío ilícito o una pérdida del empleo. Otras se quedan desconcertadas y sin saber qué hacer. Por ello, en el aconsejar de crisis no cabe una lista de espera. Hay que interrumpir la preparación del sermón, la reunión de un consejo, la invitación a una comida o el partido de fútbol. Los casos de crisis no miran a tu calendario o agenda para decidir cuándo son menos inconvenientes. Y es necesario mucho tacto, pues las personas en crisis pueden vacilar en ponerse en contacto contigo si detectan que estás ocupado. Pueden vacilar en interrumpir, y es necesario que les manifiestes la seguridad de que han hecho bien en llamarte. Deben detectar que estás contento de que te hayan llamado. Dales a entender, por tanto, que sus problemas reciben primera prioridad.

Recuerda que algunos individuos no pueden tolerar la tensión clímax de una crisis durante mucho tiempo. En una forma u otra van a tomar decisiones y resolverla dentro de un período de seis semanas. Es necesario llevarlos a un estado de equilibrio. Si han de esperar para verte, no debería ser más de una noche. Y si es imprescindible que esperen, por lo menos habla con ellos brevemente por teléfono.

La forma en que las personas en crisis suelen conseguir equilibrio por sí mismas puede ser perjudicial. Pueden quedar tan abrumadas que lleguen a atentar contra su vida si no reciben ayuda inmediata. Es necesario actuar rápidamente, puesto que tu intervención puede hacer la crisis menos severa y proteger a la persona de que se haga daño a sí misma.

86

En una crisis hay tensión, sentido de urgencia, percepciones erróneas y eficiencia disminuida. Por tanto, muchos de los intentos que hará la persona para hallar alivio rápido serán muy poco meditados. Resultarán más bien contraproducentes y empeorarán el problema o crisis.

Durante la fase inicial de ayuda a una persona en crisis hay que usar técnicas de sostén. El propósito es disminuir la ansiedad, la culpa y la tensión, proporcionando apoyo emocional. Hay que tratar por todos los medios de restaurar el equilibrio.

El dar seguridad es una técnica que se usa en la fase inicial para ayudar a la persona que está preocupada por su sanidad mental. Pero hay que recordar que el tranquilizar en exceso puede eliminar toda la ansiedad y que es necesario que ésta exista para que se generen cambios positivos. El aliento ayuda al aconsejado a dominar sus sentimientos de impotencia y desesperanza.

Los procedimientos de influencia directa se utilizan para fomentar los cambios deseados en el aconsejado. Se usan con más frecuencia en el aconsejar de crisis que en otros tipos de aconsejar. Pueden incluir tanto el estimular un cambio de comportamiento como el reforzar lo que la persona ya está haciendo.

Cuando una persona está deprimida, confusa y desconcertada, pueden ser necesarias técnicas más enérgicas. Es necesario recomendarle un curso de acción muy definido, o bien advertirle de las consecuencias específicas de actuar en cierta forma. La persona con tendencia al suicidio necesita intervención directa (3).

Algunas de las consecuencias graves de una crisis pueden llegar al suicidio, a homicidios, a huir y abandonarlo todo, a lesiones físicas, a psicosis o a que una familia se desmorone. El separarse uno mismo de los lazos emocionales reconocidos de la familia es un desastre tanto para la persona como para los miembros de la familia.

Por tanto, uno de nuestros objetivos en el aconsejar de crisis es el *ayudar a evitar tales resultados catastróficos*.

Durante el período de crisis tienes excelentes oportunidades para ministrar y ayudar. El estado incierto de la crisis es un período de cambio y de flexibilidad. Nunca la persona está más dispuesta a crecer, ni más accesible. Debido al fracaso de su propia capacidad para resolver sus problemas, está abierta para intentar algo nuevo. La oportunidad de influenciar sobre la vida de una persona o una familia es óptima en tales circunstancias. Ésta es una razón por la que el aconsejar es una parte importante en el ministerio.

Como he mencionado antes, es posible que tengas que hablar con la persona por teléfono primero. Haz algunas preguntas que te ayuden a averiguar la urgencia de la situación y si realmente se trata de una crisis. En algunos casos ha habido personas que me han llamado por teléfono diciéndome que se trataba de una emergencia o una crisis, pero me he dado cuenta de que el problema venía arrastrándose desde hacía meses. En tanto que estás en el teléfono, fija la hora para la primera reunión y decide quién ha de estar presente. Procura obtener suficiente información para hacerte una primera idea provisional sobre el problema, y haz algunos planes simples. Con esto evitarás que el choque de la primera reunión te pille desprevenido; pero tienes que ser flexible. Algunas crisis requieren que acudan varias personas a la sesión de consejería si están implicadas o si pueden servir de apoyo.

Asegúrate de que mantienes el control de la conversación por teléfono. Es posible que tengas que limitarla. Es bueno que la persona sepa que dispones sólo de unos pocos minutos para hablar. Si la cosa va demasiado lejos en la conversación, es posible que el aconsejado intente que le resuelvas el dilema por teléfono. Si dedicas demasiado tiempo a escuchar la historia en este momento, puede que la persona vacile después de nuevo. Es conveniente que recuerdes los detalles. En esta conversación se establece el primer contacto y la continuidad de la relación. Esto, por sí mismo, es ya un apoyo. El recordar detalles demostrará tu interés.

Si por alguna razón no vas a poder entrevistarte con ella inmediatamente, procura que la vea otro. Quizás un pastor o consejero de otra iglesia, si no dispones de nadie más en la tuya. Las lealtades a una iglesia o denominación no son importantes ante una crisis personal.

Iniciar la acción

La segunda fase del aconsejar en crisis es la *acción*. Es necesario que suceda algo pronto. Las personas en crisis tienen tendencia a divagar y vacilar, y es necesario que las ayudemos a avanzar hacia un comportamiento con sentido, con propósito y que les lleve a un objetivo. Necesitan saber que se hace algo *por* ellos y *para* ellos. Tienen la necesidad de recibir esta impresión a partir de la primera sesión. Ése no es el momento apropiado de darles cuestionarios para que los llenen, hacerles pruebas de personalidad, explorar su historia o simplemente realizar informes. Como consejero, es necesario que te muestres activo. Vas a tener que participar y contribuir en dirigir esta primera sesión. El que escuches es importante con el propósito de adquirir información, pero debes mantener la iniciativa.

Durante este período ayuda a la persona a comprender la crisis. Por regla general la crisis tiene su origen en algún suceso concreto, pero el paciente no es capaz de atar cabos y relacionar bien las cosas. Necesita que alguien le relacione los sentimientos de desolación y consternación con el suceso. Anímale a que exprese sus sentimientos.

Aunque el aconsejar de crisis no se centra mucho en el pasado, es importante analizar en qué forma funcionaba la persona antes de la crisis. No es necesario hacer una investigación estructurada, sino simplemente obtener información significativa por medio del proceso de interacción. Hay que buscar indicaciones del estado emocional previo, las pautas de comportamiento, los procesos dé pensamiento, las relaciones con otras personas y todos los problemas físicos existentes. En un sentido hay que tratar de descubrir lo que ha ocurrido, quién está implicado, cuándo sucedió, y así sucesivamente. Las preguntas de quién, cuándo, dónde y cómo van a ser tu guía. Esto generalmente se consigue haciendo que la persona cuente su historia.

Hay cuestiones significativas a descubrir y considerar, tales como: ¿Cuáles eran los recursos y potencial de la persona? ¿Cuáles eran sus puntos débiles o deficiencias? ¿Por qué se desmoronó su capacidad de resolver los problemas? ¿Ha ocurrido algo similar ya antes? Estas preguntas son necesarias porque en la teoría de la crisis hay una premisa básica: Las personas en situación de crisis han experimentado algún tipo de suceso precipitante que *ha de ser identificado*. Un suceso ante el que experimenta una incapacidad para hacerle frente, que es lo que le lleva a la crisis. Y la razón de esta incapacidad debe ser determinada. Cuando la persona cuenta su historia, está atento a cuáles son sus sentimientos y reacciones. ¿Qué impacto ha hecho esta crisis en su trabajo, amistades, vida familiar y salud física? ¿Cuáles son sus pautas de pensamiento actuales? ¿Está pensando de modo claro y objetivo? ¿Hay un número de fantasías excesivas? ¿De sueños?

Presta atención a sus puntos fuertes y débiles. Muchas personas en crisis tienen aspectos de su vida que no han sido afectados. Busca cuáles son, así como las áreas débiles. Cuando descubras algunos puntos fuertes o capacidades que son parte del estilo de vida de la persona, procura animarla en aquella dirección. Uno de mis aconsejados participaba en un programa de gimnasia. Le animé a continuarlo de modo regular, porque esto constituía una base para crearle confianza en sí mismo, distraerle del problema y darle energía. Los miembros de la familia y los amigos le pueden ser muy útiles. ¿Están a su disposición? ¿Hay alguna indicación de comportamiento peligroso? (Las dificultades inherentes a las tendencias al suicidio serán discutidas en un capítulo posterior.)

Considera las dificultades potenciales actuales y futuras de la persona ante su familia. Algunos pueden necesitar ayuda para atreverse a contar a sus padres o a sus hijos lo que ha ocurrido. Un cónyuge maltratado puede necesitar un lugar seguro en que residir y ser protegido.

Mientras estás recogiendo esta información de la historia, y por medio de tus preguntas, debes intentar descubrir lo siguiente: 1) Qué puntos en la vida de la persona deben ser atendidos de modo inmediato; y 2) Qué puntos pueden ser aplazados para más adelante. Ayúdale a realizar esta determinación, porque con frecuencia las personas en crisis no se dan cuenta de lo que puede esperar y de lo que debe ser resuelto de inmediato. Cuando vayas adquiriendo experiencia en situaciones de crisis, irás descubriendo que raramente tienes necesidad de llevar a cabo un interrogatorio policial, a base de pregunta tras pregunta, para obtener esta información. El aconsejado va a facilitar voluntariamente la mayor parte. Pero cuando discutes la situación con él, *asegúrate de que tienes todos estos puntos en cuenta en lo que dices y haces* (4).

No pierdas de vista el nivel de claridad mental de la persona en su capacidad de comunicación. Intenta identificar la causa de la crisis con preguntas como las siguientes: «Dígame lo que ha sucedido que le ha trastornado»; o «¿Puede decirme la razón por la que está trastornado? Me gustaría oír lo que Vd. tiene que decirme.» Los que están en estado de crisis a veces tienen dificultades en enunciar claramente lo que tienen y quieren decir. Cuando ocurre esto tendrás que ser muy paciente. Toda indicación verbal o no verbal de impaciencia, incomodidad o urgencia va a ser perjudicial. No interrumpas las pausas y permanece en calma. Recuerda que, especialmente durante la fase de impacto de la crisis, hay un estadio de confusión y desorientación y los procesos mentales no funcionan como lo hacen normalmente. A veces el dolor es tan extremo que las palabras no acuden fácilmente.

Cuando escuchas a la persona, nota si expresa algún tema importante. Puedes averiguarlo, bien por medio de afirmaciones que se repiten, o por el hecho de ser afirmadas con mayor intensidad. Éstos son indicios del punto culminante o significativo en la crisis.

Hay también ocasiones en que tendrás necesidad de encauzar crisis que requieren acción *inmediata,* no mañana o la semana siguiente. Tienes que poner énfasis en afirmaciones o expresiones que aborden el núcleo de la crisis y dejar los tópicos no relacionados con la misma, tales como referencias vagas, o cosas del pasado, o sucesos de importancia periférica. Puedes, por ejemplo, decir: «Lo que cuenta es importante, y en el futuro vamos a hablar de ello. Pero de momento no se relaciona directamente con lo que nos apremia. Así que vamos otra vez a lo de antes.» Este proceso de enfocar, ayuda a eliminar todo aquello que no tiene que ver directamente con la crisis, pero que la persona no se da cuenta de que carece de importancia.

Si te quedas confuso por lo que dice, no vaciles en pedir una clarificación. Cuando la persona es capaz de expresarse relativamente bien, ayúdale a explorar las alternativas viables a su situación. Preguntas del tipo: ¿Qué más cree Vd. que podría hacerse en este momento?, son útiles. Descubre qué tipo de sistema de apoyo o sostén humano tiene: cónyuge, padres, amigos, compañeros de trabajo, o incluso personas en tu congregación. Podría tratarse de una persona que es nueva en la población y no ha establecido contactos ni raíces en el área. Vas a tener necesidad de crearle un nuevo sistema de apoyo humano, además de toda la ayuda que le puedas dar personalmente.

La persona en crisis interpreta su ambiente como más bien difícil de manejar. Ve confusión por todas partes, y hasta, incluso, caos. Procura proporcionarle un mayor sentido de orden en el ambiente. Si puedes ayudar a introducir un sentido de calma y estabilidad, vas a ayudarle. Quizá necesite permanecer en un lugar diferente durante un tiempo. Puede

92

que le haga falta más espacio o quietud, o incluso estar a distancia de los que han intentado ayudarla, pero que en realidad han añadido a la confusión, con sus esfuerzos poco apropiados.

Cuando el aconsejado está hablando contigo evalúa lo que está diciendo, en el sentido de compararlo con el problema tal como tú lo ves. La crisis ha sido desencadenada por la percepción que la persona tiene de lo que ha ocurrido. A veces tendrás la impresión de que está reaccionando de modo excesivo, pero recuerda que no siempre aquello a lo cual reacciona suele ser el problema principal. Algunas personas se desmoronan por un hecho insignificante, que en realidad es sólo un mecanismo desencadenante. Pueden tener bloqueada o demorada una respuesta al problema crucial. Por ejemplo, una madre parecía estar reaccionando bastante bien después de un accidente serio que había causado la muerte de otra persona y herido gravemente a su hijo. Pero mientras estaba lavando los platos en la cocina, dejó caer uno e inmediatamente entró en crisis. Alternaba fases de llanto histérico e ira intensa. Un familiar suyo que visitaba la casa no conseguía entender esta reacción al simple hecho de romper un plato. Pero el consejero que la atendió más tarde aquel mismo día pudo poner los factores en orden.

Los pastores y los consejeros principiantes, a veces se preguntan: «¿Cómo puedo averiguar cuánta acción y qué decisiones he de emprender?» Una regla simple es la siguiente: actúa sólo por tu parte cuando las circunstancias limitan severamente la capacidad del aconsejado para emprender la acción por su parte. Y cuando lo hagas, procura que la persona vuelva a hacerse cargo de las cosas tan pronto como sea posible.

He sugerido antes que, según el caso, adoptes un papel facilitativo o directivo en el intento de ayudar a la persona a resolver su crisis. Pero, ¿cuándo?

Si la crisis es altamente peligrosa para el aconsejado o para otros; si la persona está abrumada emocionalmente hasta el punto de que no es capaz de funcionar o cuidar de sí misma; si está bajo drogas o alcohol, o si ha sido herido, entonces vas a adoptar un papel directivo.

Cuando la persona no es un peligro para los demás o para sí misma, cuando es capaz de hacer llamadas telefónicas, enviar o llevar mensajes, conducir el coche o cuidarse de sí misma o de otros, tu papel será *facilitativo*. Con el aconsejado vais a hacer juntos los planes apropiados, pero es el aconsejado el que va a llevar a cabo el plan. Puedes, incluso, formalizar una especie de trato con él, para que detalle en qué forma han de ser realizados los planes.

Cuando tu acción es directiva, los dos vais a trabajar juntos un plan de igual modo, pero la acción ha de implicar a los dos. El acuerdo o trato que hagáis puede incluir a otros, tales como un amigo, cónyuge, padre, hijo o un diácono de la iglesia. Pero tienes que intervenir tú personalmente hasta el momento en que te asegures que el próximo paso puede ser realizado por la persona o las otras personas de sostén.

Cuando entras en acción, tanto si es directiva o facilitativa, el *escuchar* y el *alentar* son herramientas de importancia primaria.

El consejo puede considerarse más bien de tipo facilitativo. Puedes decir: «Como puede ver, estoy interesado en lo que está sucediendo en este momento. Vamos a hacer esto ahora...»

Puedes aconsejar nuevos enfoques y acciones. Puedes también aconsejar una nueva manera de pensar o ver la situación. Con frecuencia hay personas que vienen con afirmaciones de este tipo: «Me estoy volviendo loco», «Creo que se me va la cabeza», «Probablemente soy la única persona que piensa estas cosas», «Otras personas no sufren esta clase de dolor, ¿no?», «Soy un cristiano de categoría ínfima, ¿verdad?», «Si tuviera más fe, estas cosas no me pasarían», «¿Qué es lo que están diciendo realmente estas personas?, ¿cuáles son sus sentimientos?» Están diciendo: «He perdido el control de las cosas y tengo miedo.» Están tratando de entender lo que les está sucediendo y ésta es su forma de entender su situación.

Aquí tienes oportunidad de contestar a la persona de modo sensato y realista con afirmaciones tales como: «Es muy común tener estos sentimientos, y en realidad no hay razón alguna para creer que se está volviendo loco.» «Su reacción y sus sentimientos son normales, considerando todo lo que le ha ocurrido.» O puedes decirle: «Con todo lo que le ha pasado, lo que me preocuparía es que no hubiera reaccionado de esta manera.» El ayudarle a comprender que sus sentimientos y reacciones son normales puede ser una fuente de alivio. Yo, con frecuencia, muestro a mis aconsejados la gráfica de desarrollo que he descrito en el capítulo 2. Esto les ayuda a aliviar la presión. Considera por un momento las implicaciones de pensar que uno se está volviendo loco. Si fueras tú quien sufriera la crisis, esta reacción ¿podría ayudar a que te recuperaras, o dificultaría más bien todo el progreso? Trata de situarte en el lugar y posición de tu interlocutor. El dar el nombre apropiado a lo que está sucediendo es parte del proceso de reconstruir la esperanza.

Cuando estás ayudando a una persona a través de la acción directa, ten en cuenta las leyes específicas y los procedimientos legales en tu país y en tu comunidad. Por ejemplo, como pastor, consejero profesional o vocacional, ¿tienes el derecho al secreto profesional e inmunidad cuando aconsejas? ¿Qué dice la ley de tu país si la persona te confiesa de modo específico intento de suicidio o proyectos de homicidio? ¿Permite la ley de tu país recluir a alguien en un hospital contra su voluntad, para observación, si esta persona se ve trastornada emocionalmente o amenaza suicidio? ¿Qué pasa si un padre te confiesa él mismo que ha abusado físicamente de alguno de sus hijos de corta edad, hace algún tiempo? ¿Qué pasa si un adolescente te dice que alguien ha abusado de él sexualmente? Debes, por tanto, estar al corriente de las leyes y de todos los cambios recientes en las mismas.

Muchos consejeros, debido a la premura de tiempo, a sus características personales o a la falta de entrenamiento, optan a tomar acción directa con demasiada frecuencia. Antes de hacerlo, hazte las siguientes preguntas:

«¿Es esto algo que la persona podría hacer por sí misma?»
«¿Qué es lo que va a resultar de esto, a la larga?»
«¿Durante cuánto tiempo me veré envuelto en el asunto?»
«¿Hay riesgos en hacer esto? ¿Cuáles son?»
«¿De qué otra forma esta persona podría recibir ayuda?»

Como sea que el sentimiento de impotencia es muy fuerte durante una crisis, puedes contrarrestarlo animando al sujeto a emprender la acción por su cuenta y crear alternativas. Trata de inducirlo a operar desde una posición de firmeza en vez de debilidad. Una manera de conseguirlo es preguntar a la persona cómo ha manejado y resuelto sus dificultades previas. Una vez más, recuerda que es conveniente que el aconsejado haga todo lo que pueda por sí mismo, a fin de estimular y edificar su propia estimación.

Anímale a considerar la posibilidad de que haya otras alternativas. Algunas afirmaciones en este sentido pueden estructurarse de esta forma: «Vamos a considerar la posibilidad... ¿Qué pasa si...?» «¿Qué resultaría caso de que Vd....?» «¿Qué cree que podrían otros intentar en un caso semejante?» «Supongamos que Vd. es una persona que acostumbra resolver los problemas, ¿qué cree que se podría hacer?» Asegúrate de ayudarle a ver de antemano todos los obstáculos que puedan aparecer en la realización del plan. No permitas que siga adelante, a menos que se consideren primero todos los obstáculos (5).

Evitar la catástrofe

El tercer paso es conseguir el *objetivo limitado* del aconsejar de crisis: *evitar la catástrofe y restaurar en la persona su estado de equilibrio*. Éste no es momento para intentar cambios en la personalidad. Lo primero es conseguir un objetivo de tipo limitado. Puede que sea necesario retar a la persona para conseguirlo, pero hay que hacerlo. Alguien que ha perdido su empleo, por ejemplo, es posible que con tu ayuda haga una relación de sus capacidades, calificativos, experiencias y posibilidades cara a buscar un nuevo trabajo. El mero hecho de completar esta acción, puede cambiarle la imagen de sí mismo y proporcionarle un sentimiento de alivio. Es un objetivo limitado de acción inmediata que puede evitar inicialmente una catástrofe.

Fomentar la esperanza y las expectativas positivas

En cuarto lugar, considerando que la persona en estado de crisis se siente impotente, es necesario *estimularle la esperanza y las expectativas positivas*. No le ofrezcas promesas falsas, pero aliéntale a resolver los problemas. El que tú creas en su capacidad es importante. Éste es un momento delicado en que tú necesitas echar mano de la esperanza y la fe, hasta el momento en que reaparezcan las suyas. Debes empezar tú por convencerte y confiar en que la crisis se va a resolver de alguna forma en algún momento; que tu trabajo, sumado a la colaboración y voluntad del aconsejado, harán posible el resolver los problemas. Tu seguridad, actitud, enfoque e interacción generalmente transmiten esta impresión, más que afirmaciones y generalizaciones.

El enfoque directo a resolver problemas es mucho más positivo que el dar falsas garantías y tranquilidad. A veces es útil preguntar sobre crisis pasadas y descubrir en qué forma se resolvieron. Esto ayuda a la persona a darse cuenta de que si pudo solventar problemas pasados, debe tener esperanza en la solución de los presentes. Comienza a establecerle los objetivos para el futuro si ya se encuentra en esta fase dentro del orden de desarrollo de la crisis.

A medida que desciende el nivel de la ansiedad, verá la situación de una forma más objetiva. Conforme vaya ocurriendo esto, aumentará su capacidad para reflexionar en lo sucedido en el pasado y en lo que ahora está sucediendo.

Hay diversas formas de ayudar a una persona a recuperar el equilibrio.

A. *Información*. Primero, considera el nivel de información que te da el aconsejado sobre su propia situación. ¿Ve esta persona el cuadro completo, o sólo algunos aspectos unilaterales? ¿Tiene a su disposición todos los hechos? ¿Está deformando la situación a causa de sus emociones o de sus propios prejuicios? ¿Entiende que ciertas respuestas y sentimientos son normales durante los períodos de crisis?

El hacer preguntas concretas y procurar obtener respuestas con información puede ayudar en dos formas: contribuye a llenar algunos puntos vacíos en su propia información, y disminuye sus temores y reacciones exageradas, al proporcionarle una información más precisa y correcta. Ambos pasos tienden a restaurar el equilibrio.

B. *Interacción*. Además de considerar la información que el aconsejado ofrece sobre sí mismo, analiza hasta dónde llega su capacidad objetiva de acción. ¿Cómo ve y valora esta persona las posibilidades de acción que tiene por delante, a la luz de los recientes cambios en su vida (tales como la pérdida de un empleo o un cónyuge)? ¿Qué opciones alternativas tiene (como el cuidar a los hijos si ha muerto el cónyuge o le ha abandonado)? Ayúdale a considerar sus opciones y las consecuencias, sobre sí mismo y sobre los demás, de las decisiones que tome. Examina tú primero sus opciones y consecuencias y luego ayúdale a seleccionar un camino que le permita hacer frente a su situación, tanto en el presente como en el futuro.

A medida que el aconsejado obtiene mayor fuerza y capacidad, podrá examinar la parte que él mismo ha jugado en su situación y la forma en que ha reaccionado a través de sus sentimientos y comportamiento.

Prestar apoyo

El quinto paso en el proceso de aconsejar a una persona en crisis es el *proporcionarle apoyo*. Parte del desarrollo de las crisis es la falta de un sistema de apoyo social adecuado. La intervención en una crisis implica el dar apoyo. Y, como consejero, debes ser consciente de que, al principio, es posible que tú seas el único que se lo da. El mero hecho de estar disponible por teléfono es ya una fuente de apoyo. El que el aconsejado sepa que tú estás orando en su favor cada día y disponible para orar con él por teléfono es una fuente de apoyo. No te sorprendas, pues, del número de llamadas «urgentes» durante los primeros estadios de la crisis. Debes contestarlas con prontitud. Su propósito es, simplemente, conseguir apoyo a través del contacto contigo.

He mencionado antes que es importante devolver las llamadas con prontitud, pero esto no quiere decir inmediatamente. Si dejas todo lo que tienes entre manos para llamar al cabo de segundos o minutos, vas a estimular la creación de una relación de dependencia. Sin embargo, al cabo de media hora la persona tiene oportunidad de pensar por su propia cuenta. Puede calmarse, y cuando le hablas, el problema puede que no sea ya de carácter tan agudo. Esto es importante porque evita el papel de obrador de milagros o taumaturgo. Excepcionalmente, si el individuo presenta características de suicida, tienes que contestar inmediatamente. Es necesario que dejes en manos de tu secretaria, esposa o persona responsable del teléfono los números de teléfono de otras instituciones, y asegúrate que esté dispuesto a llamar si tú no estás disponible (6).

Las personas en estado de crisis necesitan tener la seguridad de que pueden llamarte en cualquier momento y que tú estarás dispuesto a hablar con ellos, aunque sólo sea unos minutos. Si te ofreces para que puedan llamarte, les obligarás, de todos modos, a luchar para tomar la decisión de hacerlo. Pero lo harán sobre una base de confianza. Si no les haces saber que pueden llamarte, su lucha se intensificará y puede añadir intensidad a la condición de la crisis. Su propia estimación disminuye aún más con estas vacilaciones.

Puede llegar el momento en que te veas en la necesidad de poner límite a las llamadas telefónicas cuando la persona entra ya en condiciones de dirigir su propia vida. De hecho, ésta es la mejor forma de expresar los límites. Puedes decirle que al estar ya en mejores condiciones de hacer frente a lo que le ocurre, es conveniente que se esfuerce más por su propia cuenta, de modo que bastará con que te llame durante las horas de oficina. Determina un límite de tiempo para las llamadas, y quizá puedes sugerirle que empiece a dejar pasar algunos días entre sus llamadas. Si, de todos modos, sabes que probablemente va a llamarte, sugiérele el momento en que te sea más conveniente. Algunas veces he sugerido a mis pacientes que me llamen, por ejemplo, a las dos de la tarde del martes. Es un día en que hago una pequeña interrupción en mi horario a esa hora –les digo– y me gustaría saber cómo van las cosas.

La mejor manera de prestar apoyo a la persona es hacer extensivo el sistema de apoyo a otras personas tanto como sea posible, para que tomen parte del mismo. Esto disminuye las exigencias sobre ti. No sólo ayuda a la persona durante la crisis ahora, sino que puede ayudar a prevenir otras crisis en el futuro. Cada día son más las iglesias que entrenan a varios miembros en la tarea de dar consejo. Y como el aconsejar de crisis dura poco tiempo, éste es uno de los mejores tipos de aconsejar en los que puede entrenárseles.

Una iglesia muy grande, en el sur de California, seleccionó y entrenó a setenta matrimonios de la iglesia para que se ocuparan del aconsejar prematrimonial como un servicio. Se les impartió un curso en el que se les instruyó en la forma de ayudar a las parejas. Están disponibles para hablar con las parejas que van a casarse y les ayudan en su preparación al matrimonio. Podría desarrollarse un programa de entrenamiento similar para el aconsejar en tiempo de crisis.

100

Cuando ves a una persona en estado de crisis, procura determinar qué tipo de sistema de apoyo posee. ¿Tiene parientes o amigos en el área? ¿A quién ha hablado acerca de sus dificultades? Averigua qué instituciones de ayuda hay en tu área, de modo que puedas enviarles personas que necesiten su ayuda. Los vecinos y amigos pueden facilitar el cuidado de los niños o los medios de transporte. Personas de la iglesia pueden proveerles de comida durante un período de tiempo. Procura averiguar, también, de quién te puedes fiar y quién está realmente dispuesto a sacrificarse y colaborar en la tarea de reducir las presiones sobre esta persona durante el período de crisis.

Procura facilitar algo de guía específica a las personas que prestarán apoyo. Adviérteles que no tienen que dar muchos consejos ni hablar demasiado; que puede ser muy bien intencionado, pero innecesario y poco beneficioso en aquel momento. Nota en qué forma la persona se estabiliza con este apoyo, y de qué forma puedes ir retirándolo gradualmente. No es conveniente que los aconsejados esperen y dependan demasiado de otros para que les ayuden a vivir su vida durante un período de tiempo demasiado extenso.

Asegúrate en todo momento que *tú* llevas la batuta y diriges las sesiones. Es necesario que domines la dirección de la conversación, el nivel y la expresión de ira, que protejas a los aconsejados de presiones o traumas excesivos y controles el nivel individual y general de ansiedad.

Si tienes una sesión de aconsejar de crisis que envuelve a un matrimonio o a una familia entera, hay algunos principios más a tener en cuenta. Cuando llega el matrimonio o la familia, toma la iniciativa de salir, saludarlos e invitarlos a entrar en el despacho. Indícales dónde han de sentarse. Preséntate y sé cortés al máximo. Habla con cada uno y muestra con él el mismo interés y afecto que con todos. Dales a conocer tu propósito para la sesión y el tiempo de que dispones para estar con ellos.

Tú eres el elemento más importante que afecta a la atmósfera de las sesiones conjuntas o familiares. Diles que quieres ayudarles y que tienen plena libertad para decirte la forma en que perciben la situación corriente. Cada uno ha de tener oportunidad de hablar. Ayúdales a considerar y exponer la presente situación, para poder llegar a nuevas soluciones. Es también importante crear una atmósfera sana de comunicación. Esto implica establecer algunas directrices como las siguientes:

1. Dejar hablar sólo a una persona cada vez. Hay que escuchar a cada uno con el propósito de entender el modo en que ve el problema y cuáles son sus sentimientos. Es apropiado hacer preguntas.
2. Cada uno debe hablar por su cuenta y no en el nombre de otros. Toda suposición sobre los pensamientos y sentimientos de otro debe ser comprobada y verificada.
3. Hay que hacer una distinción clara entre pensamientos y sentimientos, y entre hechos y opiniones.
4. Todo lo que se expresa de modo vago ha de ser clarificado de manera que todos los presentes lo entiendan de modo específico.
5. Habrá diferencias de opinión, lo cual está bien. Pero los puntos deben ser clarificados más bien que discutidos. Hay cosas que se resolverán, pero otras no. Abandona los temas que no se puedan resolver.
6. Cuando alguien está hablando ha de poder hacerlo sin ser interrumpido por otros; pero no aceptes monólogos interminables. Un monólogo hace que los demás pierdan interés y la persona que habla tome el control de la conversación. Además, cuando la persona sigue hablando en solitario, es posible que sus propios sentimientos vayan intensificándose y llegue a molestar a los demás. Así que puedes interrumpir el monólogo para clarificar un punto, preguntar a otra persona qué es lo que entiende, comentar sobre las respuestas no ver-

bales de otros o, incluso, decir: «Como Vd. ve, ha presentado muchos argumentos importantes que quisiera ahora clarificar» (7).

Hay ocasiones en las que es difícil detener la verborrea de una persona. Inclínate un poco hacia adelante, levanta la mano un poco y di con voz firme y decidida: «Por favor, espere un momento.» Eso debería devolverte el control de la conversación. Recuerdo a una familia de genio muy vivo con la que tuve una sesión. Había cinco adultos. La ira fue subiendo muy alto y las personas se interrumpían de modo rudo, cada una de ellas intentando hacer callar a la otra. Escuché un poco para ver si se moderaban, hasta que al fin, en voz firme y tajante, les dije: «¡Basta ya!» Dejaron de hablar y me miraron sorprendidos. «Ninguno de Vds. está escuchando a los demás, y de este modo no llegaremos a ninguna parte. Si es que *hemos* de conseguir algo, no podemos seguir así.» A continuación establecí las directrices, y añadí que si había alguna violación iba a interrumpir a la persona para mantenerla por el buen camino. Esto no sucede con frecuencia, por lo que puede ser necesario obrar con firmeza si ocurre.

Enfocar la solución del problema

El paso número seis, el *enfoque a la resolución del problema*, ha sido llamado la columna vertebral del aconsejar en crisis. Hay que intentar decidir con el aconsejado cuál es el problema principal que le ha llevado a la crisis. A partir de aquí hay que ayudarse a trazar un plan y buscar métodos y medios efectivos para resolverlo. Sin lugar a dudas surgirán problemas colaterales y otras cuestiones secundarias, pero es necesario mantenerse centrado en el problema principal hasta que éste quede resuelto.

Considera que tú y tu aconsejado formáis un equipo. Vais a trabajar juntos. El Dr. William Glasser, autor de *Reality*

Therapy, dice que al aconsejar usa la palabra «nosotros»: «¿Qué podemos hacer?» «¿Cómo vamos a resolver esto?», o «Vamos a ver qué podemos hacer sobre esto entre los dos.» El implicar al aconsejado en el plan hace que se consigan dos cosas: aumentar las probabilidades de que sea ejecutado, y ayudarle a desarrollar confianza en sí mismo.

Durante la resolución de problemas hay que centrarse en objetivos fijos, considerando los recursos disponibles para concentrarlos en la solución, sin olvidar las alternativas. Haz una lista de posibles alternativas. Si el aconsejado ha agotado sus ideas, lo cual ocurre con frecuencia, puedes sugerirle algunas alternativas. No se trata de darle consejos o decirle lo que tiene que hacer, sino ofrecerle otras posibilidades entre las cuales puede escoger.

Ayúdale a sopesar las consecuencias de cada acción, tanto las negativas como las positivas. Una cuestión importante es: «¿Va a interferir en alguna forma esta alternativa con la escala de valores de la persona?» Por ejemplo, un marido que tiene dificultades financieras, pero que da mucho valor al tiempo que pasa con su familia y los fines de semana dedicados a la iglesia, puede ser reacio a aceptar un segundo empleo que requiera estar fuera de casa cuatro noches por semana y trabajar tres fines de semana al mes.

Investiga la escala de valores, haciendo preguntas sobre las posibles reacciones y sentimientos de la persona, en cada posibilidad. Haz que el aconsejado dé su opinión personal, primero, y luego, en base a sus reacciones, puedes ofrecerle algunas sugerencias.

La semana pasada hablé con una mujer cuyo divorcio iba a consumarse muy pronto. Experimentó un período de crisis durante las vacaciones de Navidad, que ella no esperaba fuera severo. Cuando hablábamos, me indicó que le invadían impulsos de regresar a vivir con su marido debido al sentimiento de soledad que experimentaba sin él. A través de algunas simples preguntas me fue posible evaluar lo que había ocurrido en el matrimonio, y si su marido estaría dispuesto a cambiar caso de que ella regresara con él. También descubrí que no había expresado de modo claro y por escrito a su marido los cambios que ella demandaba como condición, a fin de considerar la detención del proceso de divorcio. Le presenté las alternativas posibles; le recomendé la lectura del libro *Growing Through Divorce*, de Jim Smoke, y le sugerí buscar el apoyo de un grupo de recuperación para divorciados. Cuando se marchó de la sesión, de cuarenta y cinco minutos, parecía estar en mejor control de las cosas. Al disponer de algunas alternativas ya no estaba inmovilizada.

Después de evaluar las alternativas, ayuda al aconsejado a seleccionar un curso de acción. Puede que sea preciso animarle –e incluso instarle– a que lo haga. Pídele que se comprometa a ejecutar alguna sugerencia, la forma en que lo hará y cuándo. Sigue el proceso paso a paso, en detalle, y procura anticiparte a cualquier barrera en la ruta, sabiendo que la persona, sin darse cuenta, puede hacer las cosas difíciles.

Puede que te sientas decepcionado si te dice: «He intentado hacer todas estas cosas de las que hemos hablado, pero no han dado resultado», o bien: «Sí, ya sé lo que hay que hacer. He intentado seguir estos planes antes, pero nunca llegué a completarlos.» Tu paciencia, tu confianza en su capacidad y tu ayuda para elaborar un plan viable puede que sea todo lo que hace falta para cambiar las cosas. Podría ser útil pedirle que se comprometiera por escrito, con los detalles del plan especificado, para que lo recordéis los dos.

Hace poco hablé con una mujer que tenía tres alternativas específicas a usar en su dificultad, habiendo usado ya las tres con anterioridad. Pero, al usarlas de nuevo, sus dificultades empezaron a disminuir. En principio me dijo: «Sé lo que tengo que hacer, pero no sé por qué no soy constante en las cosas que hago.» Yo le sugerí: «Vamos a ejecutar estos tres pasos esta semana. usted va a tomar la medicación que el médico le ha prescrito, y va a seguir con la lectura y los ejercicios recomendados en su programa de tratamiento, cada día de la semana. Luego evaluaremos la forma en que se encuentra.»

Estuvo de acuerdo en hacerlo, y yo tuve la confianza en que lo haría.

Es posible que sea necesario cambiar algunos de los planes desarrollados, para refinarlos por medio de un proceso de revisión.

Procura no hacer que los problemas ni las soluciones parezcan simples en extremo. La información puede resolver el problema, pero no siempre. Recuerda que has de ser un experto, no en resolverle a la persona el problema, sino en el *proceso* de educarle a resolverlos por sí misma. Esto se notará en tu actitud y en tu enfoque. Cuando empieces a trabajar con la persona, céntrate primero en el problema de modo que quede definido e identificado propiamente, y luego dirígete a la solución.

Algunos tienden a escapar de la realidad del problema, y de este modo esperan evitar el dolor. Parte de tu tarea es ayudarles a hacer frente al dolor, pero esto es necesario hacerlo mediante un proceso gradual, de modo que no queden aplastados. Hay que crear un ambiente en el que se sientan seguros y cómodos para hacer frente a su situación de modo pleno.

Una de las mejores maneras de responder a las emociones es adoptar una actitud de oyente. El escuchar implica estar alerta para el mensaje latente o subyacente, y luego verificar si uno lo ha oído correctamente.

He aquí un ejemplo:

Aconsejado: «No creo que valgan la pena ni el tiempo ni el esfuerzo.»

Consejero: «Vd. se siente muy desanimado sobre esto y duda de si vale la pena hacer el esfuerzo.»

Se trata de adivinar cuáles son sus sentimientos, para ayudarles a clarificarlos. Adivinar el sentido de lo que están diciendo. Incluso en el caso de que te equivocaras, el escuchar ayudará a los aconsejados a clarificar sus problemas. Cuando escuchas de esta manera, estás haciendo afirmaciones más bien que preguntas. Este enfoque mantiene el problema dentro de la responsabilidad del aconsejado, pero a la vez siente tu apoyo en el proceso de hallar una solución. Transmite la sensación de respeto y aceptación, así como tu expectativa de que la persona podrá resolver el problema. Esto es especialmente útil cuando hablamos con alguien que tiene un problema, pero no debe usarse en otras circunstancias.

Cuando enseñaba cursos de aconsejar en el seminario, los otros profesores siempre se daban cuenta de cuando estábamos cubriendo las técnicas de oyentes activos. Los estudiantes empezaban a usar esta técnica en todas sus conversaciones. No sólo era difícil sacarles una respuesta directa a una pregunta, sino que llegaban a exasperar con sus respuestas activas. Si venía alguien invitado y preguntaba: «¿Dónde está el lavabo?», el estudiante contestaba: «Estás preocupado por hallar el retrete.» O si un profesor preguntaba: «¿Qué piensas sobre este pasaje de la Escritura a la luz de este comentario?», podía recibir una respuesta de este tipo: «Usted está preguntándose cuál es la forma en que entiendo este pasaje.» ¡Hay ocasiones y lugares para escuchar de modo activo, y hay ocasiones para responder de esta forma! Hay que saber discernirlas.

Comprueba el nivel de ansiedad de cada persona e intenta regular este nivel. Siempre habrá cierta cantidad de ansiedad, y hasta un poco de ansiedad es imprescindible para que la persona se sienta motivada a hacer frente a sus problemas. Pero es necesario mantenerla de forma que no le abrume. Una manera de conseguirlo es regular la cantidad de emoción expresada y la forma en que se expresa. Cuando trabajas con matrimonios o familias, la ira es la emoción más común. El tono de voz y el ejemplo pueden contribuir a regular el nivel. Nota en qué forma responde cada persona, por su postura y la intensidad de sus respuestas verbales.

En el proceso de resolver problemas, los sentimientos del aconsejado son muy importantes. Si hay en ellos un cortocircuito, tendrán tendencia a cortocircuitar todo el proceso. Los cortocircuitos no ayudan a una persona en estado de crisis. En muchas crisis hay pena por una pérdida. Es común equiparar la pena con la pérdida incurrida en la muerte de un ser querido. Pero eso no es todo. La pérdida de un empleo, una casa, un objeto valioso, una amistad, un miembro de la familia (a causa de un divorcio o una separación), una oportunidad, esperanza o ambición, así como las malas noticias inminentes, son también causas que producen aflicción. Anima a la persona y ayúdale a superarse en sus sentimientos de pérdida. Para ello es necesario «trabajar» sobre la pena. Si tú te sientes trastornado o agobiado ante una persona de por sí trastornada, no vas a poder ayudarla.

Los aconsejados van a expresarte muchos sentimientos desordenados. Ayúdales a ordenarlos e identificar los más agudos. Puedes responder a la expresión verbal y no verbal de sus sentimientos. Escúchalos con los ojos y con los oídos. Escucha el tono de la voz y mira la postura del cuerpo.

Cuando te comunican lo que les duele, es posible que te sientas afectado en grado extremo e incluso tengas ganas de llorar con ellos. Pero lo que necesitan en este punto es tu entereza. Requieren de una persona que les escuche bien. Recuerdo a una mujer que hace tiempo vino a verme pidiendo consejo. Me dijo que su esposo había muerto a causa de un accidente con una pala de vapor, hacía un par de semanas, en el lugar donde trabajaba. De repente identifiqué lo que estaba contando, porque había escuchado en las noticias el informe de dicho accidente. Describió entre lágrimas sus sentimientos por su marido y lo que cada uno de los hijos había dicho sobre su muerte. Revivió tiempos pasados juntos, los agradables y los difíciles. Mencionó que la noche antes de su muerte habían asistido a la iglesia y había entregado su alma al Señor. Al escuchar sus sentimientos y recibir toda esta información, tuve que luchar para detener mis propias lágrimas y mantenerme sereno.

En otra ocasión un joven esposo me describió sus sentimientos, contándome que se hallaba desarraigado en la vida, sin lugar alguno a donde ir, y sin esperanza. Comprendí

108

su aflicción y le dije con lágrimas en los ojos: «Me doy cuenta de su pena y desearía poder decir y hacer más de lo que hago.» Él respondió: «Lo veo, y se lo agradezco.»

Observa con cuidado a la persona que no experimenta pena o no la muestra cuando la pena debería ser la reacción normal ante su caso. He visto a numerosas personas que se han mostrado del todo serenas y, al parecer, con un control completo. Incluso han expresado el hecho de que están «resolviendo la situación bastante bien». En un caso así puedes, quizá, decir: «Creo que en una situación como ésta yo sentiría el vacío y la pérdida en mi vida. Me pregunto qué es lo que siente Vd.» O bien: «Habrá un momento en que sienta todo el dolor y la pérdida y, probablemente, sentirá deseos de llorar. Quizá no le ha llegado todavía el momento de llorar, pero vendrá.» Con estas palabras he visto que la serenidad se disolvía y las lágrimas fluían debido a la pena experimentada. Hacer esto no es una crueldad, sino un gesto de amor. Una invitación a sentir el dolor y compartirlo con otra persona que estaba a su lado en el momento de la pena.

En el aconsejar de crisis valora los sentimientos de esta manera: Son un obstáculo que hay que salvar antes de empezar el trabajo real de resolver los problemas que haya. Pueden tratarse escuchando con procedimientos apropiados. Y, cuando llegue el momento, pasa del mero tratamiento de los sentimientos, al proceso real de la solución del problema. Significa avanzar desde la simple dirección de los sentimientos a una evaluación racional de la posible resolución de los mismos. Esto sucede tanto si la situación de crisis afecta a una familia como a una persona. Si ves a una familia en crisis, es posible que haya ira, ataques e inculpación. Algunas veces los sentimientos se intensifican y se pierde el control, a menos que tú ayudes a establecer una conexión entre los sentimientos y las soluciones. Anima a la persona, o personas, a iniciar el proceso de razonar tan pronto como sea posible. A partir de este momento puedes actuar como un guía que lleva a la persona, o personas, a su destino.

Reforzando la estimación propia

Puede parecer extraña la inclusión del *concepto* de estimación de *uno mismo* dentro del contexto del aconsejar en crisis. Pero éste es el séptimo paso y uno de los más importantes. Implica: 1) evaluar y entender la imagen que la persona tiene de sí misma; 2) descubrir en qué forma esta imagen se ve afectada por la crisis. Éste es momento de proteger y mejorar la imagen que el paciente tiene de sí mismo. Durante una crisis hay ansiedad, pero también una estimación propia deficiente. Hay formas típicas en que las personas responden a la crisis, e incluyen las siguientes: ira hacia las otras personas, e incluso hacia uno mismo; desesperación, que lleva a pedir ayuda, o pasividad total, que implica quedarse inmóvil y esperar que venga esta ayuda.

Ten en cuenta que la crisis de una persona puede contagiarse a otra que esté tratando de ayudarle, sin conseguirlo. En uno y otro caso puede haber la misma lucha con la propia estimación. No olvides que hay tendencia a acusar o echar la culpa a otros a fin de proteger la imagen de uno mismo. La transferencia de culpa suele ir acompañada de ira. La ira, en ocasiones, da a la persona un sentimiento de control. Y, si es racional, le hace sentir mejor que un estado de abatimiento y desesperanza.

Algunos pastores y estudiantes me han manifestado su sorpresa ante la reacción de antagonismo y hostilidad que a veces les han mostrado aquellos a los cuales intentaban ayudar. Esto no debe desconcertarnos; antes bien, mentalmente, debemos decir: «No son más que sus sentimientos; no tengo por qué tomarlo de modo personal. Es su propia protección contra el fracaso y la impotencia.»

No debes sorprenderte por los sentimientos negativos e interpretarlos según el valor que tienen. No son más que un camuflaje contra el dolor sobre la situación y aun contra la propia opinión.

Tu tarea, pues, es la de ser persistente en ayudar a la

persona a elevar los sentimientos que tiene acerca de ella misma. Esto implica ayudarle a proteger la imagen que tenga de sí misma. Trata a la persona con respeto y cortesía y no de modo condescendiente. A veces es útil mostrar interés por algunas de las áreas no perturbadas de su vida.

Si estás trabajando con una familia e identificas a uno de ellos como el causante del problema, evalúa el efecto y no te precipites en etiquetarle de esta forma. Por desgracia, cuando acuden familias en estado de crisis y señalan con el dedo a uno de ellos, no se dan cuenta de su propia contribución al problema y las formas en que corroboran el comportamiento que no les gusta. Es muy posible que tengas que desviar ataques directos contra una persona interpretando lo que dicen, ayudándoles a ver sus puntos positivos, avanzando hacia una solución en lugar de mantenerse en el terreno de culparse mutuamente. Puedes centrarte en el atacante y hablar sobre sus sentimientos y respuestas, o bien puedes cambiar de tema y preguntar: «¿Qué es lo que podemos intentar en este momento para cambiar esta situación?» «Quisiera un par de sugerencias de cada uno de ustedes y, a la vez, que me explicaran por qué piensan que su punto de vista es el correcto.»

Ayúdales a ver en qué forma han resuelto sus dificultades con anterioridad. Cuando dicen: «No puedo aguantar esto más; no creo que llegue al final del día», responde con algo como esto: «He visto que ha venido Vd. a mi despacho por sus propios medios y ha sabido explicarme detalladamente toda información sobre su problema.» Si alguno le dice que tiene dificultad en expresarse a sí mismo, le podría decir: «Quizás Vd. piense que no se explica bien, pero puedo asegurarle que su explicación es muy clara y me dice mucho sobre el problema.»

Uno de tus objetivos es ayudar al aconsejado a ver la forma en que tú le percibes a él, que le tienes confianza y tomas lo suyo como propio. Has de creer que la persona tiene valor y capacidad por sí misma y que momentáneamente está agobiada por la dificultad. Tu evaluación puede ser más positiva que la suya propia, y al final acabará aceptando la tuya. Un problema adicional que afecta a los cristianos es la creencia de que «deberían» ser capaces de resolver la dificultad, y que si tuvieran más fe o una relación más fuerte con el Señor, no estarían tambaleándose. Esto produce aún más culpa, agrava los sentimientos negativos acerca de sí mismos e incluso disminuye la estimación propia. En algún momento más adelante, en la fase de recuperación es posible que recuerden que muchos de los siervos de Dios mencionados en la Escritura pasaron también por tiempos de tribulación.

Cuando el aconsejado ve que tú crees en él (de acuerdo con 1ª Corintios 13:7: «Cree lo mejor de cada persona», que significa valorar siempre lo mejor que se pueda de la persona en cada caso), se ve capaz por sí mismo y apreciará tu confianza en él. Por ello, quiero recalcar de nuevo la importancia del trabajo en equipo, de modo que tratéis los problemas juntos, hagáis planes juntos, oréis juntos y lleguéis a resolver el problema juntos.

Generando confianza en uno mismo

Junto con el intento de reforzar la imagen que la persona tiene de sí misma, trabajaremos el proceso de *instilarle confianza en sí misma*, que es el octavo paso en el aconsejar en crisis. Recuerda que la persona en crisis se halla al final de sus recursos. Y debido a ello su comportamiento puede ser regresivo, es decir, responde en su modo de funcionar en un nivel de urgencia previo al presente. Quiere ser rescatado y sanado por ti instantáneamente. No obstante, no respondas a esta exigencia, pues el hacerlo disminuiría su estimación propia y con el tiempo crearía hostilidad contra ti.

Quizás te sorprendan las reacciones de una persona a la que has conocido y tratado durante cierto período de tiempo. La has visto equilibrada, fuerte y capaz. Y no llegas a entender por qué se está desmoronando. Puede que el ver cómo una persona fuerte se vuelve débil te produzca enojo. Vigila, porque esta reacción puede amenazar tu propio sentimiento de seguridad, que, por otra parte, puede ser sólido o frágil. Si él se ha desmoronado –dices–, igual me puede suceder a mí bajo condiciones de tensión suficiente. ¡Y así puede sucedernos a todos!

Evita que una persona dependa en exceso de ti; requiere que le dejes bien claro que tú no tienes todas las respuestas. Que esperas esfuerzo de su parte. Procura que empiece a hacer cosas, y a hacerlas con éxito. Esto significa que ha de emprender pequeños pasos, ya que si no puede quedar anonadada. Esto es cierto en especial en los casos de depresión. Todo fallo le envía dos peldaños hacia abajo en la escalera.

Como he indicado antes, al planear y evaluar la situación estás desarrollando un esfuerzo de equipo. La confianza en uno mismo surge en el momento en que el aconsejado queda implicado y participa en los planes.

Si estás trabajando con alguien que básicamente es una persona con tendencia a hacerse dependiente, te será más difícil conseguir que acepte las responsabilidades que tú le impongas. Trata de averiguar esto a través de otras personas que le conozcan.

Uno de los principios básicos a seguir en el aconsejar de crisis es éste: «*No hagas tú nada por el aconsejado que él pueda hacer por sí mismo con éxito.*» Si hay posibilidad de elegir entre quién ha de hacer una llamada telefónica, tú o el aconsejado, si él puede hacerla que la haga él. Como señala Douglas Puryear:

> «Recuerda que todo tu enfoque ha de centrarse en transmitir al paciente tu actitud de que él es capaz por sí mismo, que no es más que una persona corriente que de modo temporal ha quedado aplastada por tensiones extremas, y que usa de tu ayuda para hacer frente a estas tensiones, para volver a funcionar por su propia cuenta» (8).

Vamos, pues, a recalcar este concepto: «transmitir con todo tu enfoque» –no sólo verbalmente– «que es capaz, que no es más que una persona corriente» –lo cual refuerza la imagen que tiene de sí mismo–; que de «modo temporal ha quedado aplastada» –por la misma definición de crisis, se trata de algo temporal, lo cual proporciona esperanza–; «y que usa tu ayuda para hacer frente a estas tensiones» –lo cual define tu papel, o sea, que es él quien hará frente a las tensiones (por más que tú le ofrezcas ayuda para resolver su problema)–; «para volver a funcionar por su cuenta» –el objetivo es volver al equilibrio anterior–.

Cuando la persona intenta hacer frente a los problemas de tensión o *stress*, sus emociones corren por cauces profundos. Es posible que tenga que hacer frente a la amenaza de perder para siempre su seguridad anterior y su sentido de competencia y estimación propia. Si éstos han sido destruidos se generan sentimientos de pérdida y nostalgia.

Además aparecen nuevas ansiedades y contrariedades. Debido al trastorno de la crisis, la persona se ve obligada a tomar nuevas decisiones, buscar nuevas soluciones o hallar nuevos recursos.

Esta necesidad de decisiones y cambios es posible sea causa, a su vez, de nueva tensión. Los reajustes de la nueva situación son causa de cambios en la posición y estado, en la familia y la comunidad. Esto exige aceptación de la nueva situación de la solución, o incluso el aprender a vivir de modo menos que satisfactorio hasta que la nueva situación se haya estabilizado.

Tú puedes ser el ayudador al cual Dios ha llamado para acompañar a la persona en crisis a lo largo de todas estas transiciones.

En el apéndice 2 encontrarás un resumen de la *Evaluación de la Crisis*, que puede serte útil. Analízalo y lee todo el cuestionario. Es posible que quieras hacer copias del mismo para entregar a la persona en estado de crisis, o usarla como guía cuando hables con ella.

114

NOTAS

1. Douglas A. Puryear, *Helping people in crisis* (San Francisco: Jossey-Bass, 1979), ocho pasos adaptados.
2. Adaptación de Lidia Rapoport, «Crisis Intervention as a Mode of Brief Treatment», del libro de R.W. Roberts y R.H. Nee, *Theories of social casework* (Chicago: Universidad de Chicago, 1970), p. 277.
3. Adaptación de Naomi Golan, *Treatment in crisis situations* (Nueva York: The Free Press, 1978), pp. 98-99.
4. Karl A. Slaikeu, *Crisis intervention: A handbook for practice and research* (Boston: Allyn and Bacon, 1984), pp. 89-90.
5. Slaikeu, pp. 9-91.
6. Adaptación de Golan, pp. 98-101.
7. Adaptación de Puryear, p. 62.
8. Puryear, p. 49.

La crisis de la depresión

La mujer permanecía quieta, sentada, con los ojos fijos, mirando al suelo. De vez en cuando los levantaba con un suspiro. «Cada día me parece más largo que el anterior», dijo. «Es una carga, y no veo que las cosas mejoren. Hay días en que ni aun quiero levantarme de la cama, y cuando lo hago no tengo energía o interés para hacer nada. Pero luego, al ver la casa llena de polvo y en desorden, me siento culpable y todo se me hace peor todavía. A veces me siento como paralizada. Es inútil. No puedo hacer nada. Es como si estuviera hundiéndome en un hoyo de arenas movedizas.»

La depresión –una experiencia penosa– es un sentimiento de abatimiento sin esperanza. Tanto si es corta y pasajera como si es larga y duradera, bien se dé en un niño que tiene problemas, como en un adulto que ha perdido a un ser querido, el sentimiento es el mismo. Es uno de los desórdenes psicológicos más comunes y de los conocidos desde más antiguo.

La depresión no respeta a nadie. Tanto puede afectar a un niño de seis años como a un hombre maduro de setenta, al rico y al pobre, al blanco y al negro, al cristiano como al no cristiano.

¿Tienes idea de cuántas personas que conoces están afectadas por algún tipo de depresión? ¿Cuál crees que será la respuesta si haces esta pregunta a tu congregación el domingo que viene: «¿Cuántos hay aquí hoy que experimentan algún tipo de depresión?»? Podría ser el 1 % o bien el 5 %, pero lo más probable es que fuera el 10 y hasta el 20 %. Y si preguntaras: «¿Cuántos han experimentado alguna depresión en los últimos cinco años?», el porcentaje sería todavía mayor.

La depresión ha sido llamada «el resfriado común de la mente». Ocurre tanto durante una crisis como cuando no hay ninguna crisis. Los expertos de la salud mental estiman, por lo bajo, que de cada diez personas hay una que sufre de depresión. En realidad, el porcentaje es, probablemente, mucho mayor, debido a que en sus formas leves pasa sin ser notada. Pero de ellas, una de cada ocho personas necesitará tratamiento por esta causa en algún período de su vida. Y cada día se dan más síntomas de depresión entre los niños y los adolescentes. Se estima que hay en Estados Unidos entre cuatro y ocho millones de personas deprimidas cada año, hasta el extremo de que no rinden de modo efectivo en sus empleos y precisan de alguna clase de tratamiento.

Ni tú ni nadie en tu congregación puede considerarse inmune. Si quieres un tema al que la gente preste atención cuando prediques o enseñes, habla sobre la depresión. Presenta lo que es, las causas, el propósito, lo que se puede hacer para aminorarla, y cómo salir de un estado de depresión y aprender y crecer desde la experiencia.

¿Es normal estar deprimido? Muchas personas están confusas acerca de la depresión, e incluso ponen en duda su existencia en la vida del cristiano. Es una emoción normal y natural, y sería anormal si no estuviéramos deprimidos cuando están presentes las causas que la motivan.

En muchos casos la depresión es una reacción sana a lo que tiene lugar en la vida de una persona. El estar deprimido no es un pecado. Es una reacción normal a lo que nos sucede, psicológica o físicamente. La depresión es un grito, un mensaje que, al igual que la fiebre, nos dice que hemos descuidado alguna área en nuestras vidas. Hemos de prestarle atención, pues trata de transmitirnos algo que es necesario que sepamos.

La depresión es un sistema de aviso de que nos movemos hacia aguas profundas. Es a la vez un dispositivo de protección que puede sacarnos de la tensión y darnos tiempo para recobrarnos si lo usamos correctamente.

Esto no quiere decir que debamos acomodarnos a vivir en depresión. Al contrario, hemos de descubrir su propósito y sentido en la vida. La depresión por la pena a causa de una pérdida puede disiparse un poco y volver a ocurrir en intensidades variables una y otra vez.

(Para más información sobre la depresión, y como libro de consulta, ver *Respuesta a la depresión*, por N. Wright [CLIE, Terrassa].)

¿Qué es la depresión? Es una familia que abarca numerosos cuadros, entre los cuales encontramos desde los sentimientos leves de abatimiento, a un estado de incapacitación total.

1. – Una persona se siente sin esperanza, abatida, triste, apática. Es un sentimiento sombrío. Un paso hacia la depresión es un paso hacia lo mortecino, lo vacío. Los sentimientos cambian y un aire de tristeza se va apoderando de la persona.

2. – Cuando una persona está deprimida pierde la perspectiva. La forma en que percibe la vida, el empleo y la familia carece de color. La depresión es como una serie de filtros en una cámara fotográfica que sólo dan paso a las partes más oscuras y eliminan de la vida el color, la acción y el gozo. Se produce una deformación de nosotros mismos, de la vida y de Dios.

Como dijo alguien: «Hay una diferencia real entre ser feliz y estar deprimido. Cuando mi esposa y yo tenemos una discusión de vez en cuando, me siento desgraciado. No me gusta, pero entiendo que es parte de la vida. Sé que hacemos las paces al poco tiempo. Y aunque me afecta, esto no me impide dormir y todavía me siento animado y de buen humor. Pero cuando estoy deprimido, la cosa es diferente. Duele todo; es casi algo físico. Me cuesta conciliar el sueño y apenas consigo dormir durante la noche. Incluso cuando hay ocasiones en las que me siento animado, la tristeza vuelve y me rodea casi todo el día. Da color a la manera en que lo veo todo. Si mi esposa y yo discutimos, me parece que el matrimonio es un fracaso total. Si tengo un problema en los negocios ante el cual normalmente reaccionaría con algo de tensión y contrariedad, pero que resolvería de modo rápido y apropiado, ahora tengo la impresión de que soy una calamidad como hombre de negocios, concentrándome más en resolver la falta de confianza que tengo en mí mismo que el verdadero problema que tengo delante» (1).

La depresión genera un modo de pensar negativo con respecto a todo en la vida. Aarón Beck lo describe como una

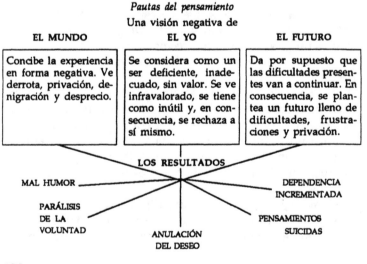

TRÍADA DEPRESIVA

Pautas del pensamiento
Una visión negativa de

EL MUNDO	EL YO	EL FUTURO
Concibe la experiencia en forma negativa. Ve derrota, privación, denigración y desprecio.	Se considera como un ser deficiente, inadecuado, sin valor. Se ve infravalorado, se tiene como inútil y, en consecuencia, se rechaza a sí mismo.	Da por supuesto que las dificultades presentes van a continuar. En consecuencia, se plantea un futuro lleno de dificultades, frustraciones y privación.

LOS RESULTADOS

MAL HUMOR

PARÁLISIS
DE LA
VOLUNTAD

ANULACIÓN
DEL DESEO

DEPENDENCIA
INCREMENTADA

PENSAMIENTOS
SUICIDAS

120

La mente se ve invadida por conceptos erróneos típicamente negativos. Es importante, también, notar en esta situación los tópicos que no entran en la mente. Puesto que no distingue entre lo real y lo ficticio, dando a ambos la misma importancia, elimina del todo los recuerdos positivos que normalmente hacen que uno se valore a sí mismo y generen esperanza para el futuro.

3. - La persona deprimida experimenta también cambios en sus procesos físicos: comida, sueño, sexo. Desaparece la atracción sexual hasta el punto de que algunos hombres se ven impotentes para realizar el acto. Esto refuerza sus sentimientos de autodesprecio. Una disminución en los impulsos sexuales es algo que siempre debe llamar la atención como síntoma de la depresión. Algunos pierden el interés por la comida, en tanto que otros hacen exactamente lo contrario, tragan en exceso. Los hay que duermen constantemente, en tanto que otros no consiguen dormir. La depresión puede generar síntomas de toda clase de dolores físicos.

4. - Se produce, generalmente, una pérdida de la autoestimación. Cada vez se siente menos y menos positivo con respecto a sí mismo y cuestiona su propia valía. La confianza que tiene en sí mismo es mínima.

5. - A causa de un temor infundado a ser rechazado, se automargina, separándose de los demás. Desgraciadamente, en muchas ocasiones es cierto que la conducta de la persona deprimida puede llegar a producir un rechazo por parte de otros que le rodean. El deprimido abandona sus actividades preferidas, no devuelve las llamadas telefónicas y busca formas y medios para evitar el contacto y la relación con los demás. Cuanto más seria y profunda sea la depresión, más difícil y desagradable puede resultar el convivir y relacionarse con el afectado.

6. - También está el deseo de escapar de los problemas, e incluso de la vida misma. Se plantean ideas de abandonar la casa y huir, así como de evitar que los demás entren en ella.

Surgen ideas suicidas generadas por el sentimiento de que la vida no tiene interés ni vale la pena.

7. – La persona deprimida es supersensible a lo que otros dicen y hacen. Puede interpretar mal cualquier acción o palabra, y las comenta, por regla general, en forma negativa: Debido a esta percepción equivocada, se vuelve irritable. Con frecuencia, a causa de estas falsas interpretaciones llora fácilmente.

8. – Se produce cambio en la actividad y nivel del pensamiento. La persona puede estar sensiblemente agitada y al mismo tiempo experimentar lentitud en su capacidad para pensar. Esto puede incluir la incapacidad para concentrarse o tomar decisiones.

9. – Tiene dificultad en controlar la mayor parte de sus sentimientos, especialmente la ira. La ira puede ir dirigida, de forma errónea, tanto hacia uno mismo como hacia otros. La ira hacia uno mismo se genera en los sentimientos de autodesprecio y la incapacidad de manejar la situación; pero con frecuencia se puede revertir y encauzar.

10. – La culpa tiene en la mente del deprimido una presencia constante. La base de esta culpa puede ser real o imaginaria. Con frecuencia aparecen sentimientos de culpabilidad, porque supone que está equivocado en su actitud o que es responsable de hacer desgraciados a los demás.

11. – A menudo la depresión conduce a un estado de dependencia de otra persona. Esto refuerza los sentimientos de impotencia y flojedad, que producen más desprecio y enojo consigo mismo.

Es importante recordar que, una vez la persona ha empezado a sentirse deprimida, por regla general sus actuaciones y comportamiento van encaminados a reforzar la depresión.

Hay que distinguir varios tipos depresivos. Algunos, que llamamos de reacciones agudas o reactivas, tienen un inicio súbito. Presentan síntomas intensos, duran un período de

122

tiempo breve y con frecuencia desaparecen sin tratamiento. En general son las depresiones experimentadas o generadas durante las crisis o pérdidas.

Contrariamente, las depresiones crónicas tardan mucho más tiempo en desarrollarse y sus síntomas varían en intensidad. Tienden a durar años y son más difíciles de tratar.

La depresión reactiva es la respuesta a algún suceso repentino en la vida de la persona. Esto incluye una reacción a todo tipo de pérdida, tal como la de un ser amado, un empleo, alguna oportunidad, enfermedad, lesión, amputación, etc. Pero no siempre el motor es negativo. La reacción puede aducir incluso a algún tipo de éxito o suceso positivo, tal como un nuevo empleo, un ascenso, el matrimonio o un nuevo hogar. Puede tener su origen en cualquier acontecimiento, y se comprende aun cuando la depresión que produce afecta a toda la vida y entorno de la persona.

La depresión generada por la muerte de un ser amado es considerada como aflicción. Es una depresión necesaria y que puede considerarse como un proceso normal, a fin de cicatrizar la herida de la pérdida y avanzar en la vida.

Siempre que trabajemos con una persona deprimida, sea niño, adolescente o adulto, debemos buscar: 1) las causas de la depresión; 2) en qué forma está funcionando y qué recursos tiene por sí misma para conseguir ayuda; 3) si ha sido objeto de algún examen médico físico completo recientemente.

El descubrir la causa de una depresión puede resultar un proceso complejo, pues su catálogo es infinito y, en muchos casos, varias de ellas podrían estar operando al mismo tiempo. El alimento y el descanso inadecuados, el ejercicio insuficiente, el tratamiento impropio del cuerpo, un desequilibrio glandular, la hipoglucemia, la ira reprimida, la inversión de la escala de valores, el pecado, las expectativas no realistas y el pensamiento negativo son algunas, entre muchas otras.

Depresiones por pérdida y cambio

Para poder comprender realmente la depresión experimentada por las personas en situación de crisis, que es el tema que nos ocupa, es importante que consideremos un poco más detalladamente el concepto de pérdida y cambio.

La pérdida es uno de los motores principales de la depresión. Pese a ello, lamentablemente, con frecuencia es pasada por alto por los que se esfuerzan en ayudar al afectado. Una pérdida, sea real o percibida, es a menudo la causa básica de la depresión. Hemos de ver la pérdida desde la perspectiva del afectado, puesto que desde nuestra perspectiva propia es probable que no la consideremos una pérdida, o por lo menos como una pérdida seria. Debemos explorar a fondo el significado de la pérdida para esa persona en particular. Las pérdidas son un desencadenante de depresión, puesto que amenazan nuestra seguridad, nuestro sentido de estabilidad y nuestro bienestar.

La pérdida altera la imagen que tenemos de nosotros mismos y, por tanto, puede llevarnos a perder el control. Si hay una adhesión excesiva a otra persona, su pérdida puede significar, incluso, la pérdida del sentido y propósito de la vida. Cuanto más súbita sea la pérdida, más intenso es el sentimiento de haber perdido el control y de hallarse uno a la deriva. Una muerte súbita, inesperada, puede desbaratar nuestra capacidad de activar los mecanismos emocionales de defensa necesarios. La pérdida gradual, aunque igualmente penosa, permite, hasta cierto grado, un proceso de adaptación. Es normal, por ejemplo, que los padres hagan planes y se mentalicen sobre el hecho de que los hijos, en un momento dado, tendrán que abandonar el hogar y, por tanto, se quedarán solos. Poco a poco, a medida que pasa el tiempo, van adaptando sus sentimientos y estructurando su situación. Pero si esta desaparición se produce súbitamente, muchos años antes de lo previsto, la reacción puede ser desoladora y la consecuente depresión impresionante.

124

Con frecuencia la depresión se ve incrementada si lo que se ha perdido se considera como necesario e irreemplazable para el funcionamiento en la vida de la persona. Hay, en realidad, cuatro tipos distintos de pérdidas, descritas por Archibald Hart:

Pérdidas abstractas o intangibles. Tales como la pérdida del amor propio, el amor de otra persona, la esperanza, la ambición. En la mayor parte de los casos son pérdidas creadas por la mente, aunque las sentimos como reales y las experimentamos. A veces la pérdida puede ser real, pero en muchas ocasiones la mente magnifica los problemas y no es tan seria como nosotros creemos.

Pérdidas concretas, que implican objetos materiales tangibles. La pérdida del hogar, de un coche, una fotografía, un animal doméstico o algo que apreciamos. Sentimos y vemos materialmente la pérdida.

Pérdidas imaginativas, creadas por una imaginación activa. Pensamos que alguien ya no nos quiere. Que los demás hablan de nosotros a escondidas. En este caso concreto, al hablar con nosotros mismos, comúnmente nos centramos en cosas negativas, y casi siempre nuestras percepciones suelen no estar basadas en hechos.

Con todo, la pérdida más difícil de manejar es la *amenaza de pérdida*. Es una pérdida que no ha ocurrido aún, pero existe la posibilidad real de que acontezca. El esperar los resultados de una biopsia o de un examen médico importante. El aguardar la aceptación o rechazo de un empleo, o un puesto en la universidad a la que hemos solicitado ser admitidos. Lleva consigo la posibilidad de pérdida de algo que no tenemos o sabemos, pero que ansiamos o no queremos. La depresión que genera este tipo de pérdida se fundamenta en nuestra impotencia para hacer algo sobre el asunto. En un sentido estamos inmovilizados.

Cuando la revisión o adhesión a lo que se perdió es normal y equilibrada, el deprimido consigue rápidamente reorganizar su vida sin la persona o cosa perdida. Pero si existía una dependencia excesiva, presente o futura, la depresión es inevitable.

No obstante, no siempre el elemento motor de la depresión es la pérdida. A veces puede también ser un logro. En ocasiones, una experiencia de éxito puede desencadenar la depresión. Los que alcanzan sus objetivos después de una lucha prolongada y extensa pueden descubrir que era precisamente esa lucha la que daba sentido a su vida. Con frecuencia, el alcanzar los objetivos anhelados no produce la satisfacción que esperábamos.

Algunos éxitos llevan consigo la amenaza de tener que ir aún a más, o el sentimiento de que quizá nos hemos excedido y no podremos sostener la posición alcanzada, abocándonos con ello a un fracaso. Si un éxito genera tensión e incomodidad en vez de un sentimiento confortable de satisfacción, puede llegar a producir una depresión.

Cada vez resulta más claro que la depresión es un mal que acompaña frecuentemente a las transiciones de la vida del adulto. Cuando cambian los papeles, produce un reto a nuestras creencias, valores o suposiciones acerca de la forma en que hemos venido viviendo, y nuestra estructura y equilibrio se tambalean. Los cambios significan una pérdida de control sobre alguna fase de la vida. Si este control era para la persona un valor fundamental, su consecuencia es la depresión. Hay personas que no han aprendido nunca a autoadaptarse. Tienen un déficit en esta área. Confían en su autocontrol y cuando se les quita el control se hunden. El equilibrio que les faltaba desemboca en una depresión. Por ejemplo, la «pérdida de la juventud» hace perder el equilibrio a muchos cuando se dan cuenta de que su cuerpo ha cambiado y que ya no les quedan años suficientes para hacer lo que deseaban hacer. También se genera una depresión cuando una persona, en la mitad de su vida, se enfrenta al hecho de que va a morir, y quizás más pronto de lo que piensa. Se ha sugerido que la edad entre los cuarenta y cincuenta es una época crítica en relación a la muerte inevitable.

126

Otra causa similar de depresión se produce cuando la persona admite la necesidad de la transición pero tiene dificultad en cambiar. Suele sentir que está fallando en su nuevo papel, o que no se siente satisfecho con él. La transición a la jubilación es, dentro de este tipo, muy común. Aparece la depresión cuando la persona reconoce el fracaso en su nuevo papel pero es incapaz de cambiar su comportamiento y adaptarse. Se ve atascado y genera un sentimiento prevalente de abatimiento y falta de esperanza.

Cuando se detecta incapacidad para hacer frente a una transición, normalmente se hallan implicadas una o varias de las siguientes causas:

1. La persona ha perdido algún apoyo social familiar o alguna adhesión.
2. Está luchando para poner en orden sus propias emociones y reacciones sobre el hecho, tales como ira o temor.
3. Se juzga incapacitado y siente la necesidad de un nuevo repertorio de preparación técnica.
4. Experimenta una disminución de su propia evaluación.

A pesar de ello, las causas de la depresión en las transiciones varían. Un joven puede sentirse deprimido por problemas para crear un sentimiento satisfactorio de identidad o de formar relaciones íntimas con sus iguales. La depresión en una persona de media edad puede provenir de la falta de éxito o disminución de la satisfacción en su carrera, matrimonio, estado social, papel como padre y otras similares. En la ancianidad ocurre la depresión debido a la jubilación o a la pérdida de salud, amigos o parientes. Las preguntas específicas que haga el terapeuta a la persona en cuestión pueden ayudarle a clarificar la dificultad del ajuste.

Para descubrir la evidencia de que la depresión ha seguido cambios que están relacionados con las transiciones de la vida, pueden hacerse preguntas de este tipo: «Dígame algo sobre el cambio (traslado de una casa a un apartamento, nido vacío, divorcio, jubilación, etc.).» «¿Ha cambiado mucho su vida?» «¿Qué personas o lugares importantes quedaron atrás? ¿Quedó atrás alguna actividad importante?» «¿Quién o qué ocupó su lugar?» «¿Qué tal?, ¿le gusta su nuevo papel?»

Preguntas tan simples como: «Hábleme de las cosas antiguas (casa, empleo, cónyuge, amistad, etc.).» «Me gustaría oír acerca de las cosas buenas y los puntos difíciles de su pasado. ¿Qué era lo que no le gustaba? ¿Qué era lo que le gustaba?»

Cuando alentamos a la persona a expresar sus emociones, debemos intentar sacar a flote sus sentimientos respecto al cambio. Que sepa que es correcto y normal hablar de ellos. Use preguntas como: «¿Qué tal le sentó cambiar, o dimitir, o marchar...? Me gustaría conocer los detalles de su marcha. ¿Qué impresión le produjo el enterarse por primera vez del cambio? Y ¿cuándo ocurrió realmente el cambio? ¿Qué le pareció su nueva situación? ¿Qué tal eran las cosas antes y cómo han cambiado? ¿Qué tal son ahora?»

La mayoría de las transiciones requieren aprender nuevas técnicas. Tu misión como consejero es ayudar a la persona a que vea y evalúe el significado de las expectativas de su nuevo papel. Para conseguirlo hay que descubrir las creencias y emociones que le estorban y le impiden hacer frente a la situación. Ayuda al afectado a analizar los recursos que tiene para hacer frente a la transición. Busque las áreas en que pueda haber una valoración deficiente, o excesiva, de sus posibilidades.

A veces el aconsejado está luchando bajo el peso de la ansiedad. Para dominarla, ayúdele a ensayar o practicar la técnica de la situación difícil. Dígale que se imagine detalladamente una situación de lo peor que podría acontecerle, y pregunte: ¿Podría suceder realmente? En tal caso, ¿cuáles serían los resultados? ¿Podría superarlo? Es bueno también utilizar técnicas de imágenes positivas, a fin de que se visualice a sí mismo con éxito. Este enfoque es importante.

Otro de los problemas de transición es la suposición estereotipada e incorrecta sobre el nuevo papel. ¿Dónde se genera? Por regla general, en la observación o identificación con otras personas importantes que en el pasado han sido modelos indeseables. Al evaluar la suposición y traer la realidad, suele ocurrir un cambio en la actitud.

Muy importante es la terapia de grupo. Pero para aplicarla con efectividad hay que tener en cuenta los posibles temores del afectado. Las personas nuevas y las nuevas relaciones pueden hacerle sentir a uno amenazado. ¿Serán sus nuevas amistades tan buenas como las antiguas? Ayude al aconsejado a evaluar las oportunidades disponibles para entrar en contacto con otras personas y grupos. ¿Qué clase de ayuda puede ofrecer su iglesia? Las personas que están deprimidas tienden a pasar por alto las oportunidades disponibles. Tienden a esperar lo peor, incluyendo rechazo, y se comportan de tal forma que lo convierten en realidad (2).

Cómo aconsejar al depresivo

El pastor o consejero puede tomar la iniciativa en la ayuda a una persona deprimida. Un simple comentario sobre una expresión verbal o no verbal, la ausencia a las reuniones, o bien la abstención de tomar parte en las actividades, pueden crear una oportunidad propicia para entrar en contacto y ayudarle. Inclusive las visitas sociales de contacto, o pastorales, pueden ser un punto de partida para la terapia. En otros casos puede que sea un vecino, un amigo o un pariente quien pida que nos pongamos en contacto con la persona debido a la preocupación que por ella siente.

Pero normalmente suele ser necesario que tomemos la iniciativa, puesto que la persona deprimida tiende a aislarse de los demás, por más que esto sea, en realidad, en detrimento propio. Su separación, que se impone él mismo, tiende a reforzar sus posiciones negativas. El depresivo necesita a otros que sean de confianza para ayudarle a colocar los hechos de la vida en la perspectiva adecuada. Y, no obstante, tiene la convicción de que su persona no le importa a nadie. Por ello, suele rechazar la oferta de ayuda, lo que a su vez reafirma su sentimiento de que «nadie tiene interés por él».

La persona tiene que saber que uno de los principales objetivos del consejero es ayudarle a aliviar su depresión. Ayudarle a descubrir y entender las causas, así como reforzar sus defensas, cosa que contribuirá a aminorarla o eliminarla.

CONTACTO PERSONAL

Uno de los primeros pasos, y de los más importantes, es establecer el contacto personal con el aconsejado. El depresivo es posible que internamente se considere dependiente del pastor, pero al propio tiempo crea que no es digno de recibir su ayuda o que es incapaz de responder a sus sugerencias. Por todo ello, tiene que ser el consejero quien haga el máximo esfuerzo para establecer un buen contacto con la persona. Esto se hace más fácil si la persona está integrada en la vida activa de la iglesia en alguna de sus formas. Si acude por su cuenta, debido a un contacto previo, ya se ha establecido una base de confianza. Si la persona le ha sido referida, o Vd. tiene que acudir a ella, es posible que antes haya recurrido a otros medios para aliviar y hacer frente a su depresión. Entre éstos se halla el alcohol, el retraerse del contacto con los demás, la lectura de la Biblia u otros libros, la oración y el hablar con los amigos. Debido a su confusión puede que ni siquiera los métodos positivos hayan dado resultado. Es preciso tener en cuenta, por tanto, la experiencia previa de fracasos en sus intentos de resolver el problema, lo cual es difícil de adivinar. Cuantos más fracasos ha tenido, menores son sus posibilidades.

Durante el primer contacto la persona debe recibir una impresión de ánimo y esperanza de que vale la pena hacer este nuevo intento con un nuevo enfoque. Asegúrese de que experimenta a la vez, en la primera sesión, un sentimiento equilibrado, cálido y de confianza. Necesita de una persona que tenga interés en él y que esté dispuesta a expresar este interés y cuidado. La mejor forma de establecer el contacto es participando, es decir, tomando parte en su vida. Esto significa hablarle acerca de su familia, negocios, amigos, aficiones y su historia personal. La mejor manera de establecer este contacto es mediante una aceptación franca, firme y objetiva. Un consejero que dé la impresión de ser voluntarioso, acusador o dominante, no suele captar el aprecio de su paciente. Pero es efectiva una actitud indecisa, distante o fría. «¿En qué puedo ayudarle?» Es muy posible que el individuo no sepa exactamente en qué puedes ayudarle, pero sí sabe que lo que quiere es librarse de su depresión.

Es muy importante saber escuchar de modo activo. Si escuchas bien, el paciente estará más dispuesto a hablar de su pena o lo que le atenaza en su depresión. El escuchar y el responder puede proporcionar ya de por sí alivio al afectado.

Pero con frecuencia el modo de pensar de la persona deprimida es tal que es incapaz de ir más allá del foco de su propio humor o estado de ánimo. Con todo, es necesario que se desvíe la atención de sus sentimientos para llegar a las causas que han desencadenado la depresión. Con los depresivos es necesario aumentar la participación, ser más decidido, emprendedor, directivo e intervenir más directamente que con los otros problemas. El nivel de energía y de motivación del depresivo para el cambio es inferior a los que aparecen en los otros casos. Es preciso un esfuerzo mayor para conseguir progreso en las sesiones de consejería. Hay que actuar de modo más decidido, aunque no excesivamente enérgico o desconsiderado. Esto se consigue dando la impresión al afectado de que el consejero y él están formando, juntos, un equipo para descubrir la causa, lo que constituye la pérdida –si la hay–, y para decidir lo que hacer a partir de ahora.

Si lo que hay en el fondo de la depresión es una pérdida, el identificarla y reconocerla puede proporcionar una sensación de alivio. Preguntas como las que detallamos seguidamente, son útiles en esta fase:

«¿Desde cuándo se encuentra de esta manera?»

«¿Cuándo empezó a sentirse así?»

«¿Se siente deprimido de modo permanente, o sólo se siente deprimido de forma periódica?»

«Si no se siente deprimido constantemente, ¿con qué frecuencia vienen las crisis de depresión? ¿Cuánto duran?»

«¿Había experimentado estos sentimientos antes? ¿Cuándo?»

«¿Cuándo tiene tendencia a ocurrir la depresión? ¿Por la mañana, por la tarde, por la noche? ¿Sucede durante los días laborales, los fines de semana, los días de fiesta? ¿Qué es lo que experimenta cuando se siente deprimido? ¿Puede relacionarlo con algún lugar en particular o cuando hace algo específico? ¿Cuando se halla con alguna persona en particular? Si es así, ¿quién es?»

«¿Ha buscado ayuda con anterioridad? ¿Qué hizo? ¿Cuál fue el resultado?»

«Esto que le sucede, ¿en qué forma cree que afectará a su vida?»

«¿Qué es lo peor que se imagina que le puede suceder?»

Hay muchos profesionales que usan la *Escala de Holmes-Rahe* para la evaluación del Reajuste Social, para examinar con ella los sucesos más recientes, recordados y olvidados por el aconsejado, que puedan haber contribuido a la depresión. Recuerda que cada persona varía en su reacción a cada suceso. En la escala los sucesos reciben un valor en puntos, indicando su importancia relativa y la explicación del significado. Cuando analizo este test con mis pacientes, elimino la indicación del valor en puntos con el fin de no influir en su respuesta.

TEST DE STRESS (TENSIÓN)
HOLMES–RAHE

En los doce últimos meses, ¿cuáles han sido las cosas que le han sucedido entre las enumeradas a continuación?

SUCESO	PUNTOS	SUCESO	PUNTOS
Muerte de un cónyuge. . . .100		Un hijo que deja la casa . . . 29	
Divorcio 73		Problemas con suegros o	
Separación matrimonial . . . 65		cuñados 29	
Reclusión en una cárcel . . . 63		Suceso o éxito personal. . . . 28	
Muerte de un miembro		Cónyuge empieza trabajo. . . 26	
de la familia cercano 63		Empezar o terminar	
Lesión-enfermedad personal . 53		estudios o carrera 26	
Matrimonio 50		Cambio condiciones de vida . 25	
Pérdida del empleo 47		Revisión hábitos personales. . 24	
Reconciliación matrimonial . . 45		Problemas con el jefe 23	
Jubilación o retiro 45		Cambio en condiciones o en	
Cambio en la salud de		horas de trabajo 20	
un familiar cercano. 44		Cambio de residencia 20	
Embarazo 40		Cambio de escuela 20	
Dificultades sexuales 39		Cambio de hábitos recreo . . 19	
Aumento de familia. 39		Cambio actividades iglesia . . 19	
Reajuste en los negocios . . . 39		Cambio actividades sociales . 18	
Cambio en la situación		Hipoteca o préstamo de	
financiera 38		poco valor 18	
Muerte de un íntimo 37		Cambio hábitos dormir . . . 16	
Aumento de discusiones		Cambio relaciones familiares . 15	
matrimoniales 35		Cambio hábitos comer 15	
Hipoteca-préstamo por		Vacaciones 13	
un valor importante 31		Temporada de Navidad . . . 12	
Fallo en el pago de una		Multa por infracción menor	
hipoteca o préstamo 30		de la ley 11	
Cambio de responsabilidades			
en el trabajo. 29		**TOTAL**	

Según los doctores Holmes y Rahe, si los resultados son inferiores a 150 puntos, solamente existe un 37 % de probabilidad de que se produzca una depresión dentro de los dos próximos años. Si el resultado está entre 150 y 300, la probabilidad se eleva al 51 %. Y si la puntuación está por encima de los 300, las posibilidades de que se caiga en una depresión durante los dos próximos años son de hasta el 80 %. Este test es muy común, en especial entre los militares, para predecir si en los dos años siguientes hay probabilidad de una depresión (3).

DAR CONFIANZA

El depresivo parece tener una necesidad insaciable de que se le dé confianza y seguridad verbalmente. Por desgracia, no consigue ningún alivio o satisfacción cuando las obtiene. No obstante, la necesidad que tiene de ellas es genuina, y es necesario darle confianza una y otra vez en una forma cálida, calmada y que no le irrite. Puede ser útil también que la persona sepa que te das cuenta de la dificultad que tiene en obtener consuelo de tus palabras tranquilizadoras. En algunos casos es posible que se le haya dicho un centenar de veces que su estado de ánimo va a regresar a la normalidad y que esté convencido de ello. Pero puede no sentir ningún consuelo emocional real en la perspectiva de este alivio. El ánimo y la confianza se ven neutralizados por una sensación sombría. Por lo que es posible que crea que nunca más va a sentirse feliz o dichoso.

Es preciso infundirle confianza en los primeros encuentros. El dar confianza *no* es decir: «Anímese, recóbrese, levante el ánimo», o la promesa mágica de que «No se preocupe, todo volverá a la normalidad.» No es posible predecir qué cosas van a dar resultado y cuáles no. Es necesario trabajar a partir de la situación real de la persona y operar sobre la misma. Los intentos por medio de atajos sólo dan lugar a que el paciente concentre más sus sentimientos reales y su dolor.

Los depresivos dicen que lo que les da más confianza y más les tranquiliza es el cuidado paciente, las muestras de afecto e interés, el ayudarles a buscar la causa de su dificultad, y la confianza firme del consejero en ellos. Es importante llamarles la atención, con delicadeza, sobre pasajes de la Palabra de Dios que puedan ofrecer consuelo y ánimo. Probablemente conozca ya algunos y los use, pero aquí le indicamos diversos de ellos que pueden ser útiles: Isaías 40:28-31, 41:9, 42:3, 43: 1-4; Filipenses 4:4-9. Yo he usado durante varios años una paráfrasis de 1ª Corintios 13, titulada «Porque Dios me ama». (Verla al final de este capítulo, de donde puede copiarse para usarla.) Déle una copia a la persona y que la lea en voz alta con Vd. Pídale al paciente que la lea cada mañana y cada noche. A veces las personas deprimidas han sacado de ella mucho consuelo.

Haga todos los esfuerzos posibles por mantener al depresivo en su actividad. Es posible que esto no sea fácil, debido a la tendencia de los mismos a la apatía y a la indiferencia. El dar ánimo personal, el establecer un plan conjunto específico y detallado, así como el ejercicio físico, pueden ser muy útiles.

El ejercicio es un enfoque activo de la vida, en tanto que la depresión es una enfermedad que crea pasividad. La inactividad se convierte, gradualmente, en un estilo de vida. El ejercicio no sólo puede ser como una vacunación parcial contra la depresión, sino que puede ser también parte del tratamiento de la misma. Las personas activas, o los que se ocupan en ejercicios regulares cada semana, tienen un sentido de bienestar psicológico mayor que los que no hacen ejercicio.

El Dr. Otto Appenzeller, de la Universidad de Nuevo México, ha descubierto que el sistema nervioso, durante una carrera de maratón, produce unas hormonas llamadas catecolaminas. En su proyecto de investigación descubrió que las catecolaminas aumentaban en los atletas de la maratón en un 600 % sobre las de la persona normal. Se sabe también que estas hormonas son bajas en las personas que padecen depresión. Por tanto, parece haber una relación entre el correr y la producción de estas hormonas, y esto podría generalizarse de modo que incluya otras formas moderadas de ejercicio (4).

En otro estudio experimental se incluyó a cierto número de pacientes deprimidos en un programa gradual planeado de ejercicios. Los resultados fueron una reducción de la tensión y un incremento del sueño; y los síntomas de la depresión empezaron a ceder (5).

Otra pregunta que puede hacerse es: «Si no estuviera deprimido, ¿qué es lo primero que haría al salir de este consultorio?» Es posible que la persona conteste: «Iría a cierto almacén en que hay una venta con ofertas especiales, o una liquidación, etc.» Y cuando llegara a casa, lavaría los platos que están amontonados en el fregadero. Una amiga mía me ha llamado por teléfono y quiere que vaya a ayudarle a coser ciertas prendas, así que posiblemente iría durante una hora. Y creo que prepararía una comida mejor para mi marido, porque ha comido muy mal estas últimas semanas.» Es posible que diga cosas por este estilo. Cuando el paciente ha terminado su enumeración, puede sugerirle que esto es precisamente lo que debe hacer cuando salga del despacho. Si está de acuerdo, es preciso invitarle a hacer planes sobre detalles específicos respecto a la forma en que ha de emprender estas tareas.

Haz preguntas como: «¿Cuánto tiempo va a pasar en el almacén? ¿Qué es lo que buscará? ¿Qué es lo que tiene interés en comprar? ¿Cuánto quiere gastar? ¿Qué es lo primero que va a hacer cuando llegue a casa? ¿Cómo lavará los platos? ¿Qué es lo que lavará primero?» Esto puede parecerle una tontería y demasiado minucioso y sin importancia, pero es necesario para llegar a formar un plan detallado de modo que la persona consiga llevar a cabo una pauta de comportamiento nueva y más efectiva.

El aconsejar a una persona deprimida puede requerir dar consejo y usar persuasión. El tacto y el acierto en el momento

136

en que se hacen las sugerencias pueden evitar que la persona tome decisiones precipitadas y pueda romper la apatía.

Di: «Permítame sugerirle algo, para poder ver qué es lo que Vd. piensa sobre ello», y entonces puedes hacer la sugerencia. Una vez la persona ha contestado –no importa lo que diga– puedes responder: «¿Por qué no lo probamos esta semana? En realidad no podemos perder nada si lo hacemos, ¿no? ¿Qué día vamos a empezar? ¿En qué momento?», y así sucesivamente.

REVELACIÓN

El descubrimiento de uno mismo o la revelación personal es parte del proceso del aconsejar. Con frecuencia la persona a la que estás aconsejando está aprendiendo sobre sí misma más de lo que tú te das cuenta. Estas revelaciones pueden ser positivas o negativas. Uno debe darse cuenta de que pueden ocurrir las dos cosas. Es importante ayudar al deprimido a que investigue todos los lados de estas revelaciones, porque es posible que tenga la tendencia a ponerlas siempre en el estado negativo debido a su condición deprimida. Incorpora todas estas revelaciones en tu estrategia de conjunto para contribuir a la recuperación del individuo (6).

REORGANIZACIÓN

Una persona deprimida va a reorganizar su estilo de vida y, en cierto sentido, su personalidad. A medida que se levanta su ánimo, dedica tiempo a repasar lo que le ha sucedido: las causas de su depresión, así como lo que puede hacer en el caso de que ocurriera de nuevo una situación similar. En realidad, los aspectos más importantes que se pueden cubrir en estos momentos son una comprensión a fondo de lo que ha causado la depresión, y la construcción o edificación de un concepto propio, o de uno mismo, más fuerte que el que el individuo tenía antes de la depresión.

Aquí hay algunas sugerencias específicas que puedes llevar a cabo para ayudar a la persona a reorganizar su vida:

1. Procure mantener la rutina diaria. Si trabaja fuera de la casa, vaya a trabajar cada día. Le es mucho más provechoso el levantarse por la mañana, vestirse, desayunar e ir al lugar en que trabaja y hacer todo lo posible para hacer el trabajo, que el quedarse en la cama dando vueltas a los pensamientos desagradables.

2. Si trabaja en la casa, hay que seguir el mismo procedimiento. Considere que sus tareas cotidianas son importantes. Es posible que piense que «no importa lo que haga». Pero no es cierto: «es importante».

3. Procure salir de la casa aunque sea durante ratos cortos. Puede salir a comprar el periódico por la mañana, después del desayuno, ir a una tienda o dar una vuelta por la manzana. Procure ir a una tienda o lugar favorito.

4. Hágase fuerza, si es necesario, para llevar a cabo lo que hace; procure ir a ver a miembros de su familia o a amigos siempre que sea posible, pero sólo durante ratos más bien cortos. No intente recibir de modo formal visitas en su casa, pero visite a otros de modo breve y no formal. Procure hacer las cosas de forma espontánea.

5. La actividad física hecha a propósito es importante para llegar a vencer la depresión. El dedicarse a alguna actividad física suele ser beneficioso. Es difícil permanecer deprimido cuando se está cantando, nadando, montando en bicicleta, haciendo marcha atlética, jugando al tenis y cosas por el estilo.

6. Si le es difícil hablar con las personas con quienes vive, escriba una nota. Explique brevemente, por ejemplo, que no va a servir de nada que intenten levantar su estado de ánimo haciendo bromas o cosas por el estilo, por más que sean bienintencionadas.

7. Si los que le rodean, familia o amigos, son del tipo de personas que creen que van a sacar al deprimido de su

138

depresión mediante regañinas o críticas, dígales que su consejero opina que están equivocadas. Lo que necesita es estímulo, ánimo y confirmación.

8. Diga francamente a su socio o colaborador que su rendimiento, de momento, no está a la altura de lo acostumbrado.

9. Recuerde que las depresiones, por severas que sean, llegan a su término. Acepte este hecho tanto si lo acepta por dentro como cierto o no. Cada día será más fácil de pasar.

10. En todas las depresiones es conveniente que tenga a su lado una persona de confianza (un miembro de la familia o un amigo) a quien pueda quejarse y expresar sus sentimientos de ira. Halle una y deje libre expresión a lo que piensa.

11. Si su apetito es pobre y pierde peso, procure comer pequeñas cantidades de alimento con frecuencia (7).

Las siguientes sugerencias no son todo lo que se puede decir, pero quedan incluidas para darte una idea de los varios tipos de enfoque que puedes usar. El primero es un enfoque del comportamiento a seguir para activar a la persona al comienzo del día. Como las personas que sufren de depresión tienen dificultad para recordar lo que se les ha sugerido y a lo que ellos han dado su aprobación, reprodúcelo por escrito y procura que lo tenga a mano para consultarlo. Pero asegúrate de que lee todas las instrucciones mientras se encuentra en tu despacho.

El peor momento del día para los deprimidos es la mañana. Se despiertan con un sentimiento espantoso, después de haber dormido de modo espasmódico; la cabeza o el corazón son como de plomo; se sienten ansiosos y temen hacer frente al día. A pesar del horario de la lista de actividades de la noche anterior, a causa del sueño deficiente y de que sus sentidos están algo ofuscados por la depresión, enturbiando su claridad mental, el nuevo día les produce una impresión horrible. Hay que esperar un despertar terrible, pero esto no tiene que ser la pauta del día. Dales un trabajo específico en casa, por la mañana, de un tipo como éste:

Asignaciones caseras nº 76: Levántese inmediatamente. Despierte su cuerpo, emprenda tareas activas.

Al despertarse no se quede en la cama; lo que haría, sería ir dando vueltas a sus pensamientos y sentirse más deprimido. Levántese inmediatamente, no importa lo difícil que le parezca. Tenga la radio o una cassette a mano para escucharla; póngala en marcha y diríjase al baño. Ajuste la ducha, que no sea demasiado caliente ni fría, y póngase debajo. Frótese con vigor y sienta el agradable estímulo. Deje que el agua se ponga más fría y siga frotando y dándose golpecitos cada vez más rápido. Enfríe el agua tanto como pueda y, finalmente, salga de la ducha. Frótese vigorosamente con una toalla y escuche la música de la radio o la conversación. Cuando se vaya a su cuarto para vestirse, empiece a pensar en las actividades agradables a realizar durante el día. Consulte la lista de actividades que debe hallarse en su dormitorio o vestuario, y realice un cambio rápido a la primera actividad del día, una vez se haya vestido. Si vive con otra persona o personas, hable con ellas, empiece una conversación. La peor parte del día ya está vencida; felicítese por ello y mantenga el impulso que ha conseguido. Ahora es una buena idea ir a dar un paseo o hacer algún ejercicio físico de otra clase (8).

Como se ha indicado anteriormente, el modo de pensar de una persona deprimida es básicamente negativo, no ve esperanza ninguna en perspectiva. Es importante ayudar al paciente a cambiar tanto su comportamiento como su modo de pensar. Con frecuencia el cambio de comportamiento realizado primero da a la persona el ánimo que necesita para alterar sus pautas de pensar negativas. Aquí hay tres sugerencias del Dr. Archibald Hart que son muy útiles para los aconsejados deprimidos. Una vez más, después de discutirlas con la persona, es necesario que se las lleve por escrito en forma de instrucciones impresas.

140

I. MODO DE PENSAR POSITIVO
   A. Tome una tarjeta y escriba cinco o seis sucesos que sabe le van a producir placer.
   B. Después de cada suceso agradable, escriba dos o tres ideas o aspectos específicos del suceso que le interesen o que le cautiven.
   C. Tenga siempre esta tarjeta a mano. Cada hora, o cada dos horas, saque la tarjeta, seleccione un suceso agradable y empiece a pensar de modo específico sobre una de las ideas que ha consignado en la tarjeta.

II. CAMBIO DEL MODO DE PENSAR
   A. Ponga aparte veinte minutos para la contemplación al principio y final de cada día. Tenga a mano un cuaderno dedicado para este ejercicio, y durante estos períodos de contemplación escriba toda su preocupación, ansiedad o pensamiento molesto, o suceso, o nombre de la persona que pase por su mente.
   B. Repase la lista de ideas desagradables. Pregúntese: «¿A cuáles de ellas puedo enfrentarme ahora? ¿Hay algo que pueda cambiar?» Luego emprenda esta acción inmediatamente y borre esta preocupación de su lista.
   C. Dedique un momento a orar sobre el resto de la lista, las preocupaciones que no puede atacar ahora mismo. Encomiende a Dios toda preocupación que no puede cambiar. Luego cierre el cuaderno y dedíquese a sus actividades, confiando que Dios tiene control de las cosas de las que Vd. no tiene.
   D. Si hay alguna preocupación que sigue molestándole, tome nota de ella de nuevo en su cuaderno.
   E. Anote los pensamientos e ideas que le ayuden a eliminarlas de la memoria, donde serían conservadas vivas por los mecanismos recordatorios de su cerebro. El cuaderno, pues, le sirve como una memoria externa. Puede llevarlo consigo por todas partes.

III. CAMBIO EN LAS PAUTAS DE HABLAR CON UNO MISMO
   Propósito: Esto sirve para hacerle presente las conversaciones que tiene consigo mismo, especialmente las de carácter ilógico e irracional.

141

A. Ponga un reloj despertador para que suene por lo menos cada hora. Esto será la señal para Vd. de esta clase de ejercicio.
B. En el momento indicado, ponga fin a lo que esté haciendo y repase cuidadosamente el tipo de conversación que había venido sosteniendo consigo mismo durante los cinco minutos previos. Escríbalo en forma de frases. Procure recordar tantas ideas, afirmaciones o frases como pueda.
C. Tome la lista de frases de la autoconversación, repáselas una por una y hágase las siguientes preguntas sobre ellas:

   a. ¿Es verdadero?
   b. ¿Cómo sé que es verdadero?
   c. ¿Es real?
   d. ¿No estoy reaccionando con exceso?
   e. ¿Habrá alguna diferencia mañana?
   f. ¿Soy sensato y realista?
   g. ¿Qué es la cosa real? ¿Qué hay de verdad en esto?
   h. ¿Adónde me llevará esta idea?

D. De modo intencionado contrarreste este tipo de autoconversación con frases positivas, realistas, tranquilizadoras.
E. Busque a un amigo o cónyuge para discutir estos pensamientos. La conversación irracional con uno mismo se puede cambiar con mayor facilidad en una conversación abierta y franca con otra persona (9).

Otro modo de cambiar los pensamientos negativos es emplear algún tipo de enfoque de acción. Seguidamente hay un ejercicio escrito que describe el proceso. Pida al aconsejado que lleve notas en un cuaderno. En el lado izquierdo de la página, que haga una lista de los pensamientos negativos; en la lista de en medio, que ponga la respuesta, y en la lista de la derecha, el tipo de acción que va a contrarrestar el pensamiento negativo.

Papel de la acción en el cambio de las opiniones

PENSAMIENTOS NEGATIVOS	RESPUESTAS	ACCIÓN
No puedo hacer nada sobre mi depresión.	Si lo intento, puedo dominarla.	Escriba las respuestas a los pensamientos negativos. (Refuerza la convicción de que puede controlar todas sus emociones.)
No disfruto haciendo nada.	Puede que si hago algo que tenía la costumbre de hacer, me guste.	Vaya al cine, etc. (Refuerza la convicción de que los pensamientos no son hechos.)
Me es demasiado difícil terminar el artículo que debía escribir.	Lo intentaré como un experimento y trabajaré en el papel o artículo durante diez minutos.	Trabaje en el papel durante diez minutos. (Refuerza la convicción de que es mejor poner a prueba las predicciones negativas.)
Estoy convencido de que este bultito es un cáncer.	Lo mejor que puedo hacer es ir a ver a un médico para que me dé su opinión.	Vaya a ver al médico. (Refuerza la convicción de que lo mejor es tener buena información.)
No me viene ninguna idea para responder a este examen. Voy a suspenderlo.	Deja de pensar en el fracaso. Piensa en las preguntas.	Centre sus pensamientos en las preguntas del examen. (Refuerza la convicción de que puedes controlar el pensamiento.)
Estoy avergonzado de lo que digo.	La «vergüenza la creo yo mismo». Si no me creo vergonzoso no tendré este sentimiento.	Hable públicamente. (Refuerza la convicción de que puedes controlar los sentimientos.)
Si no estoy de acuerdo, ella pensará mal de mí.	No es la primera vez que he decepcionado a otros antes.	Exprese su desacuerdo. (Refuerza la convicción de que eres una persona adecuada.)
He cometido una terrible equivocación. ¿Qué pasará si los demás lo descubren?	Es un error pensar que no puedo equivocarme nunca. ¿Qué pasa si lo descubren? No será el fin del mundo.	Hable a alguien sobre la equivocación. (Refuerza la convicción de que nadie puede ser perfecto.)

La depresión será una de las dolencias más comunes que vas a encontrar. Prepárate bien, por medio de estudio y lecturas adicionales, para que seas capaz de reconocer la depresión y ayudar según sea el nivel de tu capacidad; de este modo sabrás en qué forma y a quién puedes referir a la persona en caso necesario.

PORQUE DIOS ME AMA
1 Corintios 13:4-8

Porque Dios me ama es lento en perder la paciencia conmigo.

Porque Dios me ama tiene en cuenta las circunstancias de mi vida y las usa en forma constructiva para mi crecimiento.

Porque Dios me ama no me trata como un objeto para ser poseído y manipulado.

Porque Dios me ama no necesita producir en mí la impresión de que es grande y poderoso, porque *Él es Dios*, ni me da poca importancia como hijo suyo a fin de mostrarme lo importante que Él es.

Porque Dios me ama está a favor mío. Quiere verme madurar y desarrollado en su amor.

Porque Dios me ama no me hace sentir su ira a cada pequeña equivocación que hago, y hago muchas en realidad.

Porque Dios me ama no lleva la cuenta de todos mis pecados y luego me machaca con ellos siempre que tiene oportunidad de hacerlo.

Porque Dios me ama está profundamente apenado cuando yo no ando por los caminos que a Él le agradan, porque ve esto como evidencia de que no confío en Él ni le amo como debiera.

Porque Dios me ama se regocija cuando experimento su poder y fuerza y resisto las presiones en la vida por amor a su nombre.

Porque Dios me ama sigue trabajando conmigo pacientemente, incluso cuando yo estoy a punto de renunciar a seguir adelante y no me hago cargo de que Él está dispuesto a seguir adelante conmigo.

Porque Dios me ama sigue confianzo en mí, cuando a veces ni siquiera yo confío en mí mismo.

Porque Dios me ama nunca dice que no hay esperanza para mí; al contrario, sigue trabajando pacientemente conmigo, me ama y me disciplina de tal forma que me es difícil comprender la profundidad de su interés en mí.

Porque Dios me ama nunca me abandona, aun cuando muchos de mis amigos pueden hacerlo.

Porque Dios me ama permanece conmigo cuando me he hundido en el cieno de la desesperación, cuando veo mi realidad y la comparo con su justicia, santidad, hermosura y amor. Es en un momento como éste que puedo realmente creer que Dios me ama.

¡Sí, el mayor de todos los dones es el amor perfecto de Dios!

(Dick Dickinson, Inter Community Counseling Center, Long Beach, California.)

NOTAS

1. Frederic F. Flach, *The secret strength of depression* (New York: Lippincott, 1974), p. 15.
2. Gerald L. Klerman, Myrna M. Weissman, Bruce J. Rounsaville, Eve S. Chevron, *Conducting interpersonal therapy of depression* (New York: Basic Books, Inc., 1984), pp. 120-24, adaptado.
3. T.H. Holmes and R.H. Rahe, «The Social Adjustment Rating Scales», *Journal of psychosomatic research*, 11 (1976), pp. 213-18.
4. Richard F. Berg and Cristine McCartney, *Depression and the integrated life* (New York: Alba House, 1981), p. 117, adaptado.
5. John H. Geist, Margorie H. Klien, Roger R. Eishens, John Faris, Alan S. Gurman, William P. Morgan, «Running as Treatment for Depression», *Comprehensive Psychiatri*, 20 (1979), pp. 44-54, adaptado.
6. Material, en esta sección, adaptado de Frederich F. Flach y Suzanne C. Draghi, eds., *The nature and treatment of depression* (New York: Wiley, 1975), pp. 47-50, 170-73.
7. Helen D. Rosis and Victoria Pellegrima, *The book of hope: How women can overcome depression* (New York: Macmillan, 1976), pp. 17-18, adaptado.
8. John L. Shelton and J. Mark Ackerman, *Homework in counseling and psychotherapy* (Springfield, III: Charles C. Thomas, 1974), p. 96.
9. Archibald D. Hart, *The success factor* (Old Tappan, N.J.: Revell, 1984), pp. 146-50, adaptado.

7

La crisis del suicidio

Llegué a casa más tarde que de costumbre, un lunes por la tarde, después de pasar el día en el lago con mi hija y mi sobrina. Todo parecía estar bien en casa, y saboreamos la comida. Cuando concluimos, mi esposa, Joyce, me dijo: «Vayamos a la otra habitación. Hay algo que quiero discutir contigo.» Nos fuimos a la sala y nos sentamos. Joyce me miró y dijo: «Norm, ha ocurrido una tragedia a un matrimonio de la iglesia ayer mismo, y tú no podrías haber hecho nada en este caso.» Siguió diciéndome que un marido desesperado, que estaba separado de su esposa y sus dos hijos, fue a verla el domingo por la mañana, exigiéndole que le diera la custodia de los dos niños. Cuando ella se negó, él sacó un revólver, la mató y luego, apuntándose él mismo con el revólver, se suicidó.

Yo había visto a este hombre tres días antes para una primera sesión de aconsejar. Había hablado con nuestro pastor en dos ocasiones. El día anterior a la tragedia me había llamado y había hablado conmigo por teléfono.

Siempre nos quedamos anonadados cuando alguien que conocemos o con quien hemos hablado se mata o mata a otro. Agradecí a Joyce la forma en que me lo dijo, porque ella

147

previó mi reacción. Me preguntó: «¿Cómo responderías en una situación semejante?»

Ésta no fue una experiencia aislada, aunque desearía que lo hubiera sido. La mayoría de nosotros esperamos no tener que enfrentarnos a situaciones del carácter del suicidio. Pero no podremos evitar tener que hacerlo. Y los que están en el ministerio ven a cierto número de personas que piensan en el suicidio o que han hecho ya planes para quitarse la vida. Algunos no dan aviso alguno, en tanto que otros dan señal de ello mediante un grito de auxilio.

Antes de ser nombrado ministro de educación y juventud en la iglesia en que acostumbro a ministrar, un joven de la iglesia se hallaba en el internado, lejos de su hogar. Durante su último año de colegio dejó de recibir una A (o sea, un sobresaliente) en uno de los cursos, por primera vez en el transcurso de nueve años. Por alguna razón que él mismo no pudo alterar, se lanzó desde una torre de más de cincuenta metros al suelo y murió. Cinco años más tarde, el padre del muchacho se disparó un tiro en la cabeza, poniendo fin a su vida. Había otros dos hijos que formaban parte de nuestro grupo de juventud. Siempre me he preguntado lo que pasaría por su mente al pensar en los dos miembros amados de su familia que ya no estaban con ellos. Por fortuna, ellos parecían estables mentalmente, y no hubo más tragedias en la familia.

En cierta ocasión, hace unos años, me pidieron que viera a la novia de un joven que se había suicidado. Se había lanzado desde el puente más alto de Long Beach, y su cuerpo fue descubierto después de haber estado en el agua durante dos semanas. Al hablar con su novia, pronto descubrí un alto nivel de inseguridad y un bajo nivel de estimación personal en ella. Hasta entonces había dependido en alto grado de aquel joven y ahora su mundo había quedado hecho trizas. Ella misma presentaba un alto riesgo de suicidio, hasta tal punto que durante el período en que le aconsejé, yo nunca estuve seguro de volverla a ver en una próxima sesión.

Cuando vino para la segunda sesión de aconsejar, noté

que llevaba la mano vendada. Le pregunté qué había sucedido y me explicó que había entrado en su apartamento un hombre y había intentado matarla. Ella forcejeó con él y el resultado fue un corte en la mano. El individuo la violó y luego huyó. Mientras me relataba el hecho me sorprendió el tono de su voz, dominado por una rabia quieta, controlada, tensa, y finalment me dijo: «Espero que la policía no lo encuentre. Yo soy la que quiero encontrarle, y sé lo que le haré.»

Seguí trabajando con ella durante unas semanas, pero a causa del riesgo de suicidio, que en este caso era muy alto, acabé recomendándola a un psiquiatra.

Como ministro, al aconsejar en estas crisis suicidas, es necesario que te des cuenta de que la crisis no sólo implica a la persona que intenta suicidarse, sino también a los demás miembros de la familia o a otros seres queridos.

Hace años estaba dirigiendo un curso de entrenamiento de maestros en una iglesia y noté a un individuo que estaba allí para una sesión que duró un día, pero no daba la impresión de participar mucho en lo que se hacía. Por la tarde vino para explicarme por qué estaba allí. Me dijo que hacía un mes que su hijo de veinte años, que estaba en una universidad del Estado, se había quitado la vida. Su hijo era el muchacho más inteligente que había pasado por las escuelas de la ciudad, y, pese a ello, había decidido que no valía la pena vivir. Había planeado muy cuidadosamente su muerte. Fue a la playa cercana a la universidad y bebió cierta cantidad de cianuro. En su nota de suicidio, de veinte páginas, que me dejó leer, decía que se había asegurado de beber la suficiente cantidad para poder morir, pero no una cantidad excesiva que no le permitiera pasar por la experiencia de la muerte. ¿Qué podía decírsele a este padre? Es de esto que trata este ministerio nuestro: establecer contacto con los que están condolidos y sufren, para ayudarles.

Te ruego que procures que cada una de las personas de tu iglesia que tenga alguna responsabilidad relacionada con el aconsejar lea este capítulo. Que las secretarias de la iglesia y tu cónyuge lean también este capítulo. Es posible que sean ellas las que tengan que responder a la llamada de una persona amenazada por el suicidio, cuando tú no estés presente. No pueden decirle al afectado que espere hasta que tú vuelvas.

Hace ya mucho tiempo me di cuenta de la importancia de que todo el personal que trabaja en la iglesia esté preparado para una situación así. Yo había venido aconsejando a varias personas que presentaban tendencias suicidas, y una noche, al principio del servicio, me llamaron por teléfono. Uno de mis aconsejados se había hecho cortes en las muñecas y había abierto la espita del gas en su casa. Tras las primeras palabras, le hice cerrar la espita del gas y pude determinar que los cortes eran superficiales. Pero tenía que ir a ayudarle. Pedí a alguien de la sala que llamara a mi esposa, y cuando Joyce llegó le referí lo que había sucedido, le pasé el teléfono y le dije: «Tardaré veinte minutos en llegar allí. Sigue hablando con ella sobre cualquier cosa, pero mantenla al otro lado de la línea. Hasta luego.» Y apresuradamente me dirigí hacia la puerta. Permanecí en aquella casa durante dos horas, hasta que llegó su marido. A pesar de las protestas de la mujer, era necesario que él lo supiera y de este modo pasara a formar parte del equipo de apoyo.

Más tarde, cuando llegué a casa, Joyce me dijo: «Norm, tú enseñas a los estudiantes del seminario la forma de aconsejar al suicida. Me gustaría mucho aprender algo sobre el tema yo misma.» Comprendí entonces su necesidad y le dediqué el tiempo necesario para mostrarle la forma de hacerlo. Hay ocasiones en que ella ha sido la persona que ha contestado a una llamada, tanto si le ha gustado como si no. Y esto va a ocurrir al personal de tu iglesia, e incluso a tu esposa. Ayudémosles a que estén capacitados y se sientan cómodos respecto a la forma en que han de ministrar a otros.

El suicidio es un acto de autodestrucción deliberado en el cual la probabilidad de sobrevivir es incierta. Hay más de

150

34.000 personas que se suicidan cada año en los Estados Unidos. En este número están incluidos los casos que se conocen, puesto que hay muchos suicidios que no son denunciados y pasan inadvertidos. La evaluación más probable es que el suicidio es la causa número diez en el orden de causas de muerte en los EE.UU. El número de suicidios podría llegar muy bien a los 100.000 anuales. Y hay más de cinco millones de intentos de suicidio cada año. Yo creo que entre el 10 y el 20 % de los que intentan suicidarse, acabarán matándose ellos mismos (1). Sobre medio millón de personas son las que se suicidan cada año en todo el mundo (2). En el grupo que comprende los jóvenes de quince a diecinueve años de edad, el suicidio sobrepasa como causa de muerte a todas las otras, con la excepción de los accidentes de tráfico y el cáncer. Y en algunos colegios y universidades el suicidio es la principal causa de defunción entre el cuerpo estudiantil (3).

En las Escrituras no hallamos juicio sobre el suicidio, pero hallamos varios casos de suicidio registrados como hechos históricos. En el Antiguo Testamento se mencionan los siguientes: Abimelec (Jueces 9:54), Sansón (Jueces 16:28-31), Saúl (1 Samuel 31:1-6), el escudero de Saúl (1 Crónicas 10:5), Ahitófel (2 Samuel 17:23) y Zimrí (1 Reyes 16:18). En el Nuevo Testamento tenemos el relato de Judas Iscariote (Mateo 27:3-5). Hay muchos relatos extrabíblicos de suicidio. Quizá el relato más familiar es el suicidio en masa de los defensores de Masada, después de haber resistido varios años los ataques de los romanos.

La actitud de la Iglesia respecto al suicidio

Durante varios siglos la Iglesia no dijo mucho sobre el suicidio. Agustín fue el primero en hablar del mismo. Consideró que el suicidio era, en general, ilegítimo e indicaba una mente débil. Tomás de Aquino, en el siglo trece, indicó acerca del mandamiento «No matarás» que se refiere tanto al hecho de matarse uno mismo como matar a otros.

En el año 452, el Concilio de Arlés fue el primer cónclave de la iglesia que condenó el suicidio. El segundo Concilio de Orleáns, en el año 533, ordenó que se rehusaran las ofrendas u oblaciones para los suicidas. El Concilio de Brage, en 563, negó los ritos religiosos en el entierro de los muertos por suicidio. El Concilio de Toledo, el año 693, castigó, a los que intentaban el suicidio, con la exclusión de la comunión de la iglesia durante dos meses.

Durante la Edad Media, la ley civil empezó a seguir las enseñanzas de la Iglesia y a prohibir el suicidio. Empezó a hacerse una práctica corriente y regular la profanación del cadáver del suicida. El cuerpo de los suicidas era arrastrado por las calles. Se clavaban astillas a través del corazón de la víctima, y a veces los dejaban sin sepultar, en las encrucijadas, para que se los comieran los animales y las aves de presa. O bien se les colgaba de una horca y se les dejaba allí hasta que se descomponían. La superstición y el temor se ponían grandemente en evidencia. Si la muerte había ocurrido en una casa, el cuerpo no era sacado por la puerta, sino por una ventana, o bien se abría un boquete en la pared. En Escocia se creía que si el cuerpo de una persona así era enterrado a la vista del mar o de tierra cultivada, daría resultados desastrosos para la pesca o la agricultura. En Inglaterra, el último cadáver arrastrado por las calles y enterrado en una encrucijada fue en 1823. El año 1882, en Inglaterra se ordenó que los suicidas podían tener entierros normales. Pero los fuertes sentimientos y viva reacción contra esta clase de muerte han permanecido activos durante siglos.

¿Por qué cometen suicidio las personas?

El diez por ciento de las personas que cometen suicidio lo hacen sin que haya razón aparente para ello.

El veinticinco por ciento son clasificados como inestables mentalmente. Tienen varias motivaciones, justificaciones y razones para reaccionar así. Si una persona afirma que ha

152

estado bajo cuidado psiquiátrico o confinado en un hospital mental, es lógico preguntar si el médico le recetó medicación. No es extraño que la persona, una vez fuera del cuidado de su psiquiatra, olvide tomar la medicación prescrita, y esto puede contribuir a su estado de confusión.

El cuarenta por ciento de los que cometen suicidio lo hacen bajo un impulso durante un período de trastorno emocional. Están experimentando alguna clase de tensión, dolor, emoción o derrota. En un momento en que la tensión es abrumadora, deciden suicidarse. Esta clase de individuos es la que más probablemente piden auxilio y, por consiguiente, son más fáciles de ayudar. Van a necesitar ser apoyados, entendidos y que se les ayude de alguna forma a que sean conscientes de sus problemas, de forma que no vuelvan a considerar de nuevo el suicidio como una opción.

Hay un tipo que se llama «Suicida Depresivo». La persona se halla en un estado permanente de furor inaceptable, que se ha ido desarrollando debido a una serie de sucesos en su vida sobre los cuales él no tiene control alguno. Dentro de nuestras iglesias tenemos a personas deprimidas que son verdaderos «suicidas esperando turno». No se les reconoce porque reprimen sus síntomas depresivos tan bien como su ira, y cuando mueren todo el mundo se queda sumamente sorprendido (4).

Hay muchos que se suicidan para aliviar el dolor. Las personas que tienen poca resistencia para el dolor y lo experimentan fácilmente, con tendencia al dolor crónico, son candidatas al suicidio. Las que tienen un alto nivel de dolor, por regla general tienen tres posibilidades: una deformación psicopática que reduce el dolor; drogas o alcohol, o finalmente el suicidio. Con frecuencia dicen: «No quiero morir, pero no encuentro otra salida; simplemente, no puedo resistirlo» (5).

Otros cometen suicidio para vengarse. Algunos adolescentes se sienten abrumados por el rechazo de otra persona. Desean herirle y este deseo es mayor que el de vivir. Para otros, la muerte de un ser querido, un miembro de la familia o un amigo, es algo superior a sus fuerzas. Muchos enfermos o ancianos indican en sus notas de suicidio que no pudieron soportar la idea de ser una carga para los demás.

El veinticinco por ciento de los que se suicidan lo hacen después de considerar la cuestión con calma y sopesar los pros y contras de vivir y morir. Deciden que la muerte es la mejor opción. Puede parecer extraño que haya personas que piensen tal cosa. Quizá este factor pueda motivarnos a nosotros, que conocemos las buenas noticias de la vida, a compartirlas con los que no tienen esperanza.

¿Hay alguna clase particular de personas que sean más propicias al suicidio? Doman Lum informa en su libro *Responding to Suicidal Crisis*:

> «Los que estudian el suicidio han caracterizado a la persona suicida como un individuo "insatisfecho-dependiente" que exige constantemente, se queja, insiste y controla; que es inflexible y carece de adaptabilidad; que consigue alienar a los demás con sus exigencias; que necesita confirmación de su valor personal con miras a mantener sus sentimientos de estima de sí mismo; que llega un día en que acaba siendo rechazado; y que es una personalidad infantil que espera que otros tomen decisiones y las lleven a cabo por él» (6).

¿Cuáles son los mitos comunes sobre el suicidio?

La comprensión de algunos de los mitos comunes va a ayudarnos a apreciar qué es y qué no es el suicidio.

MITO 1: *El suicidio y el intento de suicidio son la misma clase de comportamiento*. El suicidio lo comete, generalmente, una persona que quiere morir, en tanto que el intento de suicidio lo lleva a cabo, por regla general, uno que, hasta cierto punto, desea vivir. El intento de suicidio es llamado «un grito de ayuda». La persona que intenta suicidarse tiene intención de cambiar algo. La mayoría espera ser rescatada.

Hay una minoría de personas que no planean con cuidado sus intentos y mueren, aunque en realidad no lo desean. Una

154

esposa intentó suicidarse paulatinamente, cada seis meses, en un intento de controlar a su marido. Abría la espita del gas poco antes de que él llegara a casa, encontrándola él a punto de perder el conocimiento. Naturalmente, recibía mucha atención por parte de su marido después de esto; pero dicha atención se disipaba lentamente, hasta un nuevo intento de suicidio de ella. Una vez, no obstante, su marido tardó dos horas más en llegar a casa. Este error de cálculo le condujo a la muerte.

MITO 2: *El suicidio es un problema de cierta clase de personas.* El suicidio ni es una maldición de los ricos ni la enfermedad de los pobres. No respeta la clase socioeconómica, raza o edad de la persona. Los adolescentes que proceden de familias pobres que están moviéndose bajo presión se suicidan, pero esto es el resultado del aislamiento y no de la pobreza (7). Parece que hay un incremento en el porcentaje de los hombres de raza blanca, en comparación con los de raza negra. Los hombres superan a las mujeres en el porcentaje de suicidios, en tanto que las mujeres superan a los hombres en intentos de suicidio. A la edad de 15 años hay 64 intentos de suicidio por cada chica que en realidad se suicida. La mayoría de los intentos de suicidio que se producen en los adolescentes son para llamar la atención.

MITO 3: *Las personas que hablan de suicidio no suelen cometerlo.* Alrededor del 80 % de los que se han quitado la vida han comunicado su intención de hacerlo con anterioridad al acto. Toda amenaza o sugerencia de suicidio debe tomarse seriamente, puesto que la mayoría de los actos van precedidos por una advertencia. Por desgracia, muchos avisos son pasados por alto o no se les ha hecho el caso que requerían. Hay que tomarlo en serio, porque éste es el grito de ayuda de una persona desesperada. Se siente sin esperanza y está confiando en ti a través de su ruego.

MITO 4: *Una vez una persona ha estado en condiciones de suicidarse puede considerarse que será un riesgo de modo permanente.* Esto no es verdad. Muchos que han pensado suicidarse o han intentado hacerlo, han descubierto luego la respuesta a sus problemas y dejan de ser un riesgo.

MITO 5: *El suicidio se hereda o se da en familias.* Si otro miembro de la familia se ha suicidado, este hecho puede hacer que la persona tema su futuro comportamiento. Aunque la tendencia al suicidio no se hereda, el ambiente familiar y los ejemplos de otros pueden ser factores que influyen. Es un comportamiento aprendido.

MITO 6: *Si una persona es cristiana no va a suicidarse.* Esto, por desgracia, no es cierto. Algunos han dicho que si una persona comete suicidio no es en realidad una persona nacida de nuevo; un verdadero creyente no puede llegar nunca a ser tan desgraciado que pueda pensar en un acto como éste. Pero los cristianos, así como los no cristianos, experimentan toda clase de desórdenes físicos y emocionales. Debido a los muchos factores que pueden impulsar a una persona a considerar el suicidio, es necesario que recordemos que ninguno de nosotros está inmune.

MITO 7: *El suicidio y la depresión son sinónimos.* La mayoría de las personas que intentan suicidarse están experimentando tensión, e incluso otros experimentan tensión y no tienen pensamientos de suicidio. La afirmación «No puedo comprender por qué hizo esto; no parecía desgraciado o deprimido», indica la creencia de que el suicidio ocurre sólo cuando hay desgracia o depresión. La depresión no es un signo de pensamientos suicidas. Sin embargo, siempre que una persona está deprimida hemos de vigilar la posibilidad de pensamientos o posibilidades de suicidio.

MITO 8: *La mejoría después de una crisis suicida significa que el riesgo de suicidio ha terminado.* Los estudios realizados por el Centro de Prevención del Suicidio de Los Ángeles indican que casi la mitad de las personas que han pasado una crisis suicida y más tarde se han suicidado, lo han hecho dentro de los tres meses siguientes a su primera crisis. El período de tiempo que sigue inmediatamente a la crisis suicida es, al parecer, crítico. Si una persona afirma inmediatamente que sus problemas están resueltos y parece contento en exceso, debemos estar alerta y preocupados.

¿Quién es un riesgo serio de suicidio?

Como hemos indicado, a veces es difícil obtener estadísticas de confianza sobre porcentajes de suicidios. Es posible que los porcentajes reales sean dos veces superiores a los que conocemos. No obstante, hay algunas estadísticas que nos muestran quiénes son un riesgo elevado. El porcentaje de suicidios es mucho más elevado en los hombres que en las mujeres, para cualquier edad. Los hombres de más de 65 años forman el grupo de más alto riesgo de suicidio en América, o sea, el 38 por cien mil, un porcentaje que aumenta al avanzar la edad, para llegar al 50 por cien mil a la edad de 85 años. Esto contrasta con los 12 suicidios por cien mil para la población en general, según los datos del Centro Nacional para Estadísticas de Salud (8). El porcentaje es significativamente más alto para los divorciados. A la edad de 65 años casi el 75 % de los que se suicidan son divorciados. El porcentaje en los solteros, viudos o adultos es también bastante más elevado que en el grupo de casados.

Señales de intento de suicidio

Al trabajar con los aconsejados, o mediante el contacto con individuos en nuestra vida cotidiana, es importante tener en cuenta los indicios verbales y no verbales que dan las personas sobre sus intenciones de suicidio.

1. – *El intento de suicidio.* Éste es el grito más claro y dramático pidiendo ayuda. Uno que ha intentado suicidarse, necesita inmediatamente ayuda y soporte.

2. – *La amenaza de suicidio.* Toda clase de amenaza debe tomarse en serio. La mayoría de los que hablan sobre suicidio intentan ponerlo en práctica.

3. – *La indicación de suicidio.* Algunas personas que toman en consideración matarse no comunican de modo claro su intento. Lo hacen mediante afirmaciones como: «Estaríais mucho mejor si yo no estuviera», «La vida ha perdido todo significado para mí», o «Lo que pasa es que la vida me resulta más difícil cada día.» Algunos que expresan un interés más vivo de lo corriente en el suicidio, pueden estar indicando sus intentos de hacerlo. Un cristiano debe preguntarse: «¿Pierde su salvación una persona que se suicida?» o bien: «¿Qué piensa realmente Dios de una persona que se quita la vida?»

4. – *La actividad suicida.* Hay muchas clases de actividad suicida. El asegurarse que se han pagado todas las cuentas pendientes, el hacer un testamento, el hacer arreglos como si la persona pensara marcharse a un largo viaje, son indicios de que una persona está considerando el suicidio. Es importante, sin embargo, no estar analizando las actividades de cada persona ¡viendo en ellas intenciones de suicidio escondidas detrás de cada mata!

5. – *Síntomas suicidas.* Una seria y larga enfermedad puede llevar a una persona hasta la desesperación, especialmente si no hay solución inmediata o si la enfermedad es irreversible. Otros síntomas son los cambios súbitos en la personalidad, tales como pasar fácilmente de un estado de humor a otro, alteraciones bruscas, ansiedad, agitación. Recuerda, asimismo, que entre los alcohólicos hay una incidencia de suicidios muy elevada. La depresión agitada es uno de los signos más serios de que una persona puede atentar contra su vida. El depresivo que se aísla y retrae, se queda en casa durante largos períodos solo, negándose a establecer contacto con los demás, es también un riesgo definido. Una persona que piensa en el suicidio puede estar aquejada por síntomas físicos como la pérdida del apetito, del interés sexual, del peso u otros. Hay que vigilar los cambios súbitos e importantes de comportamiento.

6. – *Crisis recientes.* Muchos suicidios han tenido lugar como respuesta a una tensión específica e inmediata. Cada per-

sona evalúa la tensión o *stress* de forma diferente. Pueden dar lugar a una crisis la muerte de un ser amado, un fracaso en el trabajo o la escuela, problemas matrimoniales o problemas de la casa, la pérdida del empleo, un noviazgo deshecho, un revés financiero, un divorcio o separación, un rechazo o pérdida de alguna clase que afecta a personas a las que se quería. Todo esto puede hacer que la persona ponga en duda el valor de su vida.

Debido al gran interés que se observa en todo lo concerniente a la prevención del suicidio, se han desarrollado numerosas escalas de prevención del suicidio. El propósito de las mismas es ayudar al consejero o ministro a descubrir cuáles son los indicadores del suicidio que tienen más valor. Uno de los índices más útil es el de William Zung: «Índice del suicidio potencial» (IPS). Este cuestionario ha sido preparado para producir una evaluación numérica que permite, a la vez, una evaluación objetiva y subjetiva del riesgo suicida (9).

ÍNDICE DE POTENCIAL SUICIDA (IPS)

PUNTO	GUÍA EN EL INTERROGATORIO	SEVERIDAD DE LAS RESPUESTAS				
		NADA	MÍN.	SUAVE	MOD.	SEV.
1. Ánimo deprimido	¿Se ha sentido alguna vez triste o deprimido?	0	1	2	3	4
2. Variación diurna: peor por la mañana	¿Hay alguna parte del día en la que se siente peor? ¿Y mejor?	0	1	2	3	4
3. Episodios de llanto	¿Sufre a veces episodios de llanto o tiene ganas de llorar?	0	1	2	3	4
4. Perturbación sueño	¿Qué tal duerme?	0	1	2	3	4
5. Disminución apetito	¿Qué tal su apetito?	0	1	2	3	4
6. Disminución líbido	¿Cuál es su interés hacia el sexo opuesto?	0	1	2	3	4

PUNTO	GUÍA EN EL INTERROGATORIO	SEVERIDAD DE LAS RESPUESTAS				
		NADA	MÍN.	SUAVE	MOD.	SEV.
7. Pérdida de peso	¿Ha perdido peso recientemente?	0	1	2	3	4
8. Estreñimiento	¿Tiene problemas debido al estreñimiento?	0	1	2	3	4
9. Taquicardia	¿Le va el corazón más rápido de lo normal?	0	1	2	3	4
10. Fatiga	¿Se cansa fácilmente?	0	1	2	3	4
11. Confusión	¿Se siente confuso o le cuesta pensar?	0	1	2	3	4
12. Retardo psicomotor	¿Se nota frenado al hacer cosas no usuales?	0	1	2	3	4
13. Agit. psicomotora	¿Nota que no puede estar quieto?	0	1	2	3	4
14. Pérdida esperanza	¿Tiene esperanzas con respecto al futuro?	0	1	2	3	4
15. Irritabilidad	¿Se siente irritado con facilidad?	0	1	2	3	4
16. Indecisión	¿Tiene dificultad para tomar decisiones?	0	1	2	3	4
17. Disminución del valor personal	¿Se cree a veces un inútil y piensa que los demás no le quieren?	0	1	2	3	4
18. Sensación de vacío	¿Se siente vacío por dentro, como sin vida?	0	1	2	3	4
19. Cavilación suicida	¿Ha pensado en quitarse la vida alguna vez?	0	1	2	3	4
20. Insatisfacción	¿Disfruta haciendo las cosas que suele hacer?	0	1	2	3	4
21. Ansiedad	¿Se siente muchas veces ansioso?	0	1	2	3	4
22. Temor	¿Tiene miedo sin que haya razón para ello?	0	1	2	3	4
23. Pánico	¿Con qué facilidad se trastorna?	0	1	2	3	4
24. Desintegr. mental	¿Cree que pierde la cabeza?, ¿que todo cae?	0	1	2	3	4
25. Aprensión	¿Siente como si algo terrible fuera a suceder?	0	1	2	3	4
26. Pauta alcoholismo	¿Suele beber por la mañana?	0	1	2	3	4
27. Cantidad	¿Creen los demás que bebe Vd. demasiado?	0	1	2	3	4
28. Ayuda profesional (psicólogo, abogado, ministro, asist. social)	¿Ha habido alguien, en los últimos tres meses, que le atendiera en sus preocupaciones o falta de salud? ¿Quién?	0	1	2	3	4
29. Quejas somáticas	¿Sufre dolor que al parecer no tiene alivio?	0	1	2	3	4

PUNTO	GUÍA EN EL INTERROGATORIO	SEVERIDAD DE LAS RESPUESTAS				
		NADA	MÍN.	SUAVE	MOD.	SEV.
30. Salud física	¿Considera que está en buena condición física?	0	1	2	3	4
31. Abuso de drogas	¿Toma píldoras para dormir, por su cuenta?	0	1	2	3	4
32. Falta de apoyo	¿Siente que existe alguien que le atiende y entiende?	0	1	2	3	4
33. Falta de alternativa	¿Cree que hay solución a su actual situación?	0	1	2	3	4
34. Pérdida esperanza	¿Cree que más tarde las cosas cambiarán?	0	1	2	3	4
35. Autoacusación	¿Se culpa a Vd. mismo por lo que va mal?	0	1	2	3	4
36. Culpa	¿Se siente culpable de cosas pasadas?	0	1	2	3	4
37. Castigo	¿Ha considerado que merece ser castigado?	0	1	2	3	4
38. Sostén disponible	¿Cree que si las cosas se hacen insoportables tiene a quién recurrir?	0	1	2	3	4
39. Autocontrol: agresión	¿Tiene accesos de ira o pierde los estribos?	0	1	2	3	4
40. Agresión	¿Ha tomado parte en alguna pelea?	0	1	2	3	4
41. Autocontrol	¿Se arriesga cuando conduce el coche?	0	1	2	3	4
42. Apariencia personal	¿Le importa su aspecto cara al público?	0	1	2	3	4
43. Suicidio: proyección ideas	¿Con qué frecuencia cree que otras personas piensan en el suicidio?	0	1	2	3	4
44. Suicidio: proyección acción	¿Cuán a menudo piensa que los que consideran el suicido lo llevan a cabo?	0	1	2	3	4
45. Respons. personal	¿Hay alguien que dependa de Vd.?	0	1	2	3	4
46. Suicidio: ideas	¿Ha tenido hace poco ideas sobre la muerte?	0	1	2	3	4
47. Suicidio: método	¿Ha pensado en maneras de suicidarse?	0	1	2	3	4
48. Suicidio: amenaza previa	¿Ha dicho alguna vez a alguien que quería suicidarse?	0	1	2	3	4
49. Suicidio: intentos previos	¿Ha intentado quitarse la vida? ¿Cómo?	0	1	2	3	4
50. Suicidio: otras personas	¿Conoció a alguien que se suicidara? ¿Quién?	0	1	2	3	4

Zung halló en su investigación que las personas que no presentan tendencias suicidas producen un resultado medio de 43.2, en tanto que una puntuación de 72.8 se considera propia de los que intentan suicidarse.

Se sugieren las siguientes directrices para un uso efectivo del IPS de Zung:

A – Cada punto debe ser valorado independientemente, sin referencia a otros puntos.

B – Cada punto debe valorarse dentro del marco de las respuestas del aconsejado, no en el extremo.

C – Los puntos son valorados en términos de intensidad, duración y frecuencia, con una escala de cinco puntos:

0 = Nada, no está presente o es insignificante.
1 = Mínima intensidad o duración, presente sólo un poco en el tiempo o frecuencia.
2 = Intensidad o duración pequeña, presente sólo a veces.
3 = Intensidad o duración moderada, presente en buena parte del tiempo.
4 = Intensidad o duración severa, presente en la mayor parte del tiempo en cuanto a frecuencia.

La severidad de la condición puede ser establecida mejor haciendo las siguientes preguntas:

Intensidad: ¿Cuál era su intensidad?
Duración: ¿Cuánto tiempo duró?
Frecuencia: ¿Con qué frecuencia?, o ¿cuántas veces?

D – Hay que dar los valores positivos y presentes cuando:

1. La conducta es observada.
2. El aconsejado describe la conducta como habiendo ocurrido.
3. El aconsejado admite que el síntoma está todavía presente.

E – Hay que considerar los puntos como negativos y no presentes (cero) cuando:

1. El síntoma no ha ocurrido y no es un problema.
2. El aconsejado no da información de importancia sobre el punto.
3. La respuesta del aconsejado es ambigua incluso después de clarificar las preguntas que se le han hecho.

Los consejeros harán bien en usar el IPS u otro medio a fin de tener ayuda para predecir los suicidios con mayor precisión.

Como cada vez hay más suicidios de adolescentes, y teniendo en cuenta que la adolescencia es un período de gran tensión, es importante considerar algunas observaciones específicas de cambios de comportamiento que pueden ser una señal de aviso. Aquí hay algunos de los cambios de comportamiento sobre los que hay que estar alerta:

1. Un cambio dramático en la calidad de los resultados y rendimiento en la escuela.
2. Cambios en el comportamiento social.
3. Un uso excesivo de drogas o alchohol.
4. Cambios en el comportamiento diario y formas de vida.
5. Fatiga extrema.
6. Aburrimiento.
7. Disminución del apetito.
8. Preocupación o incapacidad para concentrarse.
9. Signos claros de enfermedad mental, tales como alucinaciones, ideas delirantes o hablar consigo mismo.
10. Dar a otros sus posesiones queridas.
11. Faltar a la escuela.
12. Falta de comunicación con los miembros de la familia o el personal de la escuela. Los adolescentes que llegan a un estado de desesperación lo suficientemente serio como para escoger el suicidio, con frecuencia deciden hablar con alguien de su edad u otra persona intere-

sada, fuera de su familia o entidades asociadas con la escuela.

13. Aislamiento y carácter moroso.
14. Insomnio.
15. Falta de suficiente relación con el padre. Esto puede haber ocurrido debido a la ausencia del padre como resultado de muerte o divorcio, o porque el padre está tan absorbido por su carrera que no tiene tiempo de desarrollar una relación con su hijo.
16. Una relación madre-hija difícil, especialmente en ausencia de una figura paternal fuerte y segura.
17. Embarazo.
18. Exceso en el fumar, que indica tensión.
19. Una historia de maltratos en la infancia. Experiencias del tipo de golpes cuando se es niño, pueden llevar a la violencia posteriormente en la adolescencia; dicha violencia va dirigida, por regla general, hacia uno mismo, dando como resultado el suicidio.
20. Un envenenamiento «accidental», especialmente si se repite este rasgo de conducta (10).

Cualquiera de éstos, o una combinación de ellos, podría estar presente en la vida de un adolescente normal que no está pensando en suicidarse. Pero no se está seguro, a menos que se verifique. Si te has puesto en contacto con la persona, podrías exponerle el comportamiento que estás observando y preguntarle si realmente ocurre algo. Tu intención es darle la oportunidad de ser franco y que te confiese lo que le perturba. Los mismos hechos que hemos discutido sobre el suicidio en general corresponden también a este grupo.

El otro grupo que se puede considerar, con referencia a la edad, es el de los ancianos, ya que éstos constituyen el grupo más vulnerable de toda la gama. ¿Recuerdas lo que dijimos antes acerca del promedio de suicidios en los hombres de 65 años? Se suicidan cinco veces con más frecuencia que el resto de la población y doce veces más que las mujeres ancianas. Hay razones que lo explican.

Las personas ancianas están a menudo tristes, cansadas, solas y enfermas. Los hombres, en especial, han perdido gran parte del sentido de la vida porque ya no poseen sus ocupaciones o empleos. Uno de los problemas de nuestra sociedad es que la gente ponga tanto énfasis en su trabajo. Para ellos es la fuente de su identidad y autoestimación. Y, sin otros pilares que les den sentido, se retiran; esto es como dejar salir el aire en un globo. No queda nada, y este hecho se refleja en su depresión y en el incremento del promedio de suicidios.

¿Cómo es posible ayudar a las personas de edad? Evalúa al individuo cuidadosamente. ¿Está enfermo? ¿Deprimido? ¿Mentalmente estable? ¿Posee suficientes recursos financieros o carece de algunas de las cosas necesarias en la vida? ¿Se ha visto forzado a renunciar a su independencia al vivir en un lugar en que se le cuida, o con algún pariente? ¿Cómo soporta su frustración? ¿Habla sobre su futuro, o vive para los recuerdos del pasado?

Los ancianos nos dan señales de sus intenciones como hacen otros. Si empiezan a limpiarlo todo y disponer de sus propiedades, incluso de los recuerdos atesorados, hay que estar alerta. Si alguno ha estado deprimido durante un largo período de tiempo y ahora, de repente, está alegre y jovial, puede tratarse de un riesgo elevado.

La persona de edad necesita un examen físico. Esto le ayuda a sentirse útil, le anima y complementa. Necesita escuchar que alguien se da cuenta de su situación. Ayuda a los miembros de la familia a incluirla entre sus actividades. Forma un equipo de sostén de la iglesia sobre una base continua, a fin de mantenerse en contacto con los demás. Una de mis preocupaciones sobre los recluidos en centros y hogares es la negativa a que los jubilados tengan sus animales consigo. Un gato o un perro afectuoso es apreciado por la persona de edad y puede contribuir a que algunos sigan viviendo. Hagas lo que hagas, esfuérzate por aliviar la soledad (11).

Tu tarea es conseguir que la persona diga de nuevo sí a la vida. Ayúdale a enfocar sus actividades, indicándole lo que puede hacer, en vez de hacer lo que no puede o no tiene que hacer.

Cómo ministrar a la persona con tendencias suicidas

Cuando te pones en contacto con una persona que presenta un riesgo de suicidio, es necesaria una intervención definida. La vida de la persona está en juego, y tanto si quieres implicarte en el caso como si no, ¡debes hacerlo! Tu tarea inicial es ayudar a la persona a seguir con vida. La segunda es ayudarle a conseguir que comprenda de qué forma ha ido a parar a este estado y, tras ello, guiarle a efectuar los cambios necesarios que te aseguren que esto no ocurra de nuevo.

Recuerda, asimismo, que no eres omnipotente y que la vida de esta persona *no* está sobre tus espaldas. Tu papel es, simplemente, el de ayudarle tanto como te sea posible.

Muchos individuos que consideran la posibilidad de suicidarse llaman a un amigo, a la iglesia o a una agencia de sostén. Así es que el procedimiento sugerido aquí se centra sobre un plan para ministrar a los que llaman. Se pueden usar los mismos principios que en un ministerio cara a cara con alguien que, durante la sesión de aconsejar, indica que tiene ideas o intenciones suicidas.

PASO 1: *Establece una relación, mantén el contacto con la persona en cuestión y obtén información.*

Para muchas personas el proceso es gradual cuando se hallan bajo tensión. Empiezan a buscar soluciones a sus problemas y emplean la alternativa 2, 3, 4 y 5, y quizá algunas otras, todas sin éxito, antes de que lleguen a la solución del suicidio. Muchos luchan contra esta alternativa, y de nuevo lo mismo con otras alternativas, pero si se les pone una barrera en el camino, regresan a su última opción como solución. Recuerda que el individuo con tendencias suicidas es ambivalente con respecto a la vida y a la muerte. Él desea quitarse la vida, pues está cansado de vivir. Pero al mismo

166

tiempo desea ser rescatado por alguien. Cuando esta persona llama, es importante empezar a desarrollar una relación positiva. Dicha relación puede ser la razón por la que desea permanecer vivo. Cuando llame, puedes decirle algo como:

«Hizo bien llamándome.»

«Estoy contento de que llamara.»

«Creo que hay alivio para Vd.»

Estas afirmaciones son importantes, porque le confirman que ha tomado una decisión correcta y le aseguran que hay alguien que tiene interés en él. Esta aprobación verbal podría ser la forma de hacerle llegar el mensaje para que pueda tomar otras decisiones apropiadas. La persona suicida necesita que se le hable con calma, confianza y con voz de autoridad (pero no de forma autoritaria), y de tal manera que no reciba la impresión de que se le desafía. El cuidado, la aceptación y el interés genuino son muy importantes.

A medida que hablas, es importante hallar algún terreno común sobre el cual tú y el paciente podáis telefonearos y quedar de acuerdo. Un punto por el que comenzar es el hecho de que el paciente tiene un problema, que necesita ayuda y que tú deseas ayudarle. Algunas veces, cuando el afectado no define bien las cosas y es ambivalente, se requiere más tiempo para descubrir algún terreno común. Es importante usar la palabra «ayuda» con frecuencia en diferentes contextos. Es importante, también, mostrar interés hacia el paciente e intentar discernir sus sentimientos. Es necesario que se establezca una relación de confianza. Esto se consigue dando respuestas directas a las preguntas. No debes temer identificarte ni mostrarle tu relación con la iglesia u otra organización, caso de que lo requiera. Si te preguntara si has ayudado a otra persona en circunstancias similares y no lo has hecho, sé sincero, pero hazle saber, también, que te sientes con suficientes recursos y preparación para ayudarle.

Al establecer la relación, identifícate y trata de conseguir el nombre del sujeto, su número de teléfono y su dirección. Estas preguntas deben hacerse bastante espaciadas durante la conversación, a fin de que la persona no se sienta amenazada indebidamente con ellas. Si hubiera resistencia por su parte a dar el nombre, no hagas presión sobre este punto. Puedes preguntar: «¿Podría conocer su nombre de pila para que pueda saber cómo llamarle? Yo me sentiría más cómodo sabiendo su nombre.» Si no te diera su dirección, puedes preguntarle de qué parte de la ciudad es. Si te da un área general, puedes responderle diciendo: «¡Oh!, esto está cerca de...» Esta afirmación quizá le estimulará a darte más información.

Puedes encontrar a una persona que te haga prometer que no dirás a nadie que él ha llamado. Los consejeros profesionales y los ministros tienen el derecho a mantener cierta información con carácter confidencial. Sin embargo, las leyes de algunos estados (como el de California) requieren que el consejero se ponga en contacto con las autoridades cuando alguno amenaza con quitarse la vida propia o la de otro, y tú *no* le puedes prometer que no lo harás. Ahora bien, puedes asegurarle que no harás nada para perjudicarle.

En la conversación deberías intentar conseguir el número de teléfono de otros individuos que puedan ayudar a esta persona, como parientes, vecinos, médicos, etc.

PASO 2: *Identificar y clarificar el problema.*

Escucha toda la historia de la persona, haciendo tan pocas interrupciones como te sea posible. Anímale a que te diga: 1) lo que le ha llevado al punto en que se encuentra ahora, 2) qué es lo que le molesta en el momento presente, y 3) qué es lo que ha intentado hacer para resolver su situación. No le presentes retos por medio de afirmaciones como «Lo que debería hacer es esto o aquello», «No debería pensar de esta forma», o «Las cosas no son tan malas como le parecen», pues son contrarias a su forma de pensar y, en realidad, no le ayudan. Céntrate en lo que siente el afectado y ayúdale a clarificar sus sentimientos. Si tiene dificultad en expresar sus sentimientos, ayúdale a precisarlos y a seleccionarlos. Procura reflejar lo que tú crees que está pensando y sintiendo, puesto que esto contribuirá a ayudarle a que clarifique el problema. Su sensación abrumadora de inutilidad e impotencia ahora puede ser fraccionada en problemas específicos cuyas soluciones se puedan ver más fácilmente. Cuando pueda ver los problemas, puede empezar a formar un plan determinado para resolverlos. Y si tú entiendes la naturaleza del problema que él trata de resolver contigo, puedes entender mejor cuáles son sus puntos fuertes y débiles. Tú necesitas explorar las razones por las que quiere morir.

Si una persona te llama y sólo habla de sentirse abatida o deprimida, pueden ser útiles expresiones y preguntas como las siguientes: «Parece que Vd. está deprimido desde hace algún tiempo. ¿Cuán deprimido ha estado Vd. en las últimas semanas?» «¿Cuándo se siente Vd. deprimido?» «¿Ha pensado Vd. alguna vez que la vida no vale la pena de ser vivida?» Preguntas como éstas pueden ayudar a una persona que vacila en transformar sus sentimientos en palabras. Es necesario que el intento real de suicidio quede bien claro y a la vista, si es que has de ayudarle.

Cuando una persona tiene dificultad para hablar sobre el suicidio, generalmente siente alivio si se da cuenta de que tú no tienes miedo de hablar abiertamente sobre el mismo. Esto, a veces, puede aliviarle en su impresión de acorralamiento. El suicidio debe ser tratado de una manera franca y sin comentarios de tipo moral. El suicidio no es una cuestión moral para la persona afectada. Es, en su mayor parte, el resultado de la tensión. Muchos ya están luchando con sentimientos de culpabilidad, y si tiene lugar una discusión del suicidio como un acto inmoral, esto puede añadir a su carga emocional y ser aún motivo de más desánimo.

Si estás hablando personalmente con un adolescente que está considerando el suicidarse, háblale sobre sus creencias acerca de la muerte. Muchos adolescentes no han visto nunca una persona muerta, ni han estado presentes en un entierro. No entienden su carácter final y definitivo. Puede que estén pensando en la atención que van a recibir. Ayúdales a obtener una perspectiva realista de la muerte que pueda frenarles en sus intentos (12).

PASO 3: *Evalúa el potencial suicida.*

Hay cierto número de factores que permiten hacer esta evaluación. Cuando escuches a una persona, vas a recibir datos clave que te ayudarán a tomar una determinación.

1. – *Edad y sexo.* Recuerda que el promedio de suicidios se incrementa con la edad y que es más probable que lleguen hasta el final los hombres que las mujeres. Los solteros varones y de mayor edad son los más vulnerables. Las mujeres más jóvenes es menos probable que lleven a cabo su plan. Las personas afectadas por el alcoholismo están consideradas con un alto riesgo. Y los bebedores esporádicos son más vulnerables al suicidio que los crónicos y consumados bebedores. El alcohol, a menudo, sirve como defensa contra el dolor, y posteriormente se convierte en una nueva fuente de dolor. Si el dolor es intolerable en estado sobrio, el suicidio puede ser atractivo (13).

2. – *Historia del comportamiento respecto al suicidio.* Es importante averiguar si éste es el primer intento o si es uno más de una serie. Cuanto más reciente es el comienzo del comportamiento suicida, mayores son las probabilidades de prevenirlo. Pero, al mismo tiempo, mayor es la necesidad de una intervención activa. Una pauta extensiva de comportamiento suicida puede requerir un largo tratamiento por un profesional. Si la persona ha intentado suicidarse repetidamente, es probable que acabe alguna vez logrando su propósito. La tarea, tanto del paraprofesional como del profesional, es ayudar a romper este círculo suicida y ayudar a la persona a desarrollar un plan de vida.

3. – *Evaluación del plan suicida.* Hay tres partes en el plan:

a) ¿Cuál es el potencial letal del mismo? Cuando una persona ha admitido que está planeando acabar con todo puedes preguntarle: «¿De qué forma está pensando suicidarse?» Algunas veces las palabras duras pueden hacer comprender al afectado la realidad de la situación. Dispararse y ahorcarse son considerados los métodos más mortíferos, siguiéndoles la ingestión de barbitúricos y el envenenamiento con monóxido de carbono. El potencial mortífero de un método se mide por lo abrupto del punto en que no hay posibilidad de retorno. Algunos usan explosivos, cuchillos, veneno o el ahogarse.

b) ¿Hasta qué punto le es accesible el método? Si tiene a mano una pistola o un frasco de pastillas, el riesgo es mayor. Pregúntele qué clase de pastillas son y dónde están. Si hace planes para usar una pistola, pregúntele: «¿Dónde la tiene? ¿Dónde está? ¿La tiene cargada?»

c) ¿Hasta qué punto es concreto y específico el plan? Si ha elaborado los detalles del mismo muy bien, el riesgo es mayor. Si la persona dice: «Aquí tengo 100 pastillas, o voy a abrir la espita del gas; he tapado las grietas alrededor de la puerta y de las ventanas para que no se escape», es evidente que el plan es concreto. Pero si dice que tiene que ir a comprar las pastillas, la pistola o la manguera para el tubo de escape del coche, el riesgo es menor.

4 .– *Tensión o «stress»*. Ésta deberá ser evaluada desde el punto de vista del que llama. A ti puede parecerte insignificante pero para él puede ser distinto. Si ha experimentado pérdidas, reveses o, incluso, éxitos, esto puede crear *stress* o tensión.

5. – *Síntomas*. ¿Cuáles son los síntomas en la vida de la persona? ¿Tiene depresión?, ¿alcoholismo?, ¿agitación?, ¿está en estado psicopático? Recuerda que la depresión agitada es el peor síntoma. Si sus factores de tensión y los síntomas son elevados, es necesario que actúes rápidamente.

6. – *Recursos*. ¿Qué recursos tiene esta persona a su disposición que le puedan servir de ayuda? ¿Tiene amigos o parientes cerca? ¿Hay servicios de consejo a su alcance en el lugar donde reside o en su área de trabajo? ¿Tiene lugar en el que residir? La falta de estos recursos hace que el factor

riesgo sea más elevado. Si una persona permanece en su casa pero está rodeado de un ambiente impropio, sería mejor que se le cuidara en cualquier otra parte. Es posible que necesite estar distanciado de uno de los padres, o de un cónyuge, o de otra persona que esté implicada en el problema que le afecta. Uno que vive en un ambiente deprimente (un entorno negativo en el que la estimación propia de la persona es atacada constantemente) sería mejor sacarlo de esta influencia.

7. – *Estilo de vida.* ¿Cuál es su estilo de vida? Si es inestable con un historial de cambios o pérdidas de empleo, cambios de residencia, bebida, comportamiento impulsivo y otros cambios el riesgo es mayor.

8. – *Comunicación con los demás.* ¿Se ha aislado esta persona de los demás, incluyendo los amigos y la familia? Si es así, representaría un riesgo elevado. Si todavía está en contacto con los demás, se puede hacer uso de los mismos para ayudarle.

9. – *Condición médica.* Si no hay problemas físicos el riesgo es menor. Si hay alguna enfermedad o lesión, háblale de ella y averigua lo seria que es. ¿Es algo real, o se trata de un problema en la mente de la persona? ¿Ha ido a ver a un médico? Algunos que tienen una enfermedad incurable es posible que piensen en el suicidio como un medio de eliminar el dolor para sí mismos y los gastos para su familia.

PASO 4: *Formula un plan para ayudar al que llama.*

Es importante descubrir qué parte del plan ha sido puesto en acción y conseguir que lo invierta. Si ha abierto la espita del gas y sellado las ventanas, has de conseguir cierre la espita y abra las ventanas. *En modo alguno debes contentarte con la promesa de que lo hará en cuanto tú cuelgues el teléfono.* Dale instrucciones específicas y permanece al habla hasta que lo lleve a cabo. Pídele que abra la puerta y las ventanas. Si tiene una pistola cargada, que la descargue. Si es automática, que saque el dispositivo de la cámara y que saque las balas del dispositivo. Después debe colocar las balas en un cajón y

172

poner la pistola en otra parte que no le sea accesible, caso de que sufra un arrebato. Si la persona tiene pastillas, hay que decirle que las tire al retrete. Si no quiere cambiar su plan, sigue hablando hasta que consigas que consolide su relación contigo hasta el punto de que tenga confianza en ti.

Luego has de conseguir que se comprometa. Hazle prometer que te llamará si tiene otra vez dificultades o si se siente tentado a quitarse de nuevo la vida. Los profesionales han encontrado que esto es muy efectivo. El afectado puede no hacer caso de otras obligaciones, pero cumplirá la promesa de llamarte. Tu palabra de ánimo a través del teléfono puede mantener en vida a la persona.

Un consejero profesional afirmó una vez que cuando se hallaba fuera de la ciudad le llamó un paciente suyo para hablar con él. El individuo se hallaba muy deprimido, y más tarde se descubrió que estaba haciendo planes para suicidarse aquella misma noche. La esposa del consejero contestó, diciendo: «Mi esposo no está aquí esta noche, pero yo sé que quiere hablar con Vd. Voy a ponerme en contacto con él y le llamará, y también me gustaría que Vd. volviera a llamar. Se lo haré saber; y gracias por haber llamado.» Más tarde, cuando el consejero vio a esta persona, se enteró que fueron esas palabras las que le habían mantenido en vida aquella noche.

Ayuda al afectado a precisar cuáles son sus puntos fuertes y sus recursos. Si se ha comprometido contigo y puesto de acuerdo en que no hará nada, ayúdale a ampliar sus ideas sobre el problema y descubrir los recursos que posee y que ha perdido de vista durante la crisis. En algunos casos el paciente necesita ser hospitalizado. Si ves que la persona está muy deprimida, asegúrate de advertirle que el proceso de recuperación implica ciertos altibajos. Quizás conozcas algunas instituciones o agencias de las cuales puedas obtener el alimento que necesita, el empleo que le hace falta o la ayuda profesional o legal que está buscando. Tal vez haya un vecino que pueda quedarse con él o darle ayuda emocional. Asegúrate de convencerle que hay varias alternativas positivas al suicidio. Es posible que no las vea en aquel momento, pero trata de convencerle de que, trabajando juntos, entre los dos vais a descubrirlas.

Antes de terminar la llamada, tu tarea final es conseguir que la persona se quede comprometida con otra de alguna forma. Es posible que quieras que venga a verte a la iglesia para que le aconsejes, o que vaya a una institución en la que sabes pueden ayudarle. Puedes decirle: «Puedo verle mañana a las 11», o «Podría hacer que nuestro pastor le viera. ¿Puede venir Vd. a verle luego?» Que él sepa que tú estás esperando verle y trabajar el problema con él, y que él puede hallar más ayuda poniéndose en contacto con otro personalmente.

En este tipo de aconsejar es importante transmitir al aconsejado la idea de que te interesas por él. Es también importante hacerle comprender el hecho de que Dios le ama y cuida de él. En algunos casos es posible que incluso sientas la necesidad de decirle esto por teléfono en la primera conversación. Otras veces es mejor decirlo cara a cara. Pero ten cuidado con el enfoque y el tono, pues no deben tener aire de sermón. La verdad del amor de Dios debe ser explicada de modo natural y sincero, bajo la dirección del Espíritu Santo, pero en el momento oportuno.

Resumiendo, *hay tres elementos cruciales en el enfoque de aconsejar por teléfono*:

1. *Actividad*. Debe sentir que hay alguien que está haciendo algo apropiado para él en aquel momento. Esta garantía ayuda a aliviar su tensión.
2. *Autoridad*. El consejero debe ser para él una figura con autoridad que se está haciendo cargo de la situación. El que llama no es capaz de hacerse cargo de su vida en aquel momento; por lo tanto, alguien debe hacerlo.
3. *Implicación con otros*. Si el que llama comprende que hay otros implicados en aquel mismo instante que tienen interés en él y quieren ayudarle, es más probable que se sienta atendido y responda.

Barreras en la ayuda al que llama

A fin de prestar la mejor ayuda posible al que llama, es importante darse cuenta de nuestras propias defensas, que pueden perjudicar este ministerio. El Dr. Paul Pretzel, del Centro de Prevención de Suicidios de Los Ángeles, bosqueja las siguientes barreras a la comunicación con los individuos que están considerando suicidarse (14).

1. Ansiedad por parte del que escucha (que le pone en un estado para escuchar bien).
2. Negar el significado de un comportamiento suicida anterior, que no queda del todo claro por parte del que llama, o que el oyente ha fallado en captar.
3. La racionalización verbal y no verbal de los indicios suicidas. Esto es como decirse a uno mismo: «No es esto lo que el hombre quiere decir realmente.»
4. Una reacción agresiva o hiriente a las sugerencias o amenazas de suicidio.
5. Temor, que inmoviliza al que ha de ayudar y le impide hablar realmente de la situación. Podría tratarse también del temor a verse envuelto en la responsabilidad que exige la otra persona.
6. Manipulación de una persona con carácter suicida que ha gritado «que viene el lobo» demasiadas veces y los demás ya no le escuchan.

Mantente alerta a las necesidades de las personas. Nos dicen que están considerando suicidarse. Está, pues, preparado. Pero recuerda que la mayor ayuda que puedes dar al afectado eres tú mismo: tu interés, tu afecto, un oído atento y amor de Jesucristo reflejado en ti mismo.

NOTAS

1. Jan Fawcett, *Before it's too late* (West Pont, Penn.: Merck, Sharp and Dohme, 1979), p. 2.
2. Dr. Keith Olson, *Counseling teenagers* (Loveland, Col.: Group Books, 1984), p. 370.
3. Brent Q. Haden and Brenda Peterson, *The crisis intervention handbook* (Englewood Cliffs, N.J.: Prentice Hall, 1982), p. 122.
4. Frederick F. Flach and Suzanne C. Draghi ed., *The nature and treatment of depression* (New York: Wiley, 1975), p. 230.
5. Ibid., p. 231.
6. Doman Lum, *Responding to suicidal crisis* (Grand Rapids: Eerdmans, 1974), p. 119.
7. Haden and Peterson, p. 125.
8. Gloria Kaufman Koenig, «Helping No. 1 suicide Risk... Elderly Men», *Los Angeles Times* (November 15, 1984).
9. William Zung, «Index of Potential Suicide (IPS); A rating scale for suicide prevention» en *The Prediction of suicide* (Beck, Resnick and Lettiere, eds.), pp. 221-49.
10. Susan A. Winickoff and H.L.P. Resnik, «Student Suicide» *Today's Education, NEA Journal* (April 1972), p. 32. Usada con permiso de *Today's Education* y de los autores.
11. Haden and Peterson, pp. 129-31.
12. Olson, p. 382.
13. Flach and Draghi, p. 241.
14. Paul Pretzel, *Understanding and counseling the suicidal person* (Naschville: Abingdon, 1972), pp. 93-95.

8

La crisis de la muerte

Un domingo por la mañana, mientras predicas, observas a un hombre sentado en la congregación. Ha venido asistiendo a las reuniones durante varios meses. No ha mostrado mucho interés en confraternizar con los demás, si bien su comportamiento ha sido siempre muy correcto, y aun atento, cuando se le habla. Pero en esta ocasión notas en él un cierto aire depresivo. Después del servicio le hablas y le preguntas qué tal se encuentra. Su respuesta te sorprende: «En este momento estoy un poco confuso y quizás algo tenso. Me pregunto dónde se halla este Dios del que Vd. está hablando constantemente. Le necesito ahora mismo, pero tengo la sensación de que no va a ayudarme ni a contestar mis oraciones. He estado leyendo las Escrituras y orando, pero no me ha servido de nada. El médico me ha dicho hace tres semanas que tengo cáncer. Que es irreversible... (hace una pausa) y me ha dado seis meses de vida... Y... ¡yo... no quiero... morir! ¿Dónde está ese Dios?»

Tu ministerio de consejería con esta persona empieza en ese preciso momento. ¿Qué vas a contestarle y cómo lo harás? ¿Vas a poder dominar tus sentimientos sin sentirte agobiado? ¿Podrás manejar sus sentimientos de depresión y de ira? ¿Y

177

tus propios sentimientos ante la muerte, a los que te verás forzado a enfrentarte cuando veas a este hombre que se muere? ¿Cuáles son los estadios por los que atravesará en esta experiencia?

Un lunes por la mañana recibes una llamada de uno de los miembros del consejo de tu iglesia. Se encuentra bañado en lágrimas y apenas puedes entenderle. Pero a través de la conversación te enteras de que su esposa y su hija de 14 años acaban de fallecer en un accidente de automóvil. Pide que vayas a verle. Tanto él como sus dos hijos más pequeños están en casa. Cuando partes para verlos, en tu mente se acumulan un sinfín de preguntas. Quisieras saber qué puedes decirle a este hombre. ¿Cómo puede, frente a la situación, cuidar los hijos, etc.? ¿Cómo van a sobrellevar los hijos la pérdida de su madre? ¿Qué puedes esperar de ellos en la iglesia durante los próximos dos años? ¿Cómo pueden los otros miembros de tu congregación ayudar a estos seres desolados durante este tiempo?

Son preguntas que debes hacerte y que requieren respuestas concretas.

¿Qué es la muerte?

¿Qué es la muerte? Es el cese permanente e irreversible de las funciones vitales del cuerpo. No todas las funciones cesan en el mismo momento. Antiguamente, solía decirse que la falta de pulso debía considerarse como la evidencia final de la muerte, pero ahora la atención se ha desplazado del corazón al cerebro, como un indicador mas certero de que realmente ha ocurrido la muerte. Joe Bayly dice que «la muerte es una herida a los vivos». Robert Turther dice: «El temor de la muerte es peor que la muerte misma.»

Las Escrituras tienen mucho que decir sobre la muerte. «Preciosa es a la vista del Señor la muerte de sus santos» (Sal. 116:15). «De la misma manera que está reservado a los hombres el morir una sola vez, y después de esto el juicio»

178

(He. 9:27). «Enjugará Dios toda lágrima de los ojos de ellos; y ya no habrá muerte, ni habrá más llanto, ni clamor, ni dolor; porque las primeras cosas pasaron» (Ap. 21:4).

¿Por qué tememos tanto a la muerte? El hombre moderno no quiere pensar en la muerte y rehúsa hablar de ella. Criticamos a los victorianos por su actitud hacia el sexo, pero no nos damos cuenta de que nuestra actitud ante la muerte es muy semejante a la del avestrucismo victoriano ante al sexo. Nuestra sociedad se ha abierto con respecto al sexo, pero se ha cerrado en lo referente a la muerte.

El promedio de duración de la vida humana es muy superior hoy en día a lo que era hace cincuenta o cien años. Nos esforzamos no sólo por conseguir una vida mejor, sino también una vida más larga. En el 1900 el promedio de mortalidad infantil era muy distinto de lo que es ahora. Por aquel entonces, de cada 1.000 nacimientos, 100 niños nacían muertos. En 1940, de cada 1.000 morían 47. Y en 1967, de cada 1.000 nacimientos 22,4 fallecían. Ha habido, sin duda, un significativo descenso en el promedio de muertes al dar a luz.

Tememos el dolor físico y el sufrimiento. Tememos lo desconocido y las cosas que no entendemos. También tememos el tener que dejar a nuestros seres queridos y amigos. Se considera, como promedio, que una persona puede pasar un período de veinte años sin tener que enfrentarse a la muerte de algún familiar o amigo. Actualmente, el 80 % de los individuos de nuestra sociedad mueren fuera de su casa o de su ambiente familiar. Esto, de por sí, crea una reacción de temor, porque el hombre no quiere estar solo cuando muere. Cyris L. Sulzberger dice en su libro *My brother Death*: «Los hombres temen a la muerte porque se niegan a entenderla.» Si queremos entender la muerte, lo primero que precisamos es entender nuestro temor hacia ella. Joyce Landorf dice en su libro *Mourning Son*:

«Ésta es, pues, parte de la razón de por qué nos asusta tanto la muerte. Pese a que como cristianos sabemos que Cristo ha quitado su aguijón a la muerte y la muerte no tiene ya poder para subyugarnos por toda la eternidad, por otro lado nos encontramos con la realidad de que la muerte sigue existiendo como tal. Sigue siendo fea y repulsiva. Y esto nos impide pensar en ella, imaginarla o tener fantasías sobre ella, como si de un amigo querido se tratara.

»Siempre que de algún modo tenemos que enfrentarnos o relacionarnos con la muerte –no importa lo fuertes que seamos como cristianos y lo bien preparados que estemos para afrontarla–, el temor todavía se arrastra e introduce en nuestras vidas, paralizándonos de miedo. Es algo que forma parte de la naturaleza propia de la muerte (1).

Cuando hablamos de la muerte es esencial que definamos algunos téminos que describen la pena y pérdida que nos acarrea y que con ella experimentamos.

–La pérdida es el verse privado de algo a lo que damos valor, o quedarse sin alguien a quien uno ha tenido junto a sí y ama. Hay cuatro categorías importantes de pérdida, que son: pérdida de un ser amado y apreciado; pérdida de alguna parte de nuestro cuerpo; pérdida de objetos que valoramos, y, por ultimo, pérdida psicológica. La muerte de un ser amado se considera como la más grave.

–Generalmente se cree que el duelo es un sentimiento que se anticipa al *acto* de separación o pérdida y desemboca en la experiencia del dolor. Como tal, se convierte en un ingrediente precipitante que desencadena el proceso. Aunque no deja de haber quien, bajo un punto de vista diferente, considera el duelo, sino como algo inherente a ella, no como la respuesta que sigue a la pérdida, y lo ve, en este caso, compuesto de dos partes: pena y aflicción.

–El duelo es el proceso que sigue a la pérdida, y de la cual la pena forma parte, pero se extiende más allá de las primeras reacciones a un período de reorganización, de búsqueda de una nueva identidad para volver a vincularse a nuevos intereses y personas. Es un comportamiento pres-

180

crito por las costumbres de una sociedad, que determina la forma en que una persona debe comportarse tras la muerte de otro.

–La pena es un sufrimiento emocional intenso motivado por una pérdida, desastre o desgracia.

–En ocasiones puede adquirir la forma de pena anticipada, una tristeza profunda expresada por adelantado ante una pérdida; cuando dicha pérdida se considera como inevitable, o derivada, una pena aguda, la tristeza intensa que sigue inmediatamente a una pérdida. La pena crónica es una aflicción mantenida durante un período considerable (2).

La pena, expresada en lágrimas, es un sentimiento abrumador de pérdida, un deseo de estar solo y de restringir o eliminar los contactos sociales. Durante este período, algunos suelen hacerse preguntas sobre la sabiduría y amor de Dios. Los sentimientos de culpa son comunes. Reacciones como «¿Por qué no fui yo...?» son normales. «Si yo le hubiera tratado mejor, o si yo me hubiera preocupado antes, o si hubiese llamado a otro médico mejor, u otro hospital, esto no habría sucedido.»

La primera respuesta es un *shock* devastador y anonadante, que se produce al recibir la noticia de la muerte. Este *shock* va seguido durante un mes o más de un sufrimiento intenso y un sentimiento de soledad extrema. En ocasiones, durante el primero o segundo año se produce una estabilización de la mente y las emociones. Pero para la mayor parte de las personas el proceso de la pena puede durar hasta dos años.

¿Cómo reaccionamos ante el que se siente desolado? Normalmente oramos por él durante dos o tres semanas, y seguimos mostrándole un cierto interés en su problema, de forma tangible, durante dos o tres meses –como suele ser el envío de tarjetas, llamadas telefónicas o llevarle algo de comida–. Pero lo cierto es que en el momento en que más necesitan nuestro apoyo, por regla general, es cuando, creyendo erróneamente que ya nada podemos hacer, cesamos en nuestro ministerio. Lo ideal sería que la iglesia desarrollara un programa en el que doce familias se comprometieran a ministrar al que está desolado; cada familia podría ejercer su ministerio durante dos meses y de este modo el desolado se vería atendido por espacio de dos años en el proceso de su aflicción. Las tarjetas, las llamadas telefónicas, el incluirle e invitarle a las actividades familiares, el ayudarle a sentirse útil y productivo, y otras muchas cosas, son parte de nuestra expresión de interés.

Los estadios de aflicción por los que atraviesa la persona son diversos, y pueden ser inmediatos o retardados. Pero lo importante es que reciba aliento de nuestra parte en cada uno de ellos y que mantengamos en mente el principio de que la ayuda en estos momentos es crucial.

Pena retardada

Hay personas que tienen tendencia a retardar este período de pena, lo cual desemboca en una depresión. En lugar de sentirse tristes, se muestran apáticos y entumecidos. Por desgracia, hay iglesias en las que se enseña en exceso que hemos de pensar *siempre* de modo positivo, controlar nuestras emociones y dirigir nuestras vidas. Este tipo de enseñanza no ayuda a los que se sienten desolados.

El negar la pena es una respuesta poco afortunada. La técnica del avestruz o el tratar de convencernos de que no existe lo que en realidad existe, procurando sublimar los sentimientos, es un procedimiento peligroso. Al elevarse por encima de su propia aflicción y no admitir el sentirse afectado en un sentido real, la persona no está haciendo más que negar la realidad de sentirse dolido por la pérdida. Pero tarde o temprano ésta *saldrá* a la superficie. Las personas que arrastran estos procesos y no los incluyen en sus experiencias y relaciones sufrirán inquietud, conflicto y depresión constante (3).

182

Y junto con la pena retardada es posible hallar también una cierta dosis de ira retardada. Ésta debe ser admitida, identificada y expresada. Ayuda al afectado a que la acepte como normal. De otro modo, sus ataques de enojo pueden generarle un sentimiento excesivo de culpa.

La definición de Roy Fairchild sobre la pena retardada nos parece de lo más acertado:

«El rehusar sentir duelo, es rehusar decir adiós a las personas, lugares u oportunidades perdidas, a la vitalidad, o todo aquello que hemos perdido o también que nos ha sido arrebatado, pues muchas personas religiosas ven en la pérdida un arrebatamiento como corrección e incluso como castigo. Rehusar el duelo sobre nuestros desengaños anteriores nos crea culpabilidad y encorseta nuestra personalidad convirtiéndola en algo más rígido que la mujer de Lot. La pena genuina es una tristeza profunda, y el llanto expresa la aceptación de nuestra incapacidad de hacer nada para recuperar lo perdido. Es un preludio del admitir, de ser capaces de permitir, de ceder. Es un morir que precede a la resurrección. Nuestra tristeza revela que hemos sido revestidos; es el coste de una entrega que ha sido desoladora» (4).

Otro problema con el que entrarás en contacto es una reacción anormal o patológica a la pena. La pena patólogica se manifiesta de distintas formas. Y es vital poder identificarlas. El Dr. V.D. Volkan y el Dr. D. Josephthal, psiquiatras, identifican tres procesos que, en su criterio, son los que se esconden detrás de la pena patológica.

El primero es el conocido como *splitting* (partir, dividir), y se utiliza para ayudar a sobrevivir al trauma sin desmoronarse. Éste se apoya, en realidad, sobre el mecanismo de negación, de modo que la persona afectada, pese a que sabe que la muerte ha tenido lugar, la ignora y sigue funcionando como si nada hubiera sucedido. Pero la negación se agrava y se convierte en patológica cuando el afectado admite la muerte intelectualmente pero no prácticamente; en consecuencia, sigue funcionando emocionalmente, y en su comportamiento como si nada hubiera sucedido. Si esto se vuelve serio, crea perturbaciones en la capacidad de percepción de la persona. Por ejemplo, una persona en estado de duelo puede estar segura de que ha visto movimiento en uno de los miembros del cadáver mientras lo miraba, de cuerpo presente, en el ataúd. Esta creencia irracional, no aceptando la realidad, ayuda a la persona a evitar el proceso de duelo, lo cual, por desgracia, demora la recuperación.

Un segundo proceso, que es también una estrategia defensiva, es la interiorización. El afectado quiere evitar a toda costa el dolor de la pérdida. Por ello, trata de preservar la relación con el finado interiorizando, creando una imagen interna de la persona, u objeto perdido, y centrándose en ella. Al fallar su capacidad de soltar o desprenderse de algo, lo interioriza, sin darse cuenta de que al hacerlo está rechazando la realidad externa y rehusando abandonar lo que ya no existe. Prefiere persistir en su propia realidad interna.

El tercer proceso es el llamado externalización, y de nuevo, igual que los anteriores, se utiliza como mecanismo para evadir el dolor de la pena. En este caso la persona se adhiere a algún objeto que esté asociado con aquel ser que le falta. Puede tratarse de un mueble, una prenda de vestir, un automóvil, una fotografía. Se agarra a ello con el fin de mantener vivo al finado, que, en su obsesión, sobrevive en el objeto. Controla su duelo conservando este objeto, pero con esto, en realidad, lo único que hace es demorar la pena, inevitable, y el proceso de duelo (5).

Los estadios de la pena

Demos ahora una mirada rápida a las pautas o estadios normales de reacción que tienen lugar cuando una persona pierde a un ser querido:

ESTADIO 1: *Shock y llanto*
No debemos negar a la persona esta salida, puesto que es la más normal. Es un momento de dolor súbito. El *shock* o

estado de estupefacción a veces protege al afectado del pleno impacto emocional de la tragedia. Algunos cristianos, equívocamente informados, hacen a veces en estos casos comentarios como los siguientes: «Deja de llorar. Después de todo, tu marido está ahora con el Señor.» Tales comentarios no son útiles y muestran falta de sensibilidad. El Salmo 42:3 confirma: «Mis lágrimas han sido mi comida día y noche.» Deja que la persona llore. Lee, asimismo, el Salmo 38:17 y 2 Samuel 18:33. Éste es un momento de aflicción y abatimiento profundos.

ESTADIO 2: *Culpa*

Es casi un fenómeno universal. Las afirmaciones del tipo de «Si yo hubiera... », «¿Por qué no pasé más tiempo con él?», «¿Por qué no llamé a otro médico», son corrientes. Muchas reacciones de culpa son, en realidad, un intento de volver hacia atrás, de conseguir de nuevo el control después de este suceso súbito y penoso.

ESTADIO 3: *Hostilidad*

Ira hacia los médicos porque no han hecho más; ira contra el personal del hospital por no haber prestado mayor atención; ira contra la misma persona que ha muerto. Un esposo puede decir: «¿Por qué murió dejándome con los tres hijos para que los cuidara?» El afectado se siente abandonado. Un adolescente puede sentir ira porque uno de los padres no ha hecho más para detener la muerte del otro. Incluso la ira puede ir dirigida hacia Dios por permitir que aquello sucediera. Posteriormente a la ira se producen nuevos sentimientos de culpa y remordimiento por haber tenido estas salidas espontáneas de ira. Trata de hacer entender al afectado que estas reacciones son totalmente normales. Esto le ayudará.

ESTADIO 4: *Actividad sin descanso*

La persona desolada empieza una serie de actividades febriles, pero pierde interés y pasa de una a otra. Le es difícil regresar a sus rutinas normales.

ESTADIO 5: *Las actividades corrientes pierden importancia*

Esto produce más depresión y sentimientos de soledad. Este sentimiento se agrava o disminuye según el grado en que compartía sus actividades con la persona fallecida.

ESTADIO 6: *Identificación con el difunto*

Puede darse el caso de que la persona afectada decida seguir y continuar los proyectos o trabajos del finado. Una esposa puede continuar una actividad o *hobby* no concluido del marido. Un esposo puede seguir añadiendo mejoras a la casa, consciente de que esto había sido en realidad el proyecto de la esposa. El afectado empieza a hacer lo que hacía la otra y lo lleva a cabo según el estilo del que ha muerto. Incluso la forma de hablar y los manierismos se alteran de modo inconsciente para identificarse con el difunto. En algunos casos, hasta sienten síntomas de dolor en las mismas zonas donde el fallecido los experimentaba. Si el marido se quejaba de la espalda, la esposa empieza a sentir dolor en su espalda. Pero eso es sólo parte del proceso de identificación.

Granger Westbergen, en su libro *Good Grief.*, desarrolla en diez puntos estos seis estadios. Veamos a continuación cuáles son, en su criterio, los pasos que sigue en este caso una persona normal:

1. – *Shock*. Es la anestesia temporal de la persona, su escape breve de la realidad. ¿Cómo le ayudamos llegado a este punto? Permaneciendo cerca del afectado y siendo fácilmente accesibles para ayudarle. Pero no hay que impedir que él mismo lleve a cabo lo que pueda hacer. Cuanto más pronto tome algunas decisiones y se enfrente con el problema de inmediato, mejor irán las cosas.

2. – *Liberación emocional*. Hay que alentar al afectado para que llore o hable en voz alta.

3. – *Depresión y soledad*. Hay que hacerse accesible a la persona y que sea consciente de que, tanto si ella lo acepta como si no, esto es solamente temporal.

4. –*Ansiedad*. Es posible que se produzcan algunos sínto-

186

mas de ansiedad. Alguno puede tener su origen en emociones reprimidas.

5. – *Pánico* sobre uno mismo y sobre lo que puede traer el futuro. Esto puede ser debido a que la muerte está siempre presente en su mente.

6. – *Culpa*. Un sentimiento de *culpa* por la pérdida. La persona necesita poder hablar sobre estos sentimientos con otro.

7. – *Hostilidad y resentimiento*.

8. – *Incapacidad para regresar a las actividades normales*. Desgraciadamente, los amigos del que se siente desolado, por prudencia no acostumbran hablarle acerca del difunto. Puede que recuerden algún momento importante de la vida de aquella persona o un incidente humorístico, pero se abstienen de mencionarlo en la presencia del afectado. Aunque es probable que hallaran una respuesta positiva. De hecho, la persona puede expresar gratitud hacia alguien que hable de su amado de esta manera. Se da cuenta de que los que están a su alrededor tienen mucho cuidado con lo que dicen, pero los recuerdos mencionados con franqueza son saludables.

9. – *Esperanza*. Gradualmente vuelve la *esperanza*. El rabino Joshua Liebman, en su obra *Peace of Mind*, escribió un capítulo excelente sobre «La sabiduría lenta de la pena», que habla muy efectivamente de la tentación de negarse a volver a las actividades usuales. Liebman dice: «La melodía que el amado tocaba en el piano de tu vida jamás volverá a ser tocada de nuevo, pero no debemos cerrar el teclado con llave y dejar que se acumule el polvo sobre el instrumento. Hemos de buscar a otros artistas del espíritu, nuevos amigos que, gradualmente, vengan a ayudarnos a encontrar de nuevo el camino de la vida, que caminen en él junto a nosotros» (6).

10.– *Consolidación*. El estadio final es la *lucha para consolidar la realidad*. Esto no significa que la persona vuelva a ser igual que antes. Cuando alguien pasa por una experiencia de pena, se convierte en una persona diferente. Según la forma en que responda el individuo puede, incluso, ser más fuerte o más débil que antes (7).

Anteriormente hicimos mención del concepto de «proceso de pena». Dije que la persona necesita completar su proceso de pena. ¿Qué quiere decir esto? Dicho proceso implica: 1) emanciparse uno mismo del difunto (leer 2º S. 12:23); 2) ajustarse a la vida sin el finado; 3) hacer nuevas relaciones y establecer nuevos vínculos.

El proceso de la pena es el repaso mental del que se siente desolado rememorando su vida junto al finado. Esto implica pensar en la persona; recordar fechas, sucesos, ocasiones felices y ocasiones especiales; mirar fotografías y acariciar objetos o trofeos que eran importantes para el difunto. En un sentido, todas estas actividades van implícitas en el proceso psicológico de enterrar a los muertos.

Nuestra tendencia es, muchas veces, negar al afectado la oportunidad de sentir y expresar su pena. Supongamos que entramos en la casa de una viuda; la encontramos mirando fotografías de su marido, en la salita, llorando. ¿De qué forma reaccionamos generalmente a esto? Tal vez decimos: «Anda, vamos a hacer esto o aquello y procura sacarte esto de la cabeza.» Pero sería mucho mejor que pudiéramos entrar en su mundo de pena, sentirla junto a ella, y quizás, incluso, llorar con ella. Romanos 12:15 nos exhorta a «llorar con los que lloran».

Las lágrimas son algo correcto, natural. Joyce Landorf dice: «No hemos de sentirnos avergonzados de las lágrimas. Jesús lloró cuando le comunicaron la muerte de su amigo Lázaro (aun sabiendo que ¡Él mismo iba a dar a Lázaro un nuevo plazo antes de la muerte!). Llorar no significa ser culpable de una falta de fe, ni es un signo de falta de esperanza. El llorar es una parte natural del proceso de la aflicción» (8).

Cuando no se expresa la pena, se produce un alto grado de lo que llamamos reacciones psicosomáticas, como colitis crónica e hipertensión. Durante la actividad de la pena se puede notar irritabilidad y una forma tensa de reaccionar en la relación con los demás. De nuevo aclaramos que esto es normal.

El sobrevivir y reedificar

Hemos de ver otro aspecto de la pena que es llamado el *sobrevivir y reedificar*. Como las mujeres viven más que los hombres, probablemente tendrás que ejercer tu ministerio con más viudas que viudos. Por tanto, vamos a referirnos a este estado en relación a las viudas.

El sobrevivir y reedificar implica tres períodos: 1) tender un puente con el pasado; 2) vivir el presente; y 3) hallar un camino hacia el futuro (9).

TENDER UN PUENTE CON EL PASADO

Aun con el dolor de la pérdida, durante los primeros días es necesario que la viuda tome decisiones de importancia. El entierro, los arreglos financieros y otros, deberían estar primariamente a cargo y bajo su reponsabilidad. Puede que ella decida que sean otros quienes tomen estas decisiones en su lugar, pero en todo caso ésta debe ser su decisión, pues puede querer actuar como si todavía fuera la esposa de su marido, en el sentido de ser ella quien tome las decisiones y haga los arreglos pensando en la forma en que su marido habría querido que lo hiciera. No piensa, en este momento, en que ella misma sea la viuda.

Pero además tiene que funcionar en otras áreas. Debe ir a la tienda a comprar algo de comer, preparar las comidas, cuidar a los hijos, animales domésticos, la casa en general y, quizás, incluso funcionar en el trabajo o en el negocio de la familia si fuese necesario. Es aquí donde tanto la familia como los amigos pueden prestarle mayor ayuda.

La primera tarea, en este período, es soltar los lazos con el marido muerto y empezar a aceptar el hecho de su defunción. Esto implica cortar los hilos de las experiencias compartidas con el marido y trasladarlas al reino de los recuerdos, lo que incluye aprender a usar la palabra «yo» en lugar de la palabra «nosotros».

El segundo período es *vivir el presente*. Después del entierro hay la necesidad de hacer un cambio en la estructura de la familia. Hay que arreglar papeles, o cambiar deberes y reasignarlos, a fin de que se puedan seguir realizando con normalidad las tareas cotidianas. Hay, también, necesidad de cambios en determinadas funciones. Los niños han de ser consolados por la madre, aun cuando ella misma esté afectada por su propia pena. Esto significa que deberá compartir su pena con los niños, del mismo modo que en otras ocasiones compartió con ellos su gozo y deleite. Los niños necesitan del apoyo y seguridad de su madre durante este período de pérdida del padre.

Una madre no puede hacer las funciones de madre y padre a la vez. Se va a desgastar si intenta cumplir al mismo tiempo ambos tipos de responsabilidad. Los pastores y consejeros deben ser muy cuidadosos con lo que dicen y recomiendan a la madre y a los niños en una ocasión como ésta. Afirmaciones como: «Ahora tendrá que asumir los papeles de madre y padre a la vez», no son sanas. El decir a un hijo que tendrá que ocupar el lugar de su padre y ser el hombre de la casa tampoco es apropiado. Es mejor que el padre, o madre, intente ser un mejor padre, o madre, a que intente asumir los dos papeles a la vez. Los miembros de la familia tendrán, asimismo, que aceptar los cambios que se produzcan, y ser conscientes de que los deberes del padre no los puede asumir la madre, o viceversa, y estar dispuestos a suplir, de algún modo, la vacante, aunque no totalmente.

Los cambios de función van a afectar a todos. Y algunos de estos cambio serán inesperados, como el de que la viuda tenga que hacerse cargo de los pagos mensuales de la hipoteca de la casa, los impuestos sobre la herencia, revisar los estados de cuenta de los bancos, cuidar de las inversiones, el pago de las deudas, los problemas de los negocios de su marido, y otros.

190

La cuestión de los arreglos de la casa es crucial en este punto. En la casa puede haber tantos recuerdos que la esposa se vea forzada a tomar una decisión rápida, llegando a la conclusión de venderla y trasladarse. Tu consejo en ese momento puede ser importante. Se dan casos en que la viuda tiene momentos de pánico, debido al dolor que siente y al potencial de carga financiera; en estos casos de emoción intensa no es bueno tomar según qué decisiones. Debemos aconsejarla a que espere, si es posible, y que considere las consecuencias cuidadosamente, con calma.

Muchas viudas, pasado el tiempo, han lamentado el haber vendido las posesiones demasiado pronto, porque tanto ellas como los hijos necesitan del ambiente familiar. Es aconsejable dejar pasar varios meses antes de lanzarse a cambios significativos.

Este período es la mejor ocasión para renunciar a viejos hábitos y establecer otros nuevos. Muchas viudas han relatado que sus lazos con los hijos se han hecho durante el mismo más fuertes. No hay que sorprenderse, sin embargo, de que se produzcan conflictos por causa del testamento, posesiones o funciones familiares.

Las señales significativas de que el afectado vive ya el presente se dan cuando va a comprar sola por primera vez, acepta un empleo, sale con nuevas compañías, hace cambios en la casa, y así sucesivamente.

HALLAR UN CAMINO EN EL FUTURO

El tercer período es *hallar un camino hacia el futuro*. Durante dicho período la viuda adquiere estabilidad al funcionar de nuevo, y se va viendo a sí misma capaz de reorganizar su vida sin su cónyuge. Ha desarrollado nuevos papeles y puede operar con un nuevo estilo, independientemente.

A partir de aquí procura hallar y desarrollar nuevas relaciones; no pretende reemplazar a su esposo, sino dar un nuevo enfoque a su propia vida, hallar un padre para sus hijos, aliviar la tensión económica, tener confort y la compañía que desea.

¿Qué podemos decir, o hacer, durante este período de pena?

1. – *Empezar allí donde se halla la persona desconsolada*, y no. allí donde tú piensas que **debería estar** en ese punto de su vida. No te ofusques en tus expectativas sobre su comportamiento. La viuda puede estar mucho más trastornada y deprimida de lo que tú crees que debiera estar, pero esto es cosa suya.

2. – *Clarifica, al hablar con ella, sus sentimientos.* Esto puede hacerse al repetir sus palabras con las tuyas propias. Ayúdale a traer sus emociones a la superficie. Puedes decir: «Como Vd. sabe, no la he visto llorar durante una semana. Si yo estuviera en su situación, probablemente estaría llorando.» Si la persona está deprimida, permanece a su lado y asegúrale que aquello pasará con el tiempo. Probablemente no te creerá, e incluso podría pedirte que la dejes. No te consideres ofendido por ello.

3. – *Empatiza, siente lo que ella siente.*

4. – *Sé sensible con sus sentimientos y no hables demasiado.* Joe Bayly da la siguiente sugerencia:

«La sensibilidad en presencia de la pena debería hacernos menos habladores y más atentos. "Lo lamento" es sincero; "Me hago cargo de lo que siente", generalmente no lo es –aun cuando puedas haber experimentado la muerte de un ser con el que tenías la misma relación familiar como la persona que ahora está llorando–. Si el afectado se da cuenta de que le comprendes, te lo dirá. Entonces puedes compartir con él tus sentimientos sinceros, no retocados, sobre tu encuentro personal con la muerte. No trates de "demostrar" nada. Un brazo sobre el hombro, un firme apretón de manos, un beso, son las pruebas de pena suficientes y necesarias; nada de razonamientos lógicos. Recuerdo una ocasión en que estaba yo sentado, desgarrado por la pena, cuando alguien vino y me habló de los planes de Dios, del porqué había sucedido aquello, de la esperanza más allá de la tumba. Siguió hablando, diciéndome cosas que yo sabía sobradamente que eran verdad. No obstante, permanecí inmóvil, sin sentir otra emoción respecto a esa persona excepto el deseo de que se marchara. Finalmente lo hizo. Vino otro y se sentó a mi lado. No me hizo pregunta alguna. Simplemente estuvo sentado junto a mí por más de una hora, escuchó cuando dije algo, contestó brevemente, oró sencillamente. Me sentí conmovido. Y consolado. Me causó pena verle marchar» (10).

5. – *No uses garantías deficientes* tales como: «Te vas a sentir mejor dentro de unos días», o «Con el tiempo te sentirás mejor.» ¿Cómo lo sabes?
Recuerda que no debes dejar de ayudar a la persona demasiado pronto.

«Parece que, cuando empieza a disminuir el *shock* inicial, la persona desconsolada regresa a un estado de plena consciencia, como si se tratara de alguien que sale de un coma profundo. Los sentimientos vuelven ocasionalmente; pero mezclados con las buenas vibraciones de estar vivo y alerta frente al miedo y el temor. Es precisamente en este momento en el que los amigos, dándose cuenta de que la persona afectada va recuperándose, cesan de orar, dejan de visitarla y paran de hacer aquellas pequeñas cosas y atenciones que tanto le pueden ayudar. Hemos de corregir esta actitud. De hecho, hemos de encomendarla más al Señor durante los dos primeros años de pena que durante las dos primeras semanas» (11).

De especial consideración es la muerte de un niño. Ésta es, en la mayoría de los casos, la clase de muerte más difícil de soportar. Es relativamente más fácil hacerse cargo del fallecimiento de una persona que ha vivido una vida larga y plena que aceptar la muerte de un niño que todavía no ha experimentado el potencial de la vida. Es tan traumático, que se estima que el 85 % de matrimonios que pierden un niño terminan divorciándose. El sentimiento de culpa que, con frecuencia, está presente, se transforma en acusaciones, y el matrimonio acaba desencajado. Como sea que los padres se sienten responsables del niño, se consideran también responsables de su muerte.

La expectativa de vida en los niños es mayor actualmente que hace cien años, de modo que este tipo de muerte no se experimenta ahora con tanta frecuencia. Pero, cuando sucede, es muy difícil de soportar. Y lo más lamentable es que, a menudo, los padres no reciben tras la muerte de un niño, el mismo nivel de apoyo social, si lo comparamos, por ejemplo, con el que se recibe por la muerte de un cónyuge.

Es posible ayudar a los padres animándoles a hablar, de forma abierta y sincera, con los miembros del equipo médico que atendió a su hijo. Es muy importante que escuchen de labios de los propios doctores que se hizo todo lo humanamente posible, y que ellos no podían haber hecho más de lo que hicieron como padres.

Por otra parte, necesitan expresar su pena abiertamente el uno frente al otro. Han de manifestar su tristeza ante los otros hijos, y aun ante los amigos. Hay que animar al padre especialmente a que se desahogue, que llore y comparta sus lágrimas con su esposa. Éste no es el momento apropiado de aparentar hombría y de mostrarse estoico y con pleno control. Hay que ser sensible al hecho de que los padres quieren hablar del hijo. Esto puede variar en el curso de tus visitas. En algunas comunidades existen grupos de apoyo para los padres que han perdido un hijo.

Asegúrate de animar al matrimonio para que hable francamente entre sí. Es común el hecho de que la esposa considere que el marido no siente tanto la pérdida como ella, puesto que no reacciona de la misma forma. El marido puede sentir que ha de ser «más fuerte» que la esposa y con esta fortaleza intentar ayudarla. Y, no obstante, se equivoca, pues ella puede conseguir más fuerza por parte de él al verle expresar sus sentimientos. Este compartir verbalmente el dolor y la pérdida debe continuar durante un largo período de tiempo. Han de ser conscientes de que el aniversario del nacimiento del niño, sus lugares favoritos de vacaciones, las fiestas, harán regresar la pena con nueva intensidad durante un tiempo. Si pueden ver esto con antelación y prepararse para ello, no se verán tan abrumados por sus sentimientos o por el hecho de que cada uno de ellos reaccione, en cada ocasión, de forma distinta al otro.

Cuando son los niños los apenados

Los niños no pasan por la experiencia de algunas pérdidas típicas de los adultos, como pueden ser la pérdida del empleo, de poder, de categoría o de estado; pero sí sufren por la pérdida de un ser querido. Comprenden la muerte de diferentes formas, dependiendo de su desarrollo emocional y de la edad. Su proceso de pena, normalmente, es más largo que el de los adultos, debido a dos problemas. Primero: el niño no siempre comprende el hecho de que la muerte es permanente, que la persona fallecida ha partido para no volver. Ni tampoco comprende, siempre, que debe desprenderse de los fuertes lazos emocionales que tenía con esta persona. Ello es aún más difícil si era una persona especialmente íntima, con un elevado nivel de dependencia.

Para el niño es particularmente difícil experimentar la muerte de uno de los padres, pues ha depositado en ellos casi todos sus sentimientos. Los adultos tienen cantidad de amistades y relaciones, pero en los niños no es así, y la pérdida de uno de los padres es la pérdida de la mitad de su mundo.

¿En qué consiste el duelo de los niños? Un niño de más de dos años va a necesitar bastante ayuda para comprender lo que significa la muerte. Su proceso de negación, por regla general, es más largo e intenso que el de los adultos. Cuanto más pequeño es el niño, más probable es que intente negar el hecho de la muerte. Un niño a la edad de cinco años puede tener fantasías durante toda una semana sobre el retorno de la persona fallecida, y si es menor aún, durante mucho más tiempo. También es posible que se comporte como si no hubiera sucedido nada.

Es muy difícil para el niño aceptar la muerte de golpe. Acepta lo que significa, únicamente, parte por parte. Puede aceptar de momento que el padre o la madre no estén allí para jugar con él, o para que le dé galletas, o le arrope por la noche, etc., pero la aceptación de la pérdida total es lenta y progresiva.

El que sobrevive, sea padre o madre, o uno que ayude en la casa, puede experimentar mucha frustración en sus intentos de explicar la muerte al niño, porque los niños con frecuencia cambian de tema. Es necesario enfocar la cosa de modo pausado y cuidadoso. Hay que sensibilizarse respecto al hecho y al límite de cuánto puede aceptar el niño en cada ocasión. Cuando se acepta la pérdida, el niño puede empezar a «actuar» en escenas que recuerdan al padre, o madre, o hermano que han muerto. Esto es saludable, porque le ayudará a adaptarse a la pérdida. Al principio recordará las experiencias agradables, y al cabo de unos meses, y hasta años, estará en condiciones de asumir el dolor de las ocasiones menos agradables.

A medida que el niño progresa en el proceso del duelo, es vital que se cubran sus necesidades físicas y emocionales. Esto le alivia del temor de que estas necesidades dejen a partir de ahora de ser satisfechas. La satisfacción emocional es la necesidad más importante.

Recuerda que cuanto más joven sea el niño, más importante es que haya un padre sustituto a su disposición.

Es interesante saber que el sentimiento de culpa en este período de pena es más fuerte en el niño que en el adulto. Un niño puede autoconvencerse fácilmente de que el padre o madre ha muerto porque estaba enojado por su causa y él había deseado que se muriera después de tal o cual incidente. Es posible que crea que el padre o hermano ha muerto por algo que él hizo o dijo. Es imprescindible ayudarle a expresar estos pensamientos y sentimientos.

No solamente el sentimiento de culpa en los niños es más intenso que el de los adultos, sino que también lo es su desespero. Algunos niños tratan la pérdida retrayéndose, otros se vuelven rebeldes. La regresión a épocas anteriores de su desarrollo es bastante común, incluyendo la enuresis (orinarse en la cama) o el chuparse el dedo pulgar (12).

Hay diversas sugerencias específicas que se pueden seguir y comunicar a los padres, u otros, en el ministerio.

Hay que ayudar al niño a que experimente pérdidas pequeñas antes de que tenga que enfrentarse con pérdidas mayores en la vida. Para muchos niños, el pasar por la pérdida de un animal preferido puede ser en realidad beneficioso. De hecho, algunos padres compran un animal cuya expectativa normal de vida es corta, con este único propósito. Cuando el animal muere, se le explica al niño lo que ha ocurrido, y sus preguntas son contestadas con franqueza. Eso no aminora el proceso de duelo cuando muere una persona, pero ayuda al niño a aprender lo que es la muerte.

Si hay alguna persona que se está muriendo en la familia, al niño debe ayudársele para que entienda el proceso de la muerte, de modo que se sienta parte del duelo familiar después de la muerte. Debe recibir una explicación plena de lo que ha ocurrido y no escondérsele nada. Los detalles médicos concretos, no obstante, no es necesario comunicárselos, pues sería incapaz de comprenderlos.

El niño que ha experimentado la muerte de un ser amado puede volverse muy sensible al hecho de separarse de adultos en los cuales confía y a quienes ama. Si el padre o madre que queda ha de dejar al niño durante un tiempo, éste *precisa de una explicación detallada* respecto adónde va a ir el padre, o madre, cuánto tiempo estará fuera, y lo que hará.

No hay que enviar al niño a otra parte inmediatamente después de una muerte. Podría entrarle pánico y preguntarse si va a poder regresar. Puede incluso llegar a creer que se le castiga por la muerte del miembro de la familia. Un niño necesita el ambiente familiar de su propia casa, su cama y sus juguetes.

El niño debería participar en los preparativos del funeral y entierro. El día del entierro puede ayudar de diversas formas: abriendo la puerta, limpiando la casa, cocinando o haciendo algo que le haga sentirse útil.

Asimismo, es necesario que reciba la información inmediatamente después de producirse la muerte. Debe tener la oportunidad de despedirse del padre o del hermano. Esto puede hacerse en la ceremonia religiosa, en casa o en el cementerio. Sin embargo, no hay que forzar al niño a asistir al entierro si él no quiere hacerlo. Necesita una explicación de lo que es y lo que significa, pero es él quien debe tomar su propia decisión de si ha de estar o no presente. Es posible que no esté preparado en ese momento, pero lo estará más tarde.

Los padres no deben esconder sus sentimientos a los niños después de la muerte. Las respuestas francas y sinceras pueden ayudarles en el proceso del duelo. Un padre puede explicar a su hijo que el muerto está en paz y, si era cristiano, se halla en la presencia de Dios. Y que su dolor se debe a la pérdida de una relación importante. Que es un sentimiento normal que se desvanece con el tiempo. El niño, probablemente, siente la pena de la misma forma y está triste. Estos sentimientos son también normales. Sus preguntas se han de responder con sinceridad y debe dársele la oportunidad de hacer todas las preguntas que quiera. El lenguaje usado con el niño debe estar a nivel de su comprensión.

Frases como «se ha dormido», «está descansando» o «se ha ido» *no deben utilizarse* en modo alguno para describir la muerte al niño. Esto, además de no ser cierto, le crea mucha ansiedad. La perspectiva del cristiano sobre la muerte y el cielo debe planteársele al niño con cuidado y siempre teniendo en cuenta su nivel de comprensión. Hay libros cristianos sobre la muerte que pueden utilizarse para estos casos. Ahora bien, los consejeros, pastores y padres deben leer estos libros cuidadosamente antes de usarlos, porque no todo lo que hay en ellos resulta útil para los niños.

No hay que pasar por alto el trastorno interior y los sentimientos que es posible experimente el niño. El hecho de conocer y responder a dichos sentimientos le ayuda a aceptarlos y resolverlos. Los síntomas físicos en el niño indican una cantidad excesiva de miedo. Si uno de los padres fallece de una enfermedad prolongada, el niño puede experimentar, a veces, los mismos síntomas físicos. O cualquier dolor que experimente puede convertirse en una amenaza en su mente. Un niño puede creer que su madre ha muerto de un determinado dolor, y el dolor que él siente ahora le hace pensar que tiene la misma enfermedad.

Cada niño requiere de una respuesta distinta y esto puede convertirse en una fuente de ansiedad para un padre si no sabe cómo actuar. Algunos niños se adaptan bien a la muerte, pero otros pueden reaccionar como insensibles, algunos llenos de ira, y otros rebeldes (13).

Cómo ministrar a los enfermos terminales

Otro ministerio de crisis es el de confortar a aquellos que saben que van a morir pronto. La persona que sufre de una enfermedad de estas características tiene, en sus días finales, necesidades específicas.

¿Qué experimenta uno cuando sabe que va a morir? Hay dos razones por las que es importante que sepamos lo que está pasando: 1) algunos de *nosotros* es posible que sepamos con anterioridad a nuestra muerte que vamos a morir; 2) a fin de ministrar a otra persona que está en esta situación, es necesario que conozcamos los estadios por los que atraviesa. El morir significa cambio. Incluso cuando creemos que estamos preparados, vivimos con el temor constante de que no nos será posible hacer frente a la situación. Tememos las clases de cambios que van a ocurrirnos a nosotros, y también de qué forma repercutirán estos cambios sobre los otros.

Cuando una persona sabe que va a morir, generalmente experimenta cinco diferentes estadios de respuesta emocional. Sus seres queridos pasan por estas mismas reacciones emocionales.

ESTADIO 1: *Negación y aislamiento*

La primera reacción es casi siempre más o menos ésta: «No es posible. Se equivocan. No es de mí que están hablando.» Algunas personas hacen afirmaciones como ésta: «Verán que alguien ha cometido una equivocación en el laboratorio y luego vendrán y me dirán que todo está bien.» O bien puede que les dé por ir de médico en médico, confiando en que alguno les ofrezca otro diagnóstico distinto y un rayo de esperanza. Pero no es solamente el afectado quien no quiere oír que va a morir, sino que sus parientes y seres queridos no quieren oírlo tampoco. Los discípulos, por ejemplo, no querían oír lo que Jesús les decía acerca de su muerte. Una y otra vez se lo decía, les hablaba de su entrega y crucifixión, pero ellos no querían saberlo.

Con frecuencia la persona experimenta una reacción de *shock* al oír tal noticia. Una de las formas en que se manifiesta el *shock* es la de negación. Se la ha calificado como el amortiguador del *shock* humano en los momentos de tragedia. A través de la negación insensibilizamos momentáneamente nuestras emociones. Nuestro sentido del tiempo queda, algunas veces, en suspenso debido a nuestro intento en demorar las consecuencias. No sólo puede manifestarse el aspecto de *shock* en una reacción tal como «¿Yo? ¡No! ¡No lo creo!», sino que en muchos casos la negación puede tomar la forma de una preocupación desplazada.

Algunos parientes que se quedan abrumados por las noticias referentes a un ser amado pueden intentar actuar como si no les afectara emocionalmente. Pero la negación únicamente congela las emociones que un día u otro deberán salir a flote.

Joyce Landorf dice al respecto:

«Precisamos echar mano de la negación, mas no debemos persistir en ella. Hemos de reconocerla como una de las herramientas más especiales de Dios y usarla. La negación es nuestra máscara de oxígeno, para utilizarla cuando las noticias aterradoras de la muerte nos han privado de todo soplo de aire alrededor. Facilita la labor de nuestros pulmones, que estallan, dándoles las primeras bocanadas de aire fresco y renovador. Respiramos en el ambiente de la negación y ésta parece mantenernos vivos. No tenemos que sentirnos culpables o juzgar el nivel de nuestro cristianismo por el hecho de agarrarnos a esta máscara y aplicarla a nuestra boca. Sin embargo, después de respirar un poco, cuando estamos recuperados y ha pasado ya el peligro inicial, no necesitamos depender de ella.

»Dios quiere que dejemos a un lado la máscara de oxígeno de la negación y, con su ayuda, empecemos a respirar con nuestros pulmones el aire libre de la aceptación por nostros mismos» (14).

¿Qué podemos hacer para ayudar a una persona en estos momentos cuando la visitamos en su casa o en el hospital?

En primer lugar, no la juzguemos por lo que dice; no importa lo difícil que parezca lo que hace o lo que dice. Si una persona está en el hospital, no confiemos que responda en la primera, segunda o incluso en la tercera visita. Es posible que no tenga deseos de hablar. No nos desanimemos y por ese motivo dejemos de visitarla. Llegará un momento en que responderá, porque necesitará a alguien con quien compartir su soledad. Quizás el mejor ejemplo como pauta para nuestra respuesta lo hallamos en Job. (Ver Job 2:13.)

ESTADIO 2: *Ira*

En el segundo estadio la persona experimenta enojo, ira, celos y resentimiento. «¿Por qué yo, Dios? ¿Por qué no otro?» El afectado está enojado con todos los que le rodean y que se encuentran bien de salud: amigos, parientes, médicos. Está enojado contra los médicos, que no pueden devolverle la salud. Está enojado con Dios, porque permite que le suceda esto y no le cura de forma inmediata.

En Job 7:11 leemos: «Por tanto, no refrenaré mi lengua; hablaré en la angustia de mi espíritu y me quejaré con la amargura de mi alma.» Quizá esto es lo que experimenta la persona en este punto de su vida. Tú puedes ser el objeto de su ira simplemente por el hecho de estar allí, pero no debes interpretarla como algo personal. No has de enjuiciarle por lo que dice; simplemente tienes que decirle que no debería sentirse airado. La ira es parte del proceso normal que experimenta la persona. A través de esta ira puede que esté pidiendo atención. La comunicación sincera y franca con él es posible que le ayude a sentirse comprendido.

ESTADIO 3: *Negociación*

«Déjame, y tomaré fuerzas, antes que me vaya y perezca» (Sal. 39:13), es la oración de muchos frente a la muerte. La persona hace promesas: «Si me pongo bien voy a servir al Señor más que nunca», o «Con tal de que pueda vivir hasta junio y ver cómo se casa mi hijo...» Luego, si vive hasta junio, puede añadir: «Con tal de que pueda llegar a ver a mi nieto...» Y así esta negociación o regateo puede seguir indefinidamente. Este estado, en general, dura poco, pero puede ser intenso mientras dura.

Ezequías, un hombre notable del que habla el Antiguo Testamento, recibió palabra del Señor, que le decía: «Ordena tu casa, porque morirás, y no vivirás» (Isaías 38:1). Cuando recibió las noticias volvió el rostro hacia la pared y, afligido, entró en un proceso de regateo con Dios. Le recordó a Dios en qué forma le había servido y obedecido, y luego entró en una crisis y rompió a llorar (Isaías 38:3). La oración de Ezequías fue oída por Dios, el cual le concedió quince años más de vida.

La reacción de Ezequías a esta experiencia es registrada por Isaías (38:17-20): «He aquí, amargura grande me sobrevino para mi bien, mas tú tuviste a bien librar mi vida del hoyo de corrupción; porque echaste tras tus espaldas todos mis pecados. Porque el Seol no te exaltará, ni te alabará la muerte, ni pueden los que descienden al sepulcro esperar en tu verdad. El que vive, el que vive, éste te dará alabanza, como yo hoy; el padre hará notoria tu verdad a los hijos. Jehová está dispuesto a salvarme; por tanto, ¡cantaremos con instrumentos de cuerda en la casa de Jehová todos los días de nuestra vida!»

Parte del proceso de negociación puede ser que refleje nuestra reacción ante la muerte y ante Dios. Tenemos la impresión de que en algunos casos Dios no sabe lo que hace, y nosotros tenemos necesidad de poner las cosas en orden. Es natural morir, pero en este caso especial pensamos que Él se equivoca. Joe Bayly escribe en su obra *The last thing we talk about:*

«La muerte, para el cristiano, debería ser un grito de triunfo, a través de la pena y las lágrimas, que dé gloria a Dios; no un malentendido de la voluntad de Dios y su capacidad para curar» (15).

Joyce Landorf relata la historia de una señora que había intentado entrar en negociaciones con Dios acerca de la enfermedad terminal de su marido:

«La mujer había perdido a su primer marido, tras treinta años de matrimonio. Dos años después se había casado de nuevo y vivió siete años felices con el segundo. Luego vino el cáncer.

»Me contó que había sido tan feliz y que los siete años fueron tan cortos que había pedido, rogado y negociado con Dios para que curara a su marido. Cuando él estaba a punto de morir, ella se arrodilló junto a su cama, pidiendo a Dios que le curara, que no permitiera su muerte. Entonces –dice– la voz del Señor le habló tan claramente, que se quedó bastante sobresaltada. Oyó que Él le decía, de modo muy claro, en su mente: "Tu marido se ha preparado ya él mismo para aceptar la muerte, para morir en este mismo instante. Dime, ¿quieres obligarle a que tenga que prepararse de nuevo para morir en una posterior ocasión?" Ella abrió los ojos y miró a su marido –que tenía una expresión de paz en su rostro–; sin duda había aceptado el hecho. Entonces me dijo: "Oh Joyce, en aquel momento supe que tenía que dejarle ir. No quería que tuviera que pasar por aquello otra vez, más adelante, así que le dejé ir. En aquel momento me entró una paz grande y profunda. Murió unas pocas horas después. Los dos estábamos en paz." Si ella hubiera persistido rogando a Dios que le dejara a su marido vivo, se habría perdido lo que Dios quería hacer en sus vidas» (16).

Nuestro ministerio con los enfermos terminales es, más que nada, el de oyentes. Santiago 1:19, en la Biblia amplificada, nos dice que hemos de ser «oyentes dispuestos». Ésta es la ocasión propicia para escuchar, más que tratar de dar al que muere falsas esperanzas. Las garantías falsas no sirven de nada. Una simple reflexión, un gesto cariñoso y, ante todo, el escuchar, es todo nuestro ministerio.

ESTADIO 4: *Depresión*
La negación no ha dado resultado; la ira no ha dado resultado; la negociación, tampoco; así es que el individuo llega a la conclusión de que tiene que hacer frente a la muerte puesto que nada ha dado resultado, y entonces llega la depresión. Esta depresión tiene dos partes. Una es la que llamamos depresión reactiva: pensar en las cosas pasadas; y otra es la llamada preparatoria: pensar en las pérdidas inminentes. Ésta es ocasión en la que la persona necesita expresar su pena, derramarla. La mejor forma de ministrar en este caso es estando a su lado en silencio, sosteniéndole la mano y dejándole que sepa que es correcto el expresar sus sentimientos. No hay que debatir o discutir con él, porque las consecuencias sólo podrían ser negativas.

ESTADIO 5: *Aceptación*
Finalmente, la persona entra en un período de descanso, consciente de lo que va a suceder. Es una aceptación pacífica de la muerte inevitable. No hay otro camino que el aceptar lo irremediable. La persona pierde todo interés en lo que sucede a su alrededor. Llegado este punto, se vuelve menos comunicativa. Es necesario ser honesto con ella. Posiblemente

204

pregunte cuánto tiempo le queda por vivir. Nunca debes darle un tiempo límite, puesto que por más aproximaciones médicas que puedan hacerse, la verdad está únicamente en manos de Dios.

MINISTRANDO A LOS FAMILIARES

Los familiares del enfermo terminal necesitan tanta ayuda y apoyo o más que la persona misma. Es posible que no quieran decirlo a la persona que está críticamente enfermo, pero es mejor, en todos conceptos, que se lo digan. Los miembros de la familia deben recibir apoyo para poder hacer frente a esta crisis de la vida junto con el paciente, en lugar de aislarle.

Uno de los problemas mas frecuentes es el «Síndrome del abandono». Las personas que han de morir se ven invadidas por el temor de que su condición les hará tan inaceptables a los demás que les rodean que serán abandonados, y en muchos casos que se han estudiado se ha confirmado el referido temor. Algunas de las causas en que suelen generar este «síndrome de abandono» son las siguientes:

1. – *Formulismo en la conversación*. Un pariente, o incluso un médico, entran, hacen algunas observaciones y preguntas retóricas y se marchan como vinieron, sin dejar tan siquiera que la persona exprese sus temores y pesares internos. Entran y salen, pero su visita parece responder únicamente a motivos superficiales. Algunos llegan e informan a la persona de lo que debería sentir o pensar y prometen que van a regresar, pero no regresan nunca.

2. –*Tratar a la persona como si la enfermedad o el accidente le hubiera transformado en un objeto*. El paciente se siente muy mal cuando otros hablan frente a él como si él no estuviera ya allí. Debemos recordar que incluso una persona inconsciente puede oír lo que se está diciendo. Muchos que han sobrevivido a un estado de coma, han dicho que las oraciones

verbales, fieles, de otros, las oyeron y significaron mucho para ellos. Debes orar con la persona, tanto si sabes que ella te puede oír como si no.

3. – *No hacer caso o rechazar los indicios que intenta dar la persona*. Es posible que quiera hablar de lo que sucede. ¿Qué contestarías a quien te dijese: «Creo que voy a morir pronto»? Muchos responden con: «De ningún modo, esto es una tontería. Vas a vivir muchos años.» No es esto precisamente lo que la persona necesita oír. Tus sentimientos y la forma en que interpretes los suyos son de vital importancia para el paciente.

4. – *Abandono literal*. Algunas veces los pacientes terminales que hay en las enfermerías u hospitales se hallan prácticamente abandonados. Los suyos se excusan diciendo que quieren recordar a la persona tal como solía ser, o bien que recibirá mejores cuidados en la enfermería de los que les darían en la casa. Con frecuencia esto no es más que una reacción al temor que sienten con relación a su propia muerte. Debido a las implicaciones de esa muerte, procuran separarse del enfermo en alguna forma. Se ha comprobado también que algunas personas que tienen contacto íntimo con un enfermo terminal (la esposa, por ejemplo) le besan, los primeros días, en los labios al despedirse. Días más tarde, en la frente; posteriormente, en la mano, y al final le «dirigen» un beso simbólico desde el otro lado de la habitación. El paciente interpreta esto como una forma de rechazo y abandono.

Permitidme hacer una pausa para tratar por unos momentos el escabroso tema de si debería llevarse al enfermo a que muera en su casa. Para algunos sería mejor si lo desean, pero los hay que se sienten más cómodos quedándose en el hospital. Lo preferible en cualquier caso es que, estén donde estén. se sientan más seguros en una atmósfera sincera, y que reciban los mejores cuidados.

Muchas personas pasan por el período de pena de forma avanzada ante la muerte inminente de un enfermo terminal en la familia. Experimentan los mismos estadios de pena que la persona enferma. Los pastores y consejeros deben ayudarles a que realmente visualicen los estadios que siguen a la muerte, como el funeral y el duelo, antes de que llegue el momento. Es un acto de preparación que es necesario.

He hablado con varios que no se daban cuenta de que existe este proceso de pena antes de producirse la muerte de un ser querido. Recientemente, una parienta mía lejana experimentó la muerte de su madre. Se quedó un poco sorprendida cuando su padre volvió a casarse transcurridos ochos meses del fallecimiento. El hecho de que el marido había experimentado el período de pena durante los últimos tres años previos al fallecimiento inminente, le permitió adaptarse, y seguir adelante en su vida, en un breve período de tiempo después de la muerte.

La pena sobre una pérdida que uno sabe que ocurrirá puede ser menos severa que la pena que sigue a una muerte repentina, inesperada. Hay cuatro estadios básicos en la pena anticipatoria:

1. *Depresión.* Ésta ocurre después del diagnóstico.

2. *Preocupación aumentada por la persona enferma.* En una muerte inesperada hay, con frecuencia, sentimiento de culpa sobre hechos como el no haber sido lo suficiente amable, no mostrar suficiente amor, haber discutido con la persona, y así sucesivamente. En la pena anticipatoria, gran parte de esa culpa puede eliminarse mediante la oportunidad de mostrar mayor amor, mayor preocupación y compasión por el afectado. Hay oportunidad de terminar los negocios personales antes del fallecimiento de la persona.

3. *Ensayo mental de la muerte de la persona.* Es muy común que uno ensaye en su imaginación lo que hará cuando haya muerto el enfermo. Anticipa de qué forma se sentirá, cómo será consolado, y lo que hará realmente. Muchos toman las disposiciones necesarias para el entierro por adelantado, hecho que les ayuda a estar preparados cuando se produce la muerte.

4. *Los reajustes a la consecuencia de la muerte.* Los que quedan reajustan su vida sin la persona fallecida y empiezan a considerar el futuro (17).

Recuerda estos tres puntos clave cuando ministres en este tipo de crisis:

Una persona desconsolada, no importa cuál sea su edad, necesita un hogar, *un lugar seguro*. Necesita su propia casa. Hay mucha gente que prefiere abandonarla porque les trae recuerdos de la pérdida que han sufrido, pero renunciar al hogar y trasladarse a otro aumenta el sentimiento de pérdida. Un cambio o traslado temporal puede ser bueno, pero los alrededores familiares son beneficiosos.

El desconsolado necesita también *personas seguras* con las que se sienta bien. Los amigos, parientes y el pastor, son imprescindibles para proporcionarle el apoyo emocional que necesita. Es mejor visitar a una persona cuatro veces por semana durante diez minutos que ir a verla durante una hora una sola vez. La asiduidad es un sostén y apoyo continuo, sin que llegue a agotar al afectado.

Finalmente, la persona que se ha quedado sola necesita *situaciones seguras*. Cualquier clase de cosa que le proporcione alguna ocupación que valga la pena realizar le beneficia. Se recomienda que dichas ocupaciones sean simples y sencillas y que en modo alguno le puedan crear ansiedad. En una ocasión, un pastor visitó un hogar en el cual la señora había perdido a su marido. Era notable que había entrado y salido gente durante todo el día y que ella estaba cansada de atenderla y de recibir sus condolencias. Cuando el pastor llegó le dijo: «Mire, hoy he tenido un día agotador. ¿Sería demasiado pedirle que me hiciera una taza de té o de café?» La mujer respondió y preparó el café. Cuando el pastor ya se iba, ella le dijo: «Gracias por haberme pedido que le hiciera el café. He empezado a sentirme útil de nuevo.»

Pero, por encima de todo, lo que más necesitamos para ministrar de modo efectivo a los demás en este tipo de crisis es una comprensión clara de lo que es la muerte. Para el cristiano, la muerte es una transición, un túnel que nos lleva desde este mundo al otro. Quizá el viaje nos asuste un poco debido a que hemos de abandonar la seguridad que sentimos aquí y hacer frente a lo desconocido, pero, por el destino final, vale la pena pasar la incertidumbre presente.

John Powell, en *The Secret of Staying in Love,* nos da el siguiente pensamiento para que lo consideremos:

«Este libro está dedicado, con agradecimiento, a Bernice. Ella ha sido una fuente de apoyo en muchos de mis trabajos literarios previos. Ha contribuido generosamente con un ojo crítico excelente, un sentido literario cultivado y, sobre todo, brindándome siempre ánimos y confianza. No obstante, no conseguí que me ayudara en la preparación de este libro. El día 11 de julio recibió una oferta mejor. Fue llamada por el Creador y Señor del universo para unirse a la celebración del banquete de la vida eterna» (18).

NOTAS

1. Joyce Landford, *Mourning song* (Old Tappan, N.J.: Revell, 1974), p. 26.
2. Bertha G. Simos, *A time to grieve: Loos as a universal human experience* (New York: Family Service Association of America, 1979), pp. 10-11; 29-29.
3. Roy W. Fairchild, *Finding hope again: A Pastor's guide to counseling depressed persons* (San Francisco: Harper and Row, 1980), pp. 123-14.
4. Ibid., p. 117
5. Adaptado de V.D. Volkan y D. Josephthal, «The treatment of established mourners», de *Specialized techniques in individual psychotherapy*, T.B. Karasu and L. Belleck, eds. (New York: Brunner-Mazel, 1980), sin página señalada.
6. Joshua Liebman, *Peace of mind* (New York: Simon and Schuster, 1946).
7. Granger Westberg, *Good grief* (Philadelphia: Fortress, 1962), pp. 30-37, adaptado.
8. Landorf, p. 147.
9. Adaptado de Naomi Golan, *Passing through transitions* (New York: The Free Press, 1981), pp. 171, 175-82.
10. Joe Bayly, *The last thing we talk about*, título original *View from a hearse* (Elgin, Ill.: David C. Cook, 1973), pp. 40-41.
11. Landorf, p. 145.
12. Brenda Q. Hafen and Brenda Peterson, *The crisis intervention handbook* (Englewood Cliffs, N.J.: Prentice Hall, 1982), pp. 43-44.
13. Ibid., pp. 44-48, adaptado.
14. Landorf, p. 53.
15. Bayly, n.p.
16. Landorf, pp. 83-84.
17. Adaptado de Richard Shult, *The psychology of death, dying and bereavement* (Reading, Mass.: Addison-Wesley, 1978), pp. 140-41.
18. John Powell, *The secret of staying in love*, Dedicatoria. (Allen, Texas: Argus Communications, 1974), n.p.

⑨

La crisis que no acaba nunca:
El divorcio

Una pareja estaba sentada en mi despacho para su primera sesión de consejos prematrimoniales. Después de haber discutido algunas cuestiones preliminares, la muchacha explicó algo que realmente la preocupaba:

«Cuando yo tenía tres años» –dijo– «mis padres se divorciaron. Sólo he visto a mi padre natural ocho o nueve veces en la vida. Mi padrastro es mi verdadero padre y le amo como si lo fuera. De hecho me siento abandonada por mi verdadero padre. Ahora, con motivo de nuestra boda, mi padre me ha llamado y me ha dicho que está pensando venir ¡para llevarme en la ceremonia!»

Entonces el novio tomó la palabra: «Y eso no es todo» –dijo–. «Los padres de Jane se divorciaron y los dos se han vuelto a casar, y mis padres se divorciaron hace tres años y se han vuelto a casar. ¿Cómo y dónde les vamos a hacer sentar durante la boda?»

Los divorcios habían concluido y cada uno de los padres se había establecido en sus nuevos matrimonios. Pero, ¿habían terminado realmente los divorcios? No existe un verdadero final al dolor del divorcio. Las parejas no se casan con

211

la intención de divorciarse. Pero cuando esto sucede afecta a muchas personas además del marido y la esposa.

El divorcio es una crisis que afecta a la pareja, a los hijos, a los parientes, a los amigos y a los socios de los negocios. Los cambios que se producen como resultado del divorcio son causa de sentimientos de fracaso por parte de los dos, marido y mujer, y desequilibran a todos los afectados. Los niños experimentan toda una serie de emociones. Algunos se encuentran con que no solamente pierden al cónyuge, sino que, con él, también a otras personas significativas en su vida.

El divorcio es una experiencia larga y continua, que dura toda la vida, y durante la cual la persona tiende a sufrir crisis en diferentes ocasiones. La paradoja principal del divorcio es que el matrimonio ha muerto y concluido en su aspecto legal, pero la relación continúa.

Cuando muere un ser querido, existe un final dignificado para la relación y unos rituales de duelo. La persona, por regla general, recibe mucho sostén por parte de otros creyentes. Pero cuando se produce un divorcio no hay rituales de duelo y los afectados se ven carentes de todo apoyo. No se produce una separación absoluta, sino que la persona ha de continuar en relación con su anterior cónyuge durante y después de los procedimientos legales. En el fallecimiento de un cónyuge se produce una rotura total al morir la persona y la relación, pero en el divorcio sólo se produce la muerte de la relación.

Los seis estadios del divorcio

Hay seis estadios que se superponen y que experimenta la persona que pasa por el curso de un divorcio. Aunque no todos los divorciados experimenten los estadios en el mismo orden o con el mismo grado de intensidad, la mayoría de ellos pasan por todos ellos. Es necesario conocerlos bien, así como también la tensión específica que ocasiona el divorcio, a fin de poder ministrar a la persona o pareja afectada.

212

El *divorcio emocional* es el primer estadio visible. Comienza ya durante el matrimonio cuando uno de los esposos, o ambos, empiezan a dejar de sentir emoción en su relación mutua. La atracción y confianza mutua han disminuido y cesan de reforzar sus sentimientos de amor del uno hacia el otro. Por desgracia, es probable que tengas en tu iglesia parejas que viven en este estado durante toda su vida. Nunca llegan a separarse o divorciarse, pero permanecen emocionalmente distantes el uno del otro y fallan en el mejoramiento de su relación. En el divorcio emocional, la obsesión de no ser para el otro el «número uno» se acentúa más y más. Durante este período los sentimientos se concentran sobre las áreas negativas de la personalidad del cónyuge en lugar de hacerlo sobre las positivas.

El segundo estadio es el *divorcio legal*. Uno, o los dos cónyuges, puede eventualmente ponerse en contacto con un abogado con el fin de decidir sus planes de divorcio y completar una multitud de formalidades y requisitos. En muchos países las leyes hacen que la disolución de un matrimonio sea algo relativamente simple. No obstante, una de las razones que hacen que el divorcio sea una experiencia emocional difícil es, precisamente, el proceso legal, que, aunque provee la fácil disolución del matrimonio, no provee la descarga de emociones que genera.

Durante el período de divorcio emocional, sea antes o durante la fase legal, uno de los esposos ha de tomar la decisión de abandonar la familia. Aquí es precisamente donde el sentimiento de pérdida alcanza toda su magnitud. Incluso cuando la persona cambia de residencia por razones positivas de trabajo, suele experimentar tensión. Mucho más cuando el traslado se produce como resultado de un divorcio. Con frecuencia los padres que se divorcian vacilan en decir a sus hijos la verdad en esos momentos, les confunden diciéndoles que están probando para ver si con esto mejoran las relaciones en el matrimonio. Pero los hijos, en la mayoría de los casos, se dan cuenta en seguida de lo que está sucediendo.

La separación es un trastorno de envergadura para todos los componentes de la familia, que se ven abocados a una reorganización total de todas sus costumbres y estándares. Durante este período los afectados suelen recibir el apoyo emocional de los parientes o amigos cercanos, que siempre es útil. Pero el grave peligro está en que según el partido que tomen, sea por el uno o por el otro, la parte contraria llegue a considerar a estos parientes, amigos, e incluso a la iglesia y sus miembros, bien como aliados o bien como enemigos. Éste es el momento en que se necesita de alguien que preste una ayuda profesional objetiva, como un consejero o pastor, además de un abogado.

El tercer estadio, el *divorcio económico*, puede alterar el estilo de vida de los afectados. Una madre que nunca se había planteado el trabajar, puede encontrarse buscando un trabajo porque le es necesario. ¿Tiene tu iglesia previstas tales situaciones para ayudar durante este período de reajuste o búsqueda de empleo? En otros casos hay mujeres que, pese a no necesitarlo económicamente, prefieren, al sentirse libres, buscarse un trabajo que les haga sentirse útiles. Quizás ésta es la primera vez que han tenido oportunidad de trabajar. Hay, por lo demás, un sinfín de pequeñas decisiones que tomar, tales como quién se queda con el coche, la radio, los animales caseros y otras.

La cantidad asignada al cónyuge, el sostén de los hijos, la propiedad común (u otras clases de derechos de propiedad que dependen del país en que se reside) son cuestiones que han de ser discutidas con el abogado y decididas por ambos o por un tribunal.

Algunos matrimonios llegan a ponerse de acuerdo sobre la división de la propiedad y las responsabilidades financieras; pero en otros casos se crean en la pareja resentimientos, hostilidades y sentimientos de desquite que impiden llegar a soluciones equitativas. La necesaria reestructuración del área financiera en la vida de la persona hace más evidentes las realidades del divorcio.

214

El cuarto estadio es el *divorcio paterno*. El mayor daño y el más duradero suele producirse durante este período. Los padres se han divorciado el uno con respecto al otro, pero no lo han hecho de cara a los hijos. Hay que hacer entender a los hijos que aunque los adultos se divorcien entre ellos, no es posible divorciar a los padres de los hijos. Pero, por desgracia, muchos hijos reciben la impresión de que también ellos se han divorciado de uno de los padres.

El proceso de divorcio puede ser fácil o difícil sobre el niño, según los padres deseen hacerlo. La pérdida de perspectiva de un padre o de una madre es uno de los problemas más peligrosos que se presentan en este estadio. La amargura y la ira contenidas en cualquiera de ellos, pueden hacer que se sienta justificado al echar toda la culpa de lo sucedido sobre el contrario. Al atacar de esta forma a su ex cónyuge, fuerza a los hijos a tomar partido en favor del uno o del otro. Cuando ministres a personas divorciadas asegúrate, antes de hacer nada, de si existe en ellos esta tendencia y ayúdales a evitar que cometan esta seria equivocación.

El quinto estadio es el *divorcio con la comunidad*. Éste se caracteriza por la soledad, que puede estar originada por un cambio en el estado social. Si el divorciado pertenecía a un club social, a una clase de Escuela Dominical, a los que asistía en pareja, etc., ahora puede que se sienta desplazado e incómodo. Tanto él como ella puede que hayan sido miembros de la junta de la iglesia o maestros de la Escuela Dominical. ¿Qué reglas tiene establecidas la iglesia para casos como éstos? ¿Alientas a la persona para que siga en su cargo o, por el contrario, le pides que dimita? Es una decisión difícil en la que tú mismo debes preguntarte qué es mejor para el Cuerpo de Cristo y qué es mejor para la persona misma. El pedir a la persona que dimita puede significar una pérdida adicional que alimente sus sentimientos de culpa y aislamiento.

Con frecuencia los miembros de la iglesia no saben lo que deben decir al que está pasando por un proceso de divorcio ni saben, tampoco, lo que deben callar. Hay gente casada que se siente amenazada por la presencia de una persona divorciada. Sus reacciones son, con frecuencia, más un reflejo de su propia inseguridad que un rechazo del divorciado. Los amigos íntimos pueden ser fuente de sostén en el momento de divorcio y esto puede ser de ayuda. Durante todo el proceso hay que alentar al afectado a que confíe en sus amistades, pero también hay que procurar que se dé cuenta de algunas de las reacciones negativas que puedan presentarse por parte de los demás y que es muy posible tenga que experimentar.

Hay doce formas típicas en que reaccionan los amigos ante un divorciado.

1. – Puede experimentar ansiedad o temor al oír que el amigo se ha divorciado. Quizá, si había considerado a dicha persona o a su relación matrimonial como un modelo, parte de su propia seguridad empieza a tambalearse. Puede comenzar a reflexionar sobre su propia relación matrimonial y cuestionarse la dirección que sigue.

2. – Una segunda reacción es la vergüenza. Se podría dar el caso de que estén experimentando las mismas dificultades que la pareja divorciada y, sin embargo, no han sido capaces de resolverlas de la misma forma. No han decidido divorciarse, ni tampoco han dado pasos positivos para mejorar su propio matrimonio. Pero ahora se ven frente a alguien que ha dado un paso y se sienten incómodos por no hacer lo que consideran deberían hacer para mejorar su propia relación.

3. – Hay veces en las que un amigo se preocupa en exceso por el divorcio de otro; el problema se halla permanentemente en su mente. Habla del mismo constantemente y busca información adicional. Considera como si se le hubiera

dejado participar en un secreto, en especial si la noticia del divorcio le llega como una sorpresa. Muestra poco tacto y delicadeza haciendo excesivas preguntas de carácter personal.

4. – Con frecuencia sucede, cuando se produce una separación o divorcio, que los amigos tengan fantasías y deseos de relación sexual con uno de los cónyuges. Las fantasías pueden haber tenido lugar antes del divorcio, y ahora se intensifican, pudiendo ser incluso expresadas abiertamente tras el divorcio. Una mujer divorciada puede recibir de repente una cantidad excepcional de atención por parte de sus amigos del sexo masculino. Esta atención se ofrece bajo la máscara de una ayuda y soporte desinteresado.

5. – Por extraño que parezca, hay algunos que experimentan placer por los sufrimientos y fracasos de los demás. Si una pareja ocupa un lugar prominente, o son ricos, tienen gran talento o un elevado estado social, el fracaso de la relación matrimonial puede ser visto con placer por aquellos que los envidian.

6. – Es sabido que hay personas que se sienten superiores con respecto a los amigos divorciados. Se consideran orgullosos de su propia relación matrimonial y miran a los divorciados como débiles, inferiores, fracasados, o como personas de segunda clase que han pecado.

7. – La sorpresa es otra reacción común. Algunos amigos no pueden imaginar que precisamente esta pareja tenga dificultades. En ocasiones, esta sorpresa adopta la forma de protesta: «¡No es posible que vosotros...! ¡No es verdad, no va de veras! ¡Id y procuraos ayuda! ¡Pensad en los niños!» Si la persona sorprendida es un amigo íntimo o un socio del negocio, es posible que tema, también, que el divorcio afecte a su propio matrimonio o al negocio cara a los demás.

8. – Los amigos de la pareja divorciada pueden experimentar cierto grado de pérdida y pena emocional. La estabilidad de los divorciados puede haber supuesto en otro tiempo un sostén emocional en sus propias vidas y ahora

dicho apoyo desaparece. Si la relación entre las parejas es íntima, los sentimientos de empatía son naturales.

9. – Si hay resentimientos entre los divorciados, los amigos pueden experimentar conflictos acerca de la lealtad a uno y otro. El ponerse del lado de uno puede significar la pérdida de un amigo importante emocionalmente, y ello puede intensificar el trastorno y la pena emocional del afectado. Si hay sentimientos de rivalidad, celos y aparecen preferencias, la pérdida puede producir asimismo sentimientos de culpa y bochorno.

10. – Otra reacción a la que los amigos son especialmente vulnerables es el sentimiento de decepción sobre la confiabilidad y la permanencia de las relaciones. No es rara la depresión, especialmente si la estimación propia de la persona estaba parcialmente edificada sobre esta relación. Con frecuencia uno no se da cuenta de la intensidad de estas amistades y cuando ocurre el divorcio viene la desilusión.

11. – Puede surgir una crisis de identidad personal. Los amigos que estaban íntimamente ligados al matrimonio y a las vidas individuales de cada uno de los esposos es posible que tengan que evaluar quiénes son realmente y lo que es importante en sus propias vidas.

12. – Finalmente, hay algunos amigos que sienten curiosidad sobre los arreglos financieros. Los habrá que en realidad estén preocupados. Pero para otros no es más que curiosidad. Quieren saber cuánto dinero está implicado, quién recibe qué, si se ha contratado a un buen abogado, quién tiene ventaja y qué se ha decidido sobre el mantenimiento de los niños. Si el amigo inquisitivo tiene una identificación personal intensa con uno de los cónyuges, la curiosidad se hace también más intensa (1).

Tanto los amigos como los demás miembros de la congregación necesitan instrucción respecto a la forma en que ministrar a los que pasan por el proceso del divorcio.

¿Has predicado tú, o alguien, un mensaje sobre el tema, o enseñado una lección en tu iglesia sobre la experiencia por

218

la que pasan las personas que se divorcian y lo que pueden hacer y decir los demás para ayudarles? Quizá sea bueno que les expliques sobre las doce reacciones comunes al divorcio enumeradas antes, y consideren en qué punto están ellos mismos.

El último de los seis estadios es el *divorcio psíquico*. Durante este período una persona divorciada pasa a ser autónoma, separada de la influencia, presencia y, quizás incluso de los pensamientos del cónyuge anterior. Esta autonomía no es más que el distanciamiento entre uno y otro. Es uno de los estadios más difíciles, pero puede ser una oportunidad para que aprenda a ser una persona total, independiente y creativa. También puede ser una ocasión para reflexionar sobre sus responsabilidades y acciones y, a la vez, una oportunidad para iniciar cambios positivos.

El divorciado debe darse cuenta de que el *stress* emocional, e incluso el duelo, son normales durante este período. El divorcio trae consigo el *shock* de la separación. Cuanto más tiempo haya durado el matrimonio, mayor es la profundidad del sufrimiento. El final de una relación puede acarrear oleadas de depresión, compasión por uno mismo, sentimientos de culpa, remordimiento y temor. La intensidad de estas reacciones viene determinada por el grado de importancia que ha tenido el matrimonio en la formación de la identidad de la persona divorciada. Pero es el momento apropiado en que el afectado debe aprender a depender de sí mismo, a ser autónomo, sin depender de un apoyo ni sentir la necesidad imperiosa de darlo (2).

Haciendo frente al divorcio

El período de transición del divorcio es un proceso que puede durar dos años o más. Al mismo tiempo que se van sucediendo los seis estadios del divorcio a los que antes nos hemos referido, hay una serie de fases que se desarrollan conjuntamente, cada una de las cuales presenta sus objetivos y tareas. Es importante estar atentos a ellas para poder identificar en qué fase se encuentra la persona que viene en busca de ayuda.

La primera fase es la *negación*. Ésta empieza mucho antes de la propia tensión que empuja al matrimonio a un estado de crisis. El afectado toma por costumbre echar mano de la negación para mantener vivo el matrimonio. En el curso de los años en mi período como consejero matrimonial, he visto esto una y otra vez. Los hombres principalmente se resisten más a enfrentarse a los problemas matrimoniales y pueden limitarse a darle la razón a la esposa. Tienden a interpretar esos problemas de una forma más positiva, lo que motiva que la esposa termine con el sentimiento de que, o bien está equivocada en su modo de ver, o que a su marido no le importa absolutamente nada todo aquello.

Durante este período suelen darse cuenta de los problemas, pero creen que pueden acomodarse a las dificultades. Pueden incluso preferir dejar el matrimonio en la forma en que está, antes que hacer el esfuerzo necesario para cambiarlo. Esto lleva a una relación muy frágil, en la que hasta la menor tensión puede provocar una crisis.

Una segunda fase es la de la *pérdida y depresión*. Cuando una pareja no puede hacer ya frente a sus problemas comunes, llega a la conclusión de que el principal problema está en seguir juntos. Los sentimientos de uno de los cónyuges pueden llevarle a acudir al pastor en busca de ayuda, o a un médico o consejero. Hay, por tanto, que ayudarle a expresar sus temores sobre el futuro del matrimonio y las posibles consecuencias.

La tercera fase de este proceso, *la ira y la ambivalencia*, tiene lugar cuando el fin del matrimonio pasa a ser una realidad. La depresión que estuvo presente al principio empieza a retroceder un poco para dejar paso a un sentimiento de ira subyacente. Las pugnas y discusiones ocurren con frecuencia sobre las varias decisiones legales a que hace frente la pareja. No es extraño ver que uno de los esposos se comporta como

220

un adolescente rebelde, mientras que el otro lo hace como un padre indignado. Los sentimientos de ira hacia la otra persona son mixtos, con ambivalencia sobre la conveniencia de finalización del matrimonio.

La cuarta fase es la *reorientación del estilo de vida y la identidad.*

Con el paso del tiempo, cada uno de los cónyuges se preocupa menos de lamentar el pasado y demostrar su ira hacia el otro y empieza a mirar hacia el presente y el futuro. Si el divorcio es una realidad, es necesario seguir adelante en la vida. Este cambio da lugar, una vez más, a la pregunta: «¿Quién soy?» Para contestarla apropiadamente debe formarse una nueva identidad en cada una de las áreas de su vida: vocacional, sexual y social. Hay que tener en cuenta que, al margen de quién haya sido el que haya solicitado el divorcio, la confianza de ambos queda dañada. Éste puede ser, asimismo, un momento de dificultades sexuales, puesto que la propia estima disminuye y la persona puede sentirse sexualmente indeseable o inadecuada.

La autoestimación dañada puede impulsar al divorciado a un intento de reedificarla, pero con frecuencia en formas que causan más daño todavía. En muchas ocasiones el divorciado se lanza a nuevas relaciones demasiado pronto, a fin de asegurarse de que otros le tengan como sexualmente deseable. Pero su estabilidad emocional es todavía débil, lo que las hace peligrosas.

Con la quinta fase viene la *aceptación y consecución de un nuevo nivel de actuación.* A partir de aquí es ya capaz de manejar sus propios sentimientos, de moverse hacia relaciones y compromisos más duraderos, emocionalmente más profundos. Algunos son capaces incluso de aceptar nuevamente al antiguo cónyuge; y el hecho mismo del divorcio puede llevarle a una mejor relación con el ex cónyuge, los hijos, y los ex cuñados, etc. Éste es el período en que la persona va acostumbrándose a subsistir sin su cónyuge y las relaciones de los hijos con el esposo ausente pasan a ser una rutina. Se llega a un equilibrio en la vida, y el duelo o pena por la relación anterior queda resuelto (3).

Ministrando a las personas divorciadas

Cuando estés ayudando a una persona en proceso de divorcio, recuerda que los principios generales del aconsejar sugeridos para ayudar a una persona en cualquier tipo de crisis se aplican también en este caso. Hay que mostrar sensibilidad y comprensión a los sentimientos del divorciado respecto a su divorcio a la luz de la enseñanza de la Escritura y de tu propia iglesia. Piensa que el afectado puede incluso vacilar en venir a pedirte ayuda, debido a su preocupación sobre las ideas y enseñanzas de la Iglesia con respecto al divorcio.

Una de las situaciones más difíciles de resolver es intentar ayudar al cónyuge que no desea el divorcio y quiere que tú te las ingenies en encontrar una solución que dé resultado. Debes recordar que aunque puedas ser el consejero pastoral más hábil a disposición, el cónyuge que quiere el divorcio va a divorciarse, al margen de tu habilidad. En la mayoría de los casos no hay nada que pueda detener un divorcio. El cónyuge lastimado va a adherirse a cada una de las promesas de la Palabra de Dios que le den esperanza. Puede que diga: «Sé que Dios puede devolverme a mi esposo o esposa. He leído sus promesas, y sé que no quiere el divorcio. Su voluntad es que estemos juntos y yo voy a esperar y orar. No me diga otra cosa. No quiero hacer ningún plan de divorcio o hablar con un abogado. Esto sería dudar de Dios.»

Con frecuencia estas personas creen que si no se oponen a nada en la propuesta de arreglo, su cónyuge va a considerar esto como un acto de amor y va a desearle una vez más. Pero tristemente las cosas no funcionan de esta forma. Raramente he visto que este enfoque diera resultado. Y muchos de mis aconsejados han apreciado que les dijera esto con toda confianza antes de consultar a un abogado. He visto muchas parejas en el aconsejar matrimonial que daban marcha atrás desde el borde del divorcio y volvían a una relación saludable. Esto es posible. Pero hay que ser realista cuando se trabaja con la persona que se siente rechazada. Por desgracia, esta persona acude frecuentemente al consejero después de haber leído algún libro que afirma que si se siguen los trece principios enumerados en el libro, su cónyuge va a retornar a él o a ella. Esto le da una esperanza falsa, haciendo que el impacto del divorcio sea aún peor, y demora el proceso de resolución.

Es importante que el consejero tenga algunas nociones legales sobre los procedimientos de divorcio en su país y esté en contacto con abogados cristianos honrados y competentes a los cuales enviar sus pacientes. No intentes responder a preguntas de carácter legal si no tienes conocimientos profundos sobre el tema; antes bien, alienta al afectado a que busque el consejo de un abogado.

Cuando viene a verte una persona, trata de averiguar en qué estadio de la crisis se encuentra. En algún punto de la conversación discute con ella los diferentes estadios que va a experimentar, de modo que pueda ver por adelantado el curso del proceso y evite el verse abrumado por sensaciones desconocidas. Infórmale, quizás por escrito, de las varias reacciones de los amigos, de modo que esté sobre aviso y le cojan por sorpresa. Establece ya desde la la primera sesión el punto exacto en que se encuentra dentro del proceso transicional, e identifica las cuestiones específicas con las que esté luchando.

Uno de los pasos más importantes en este proceso es el de «soltar» la relación anterior, que incluye: el cónyuge, los hijos, el estilo de vida, la casa, y así sucesivamente. Vas a tener que ayudarle a expresar sus sentimientos de depresión, pena, ira y frustración. A medida que el proceso de aconsejar va avanzando, ayúdale a enfrentar las cuestiones pasadas que hayan sido causa de su problema. El afectado necesita consejos específicos sobre los problemas y dificultades con los que se enfrenta. Es una oportunidad única para las «terapias de grupo» que hay disponibles en algunas iglesias. Así como el alcohólico en estado de recuperación necesita las reuniones de «Alcohólicos Anónimos», además del consejo personal, para conseguir óptimos resultados, la persona divorciada necesita tanto la «terapia de grupo» como la consejería personal. Necesita tanto la guía anticipatoria como la asistencia para aprender nuevas actividades y habilidades en la vida. Puedes recomendarle libros que le ayuden y otras personas con las que pueda hablar que hayan pasado por la misma o similar experiencia.

Uno de los puntos más importantes a considerar para poder ayudar al divorciado es valorar la cantidad de resentimiento que pueda tener. La ira sobre la herida y el rechazo son muy normales, pero ha de llegar un momento en que se desvanezca. Por desgracia, algunos siguen sintiéndose heridos y dejan que esta experiencia les importune durante años y años.

Hay varias preguntas que puedes pedirle que conteste, preferentemente durante la semana en su casa y sobre un pedazo de papel. Pero no utilices este cuestionario durante la primera fase de la crisis, sino en el momento en que creas puede resultar apropiado. Pídele que las conteste las preguntas de forma total, sinceramente, detalladamente, y que te traiga el papel en la próxima sesión.

1. – ¿Qué quejas y resentimientos siento todavía contra mi cónyuge?

2. – ¿Cuánto tiempo hace que los tengo?

3. – ¿Soy veraz en mi recuerdo de los sucesos que me afectan?

4. – ¿Quién apoya mi postura? ¿Quién está de acuerdo conmigo?

5. – ¿Qué beneficio obtengo de saber que otros me apoyan en mi forma de pensar?

224

6. – Describa el beneficio que cree sacar de castigar o penalizar a la otra persona.

7. – ¿A quién estoy castigando realmente?

8. – ¿Quiero de veras causar daño a esta otra persona?

9. – Describa todas las acusaciones que haya hecho contra su cónyuge.

10. – A continuación escriba todas aquellas de las que tenga certeza de que son verdaderas.

11. – Note la diferencia, si existe, en la longitud de ambas listas.

12. – ¿Qué podría decir o hacer mi cónyuge con respecto a mí que pudiera mejorar mis sentimientos con respecto a él o a ella?

13. – ¿En qué quisiera que mi cónyuge estuviera de acuerdo conmigo?

14. – Describa lo que debe decir a esta persona para poder ser más sincero con él o ella.

15. – Describa todo lo negativo que crea que esta persona le ha hecho.

16. – ¿Cuáles son las cosas positivas que cree que ha hecho Vd. «por él o por ella»?

17. – ¿Cuáles son las cosas positivas que cree que él ha hecho «por Vd.»?

18. – ¿Saco beneficio en procurar demostrar que esta persona ha obrado mal? Si es así, ¿cuál es el beneficio?

19. – ¿Recibo algún beneficio de contar mis «miserias por su culpa» a mis amigos y parientes?

20. – ¿Estoy contando los hechos objetivamente con referencia a lo que la otra persona ha hecho?

21. – ¿Qué es lo que quiero hacer para seguir adelante en la vida?

22. – Describa en qué forma ora por su cónyuge en estos momentos.

23. – Describa la forma en que crea que Dios valora su actitud en estos momentos.

24. – ¿Está esto en conformidad con las Escrituras?

Mi experiencia es que muchas personas tienen dificultades para desprenderse de sus resentimientos. Muy pocos son los que nacen con la capacidad de perdonar. Perdonar es una facultad que debe ser aprendida. El creyente tiene mayor oportunidad de aprender y practicar esto por el hecho de que él mismo ha sido perdonado. Una de las preguntas que hago con delicadeza al aconsejar cuando del resentimiento y del perdón se trata es: «¿Se da cuenta de que manteniendo el resentimiento hacia esta persona, en realidad le está desvelando sus pensamientos, abriéndole sus defensas y dándole a él o ella control sobre sus emociones?» Los aconsejados, en general, me miran sorprendidos y preguntan: «¿Qué quiere decir?» «Lo que quiero decir es que, al mostrar al otro sus reacciones de resentimiento, está brindándole una oportunidad para limitarlas o provocarlas, dejándole así a él o ella el control sobre sus propias emociones.» Con frecuencia el aconsejado dice: «Nunca me lo había planteado de esta manera.» Después de considerarlo desde esta nueva perspectiva, muchas personas deciden que no vale la pena seguir guardando resentimiento.

Aprendiendo a perdonar

Pero la pregunta más importante es: «¿Cómo aprendo a perdonar a la otra persona?» Permitidme sugerir un enfoque que incorpora algunas de las mejores técnicas actualmente en uso de los terapeutas (4) y que resultan efectivas tanto si la persona contra la que se guarda el resentimiento vive todavía o ha muerto. Empiezo pidiendo al afectado que complete por escrito los siguientes pasos:

Primero. Enumere todos los resentimientos que sienta hacia la persona en particular. Enumere cada uno de los daños o heridas que recuerde le ha causado, con todo el detalle que le sea posible. Escriba exactamente lo que sucedió; cuáles eran sus sentimientos entonces y cuáles son ahora.

No olvide que al hacer esta lista puede experimentar Vd. un grave trastorno emocional. Pueden reaparecer otra vez en la superficie sentimientos enterrados, y puede sentirse muy afectado durante un tiempo. Antes de escribir, y durante el proceso, pida a Dios que le revele las lagunas más escondidas y recónditas en su memoria, de modo que cada una de ellas tenga acceso a secarse, y déle gracias de que le sea posible superar y expulsar estos sentimientos. Imagínese a Jesucristo en la habitación con usted sonriéndole y dándole su aprobación a lo que está haciendo. Imagine que le dice: «Quiero que quedes limpio y libre. Que nunca más andes cojo, ciego o sordo por causa de lo que te ha sucedido.»

No muestre estas listas a nadie.

Segundo. Después de enumerar tantos resentimientos como le sea posible, pare y descanse por un momento. Al hacerlo podrá recordar otras cosas que necesita compartir. Probablemento no las recuerde todas, y tampoco hay necesidad de ello.

Tercero. Al completar el escrito vaya a una habitación en la que haya dos sillas. Imagínese a la otra persona sentada delante y escuchando lo que usted le está diciendo. No tenga prisa, mire a la silla como si la otra persona estuviese allí sentada y empiece a leer su lista. Al principio es posible que se sienta nerviosa e incómoda. Pero estos sentimientos van a pasar pronto. A medida que comparta imaginariamente el contenido de la lista con la otra persona, es muy probable que vaya ampliándola.

Luego, después de haber leído la lista de ofensas, quédese sentada, tranquila, e imagínese que esta persona está contestándole de forma positiva. Y piense que le está diciendo: «Quiero oír lo que tienes contra mí, y lo acepto. Por favor, sigue y dímelo. Me es necesario oír lo que tengas que decirme.»

Imagínese, de la forma más real que pueda, que la persona con la que está resentida le está escuchando verdaderamente, mostrando su aceptación y haciéndose cargo de sus sentimientos. Exprese sus sentimientos con plena libertad. Puede sentirse profundamente airada, deprimida, ansiosa y otras cosas. Comparta todos sus sentimientos con la persona imaginada. Recuerde que no sólo hay otra persona con quien está compartiendo sus sentimientos presentes y pasados. Jesús está allí también, dándole ánimos, escuchándole y alentándole a que lo haga. Es posible que observe que compartir y manifestar uno solo entre muchos resentimientos es todo lo que puede tolerar en una sola ocasión. Si se halla emocionalmente agotada, haga una pausa y descanse. Después de haberlo hecho, puede continuar con sus tareas normales del día. En otra ocasión continuará compartiendo su lista de resentimientos.

Finalmente, y antes de concluir el tiempo en que ha estado compartiendo sus sentimientos, cierre los ojos e imagínese que ve a la otra persona, y a Jesús, y que usted tiene las manos sobre los hombros de uno y de otro. Pase varios minutos visualizando esta escena. Imagine a la persona que le ha ofendido aceptando lo que le ha dicho.

Una vez haya completado todos estos pasos, probablemente tendrá que repetirlos varias veces, durante un período de semanas, hasta que el pasado sea puramente una memoria histórica. Si hay más de una persona implicada será necesario que complete estos pasos con cada una de ellas.

Otro método de ayuda es escribir una carta a la persona resentida. Pero asegúrese de no entregarla realmente a la persona a la que va dirigida. Para algunos, el compartir por escrito, puede resultar más útil y efectivo que verbalmente.

Empiece la carta como cualquier otra. Querido... No se trata de redactar una pieza literaria con rebuscado estilo y total corrección ortográfica. Se trata simplemente de expresar, volcar, drenar y ordenar sus propios sentimientos. Al principio puede que sea difícil, pero cuando haya empezado verá que las palabras y los sentimientos fluyen. ¡No se detenga! Deje que salgan todos los sentimientos que han estado hirviendo dentro. Éste no es el momento de evaluar si los sentimientos eran buenos o malos, acertados o equivocados. Están allí y tienen que ser salir a flote. Una vez haya completado la carta, es posible que tenga que reposar de esta experiencia (5).

Cuando trabajo con los pacientes en las sesiones terapéuticas y les hago escribir esta carta, les pido que la traigan en la próxima sesión. Con frecuencia me entregan la carta cuando entran en la habitación. «No», les digo, «quiero que, de momento, la conserve usted; vamos a usarla dentro de poco.» Al llegar el momento apropiado les pido que me la lean en voz alta. Como que en el despacho hay un sillón vacío les pido que se imaginen que la persona con la cual están resentidos se halla sentada al frente, escuchando la lectura de la carta (6).

Aparentemente, podría considerarse que la crisis ha terminado, más o menos, una vez la persona ha pasado por todos estos estadios y completado la lista. Durante un tiempo es así, pero cuando avanza hacia un nuevo matrimonio, la crisis con frecuencia reaparece. Si has de trabajar con parejas que se vuelvan a casar, asegúrate de que lean la obra *Matrimonio, Divorcio y Nuevo Matrimonio* (CLIE). Las sugerencias prácticas y las preguntas de este libro te darán la dirección y estructura que puedas necesitar.

Analicemos por un momento la crisis que se reabre al producirse un nuevo matrimonio. Muchos que se casan de nuevo, para empezar una nueva vida, se ven obligados a retroceder para resolver cuestiones que quedaron pendientes del matrimonio previo. La adaptación a la nueva situación, no es fácil. No sólo tendrán que hacer reajustes para adaptarse al nuevo cónyuge, sino que frecuentemente también con una familia de «generación espontánea», debido al hecho de que un segundo matrimonio con frecuencia incluye hijos del

229

primer matrimonio, por una u otra parte. En general una familia «mezclada», según se dice, tarda de seis a siete años para estabilizarse. El aconsejar prematrimonial para parejas en segundas nupcias debe ser más extenso que las pocas sesiones de rutina que se dan a las parejas que van a casarse por primera vez. Algunas sesiones deberían incluir también a los hijos.

Antes de abocarse a un segundo matrimonio, es imprescindible haber resuelto las cuestiones pendientes del primero. ¿Cómo puedes saber si esto es realmente así?

Richard Olson y Carole Pia-Terry sugieren las siguientes directrices:

«Una persona ha resuelto adecuadamente el trauma del divorcio si:
–ha aceptado la extinción de su relación matrimonial y la realidad del divorcio;
–ha tomado decisiones respecto a los arreglos del divorcio y respecto a los hijos, de forma que ambos cónyuges puedan vivir con un mínimo de resentimiento.
–ha tomado decisiones sobre asuntos financieros, visitas, custodia, vacaciones, etc., y los arreglos funcionan sin problemas;
–ha aprendido a no sentirse «colgado» de la conducta de su ex cónyuge» (7).

Formando una nueva familia

Los estadios en el proceso de formación de una nueva familia son distintos de los que la persona experimenta cuando empieza su primera familia. Hay tres estadios distintos, que se suceden uno tras otro, pero que se superponen en parte.

El estadio primero es la *recuperación de la pérdida*. El desconsuelo por la primera relación tiene que haber terminado. Hay ocasiones en las que el divorciado retrasa el proceso de

230

ahuyentar la pena por la pérdida de su primer cónyuge hasta que empieza a considerar un nuevo matrimonio, y es precisamente entonces cuando el desconsuelo reaparece. Si la pareja que considera un nuevo matrimonio está en estadios distintos en la resolución de su pérdida o si sólo uno se ha casado antes, pueden surgir complicaciones.

El segundo estadio es *planear el nuevo matrimonio*. Durante este período hay dos tareas básicas a realizar.

Primeramente, cada uno, por separado precisa resolver
1) su propia falta de confianza en su capacidad de mantener una relación íntima y duradera, y
2) su temor a repetir las equivocaciones y problemas del primer matrimonio.

La segunda tarea principal es la de ayudar a todos los miembros de la familia a invertir sus sentimientos el uno para con el otro. Esto requerirá paciencia y tiempo. Un niño en particular puede luchar con el temor a ser rechazado por el nuevo padrastro o madrastra. Puede que esté preocupado pensando si debe mantener su adhesión emocional hacia su padre verdadero. De hecho, y por desgracia, al tiempo del nuevo matrimonio, los niños se ven obligados a enfrentarse una vez más con los sentimientos de pérdida y lealtad dividida. Pueden experimentar dificultad al sentir que pertenecen a una nueva familia, y luchan para poder hacer compatible el hecho de ser miembros de dos casas o familias. Es posible que se forjen expectativas no razonables para sí y para otros, fantasías sobre la posible reunificación de sus padres naturales, o de culpa, a causa del divorcio.

El estadio final es la *reconstitución de la familia*. La tarea primaria, aquí, es reestructurar los papeles. Y las dos áreas principales en que hay que volver a definir los papeles en la segunda familia son la disciplina y la nutrición. El papel del padrastro respecto a los hijos de su esposa, y la relación entre los hijos de cada cónyuge, tienen que definirse delicadamente, pero con firmeza. La tarea final es delinear una relación apropiada con los padres biológicos divorciados.

Si al leer estas líneas te da la impresión de que lo que estoy diciendo es muy complejo y potencialmente una fuente de tensión, te diré que admito que es así. El potencial y la posibilidad de que se genere tensión y se produzcan crisis serias, es muy alto.

Lo dicho en este capítulo no es más que un breve esbozo de las líneas generales a seguir. Si tienes intención de desarrollar un ministerio entre los divorciados y los que hacen planes para casarse de nuevo, por favor, estudia a fondo el tema, o bien pide a algunas parejas miembros de la iglesia que hayan pasado por el divorcio y se hayan vuelto a casar que sean ellos los especialistas.

Estoy seguro de que algunos lectores preferirían no verse implicados en toda esta cuestión del divorcio y los nuevos matrimonios. Pero la población divorciada en las iglesias crece de manera constante y, desgraciadamente, es ya muy grande. Son personas que sufren y que necesitan que alguien las ministre. En lugar de gastar nuestras energías lamentándonos del problema del divorcio y su incremento, y predicar contra el divorcio, lo cual, realmente, no detiene a las personas que piensan divorciarse, permítaseme sugerir un ministerio constructivo que, de aplicarse propiamente tendría un efecto dramático sobre las estadísticas del divorcio.

No voy a extenderme aquí sobre cómo crear un ministerio para divorciados en tu iglesia, pero existe abundante literatura sobre el tema, de la que posteriormente hablaremos. Por principio, recuerda que:

1. – Es imprescindible que toda iglesia tenga un plan previo de preparación para las parejas que desean casarse por primera vez. Para ello existe abundante literatura cristiana en todas las librerías. Cada uno de los contrayentes debería emplear no menos de 50 horas, en su casa, leyendo estos libros. Hemos de tener en cuenta que la tarea de la iglesia, en lo que se refiere al matrimonio, no es realizar ceremonias de bodas, sino construir matrimonios que perduren.

2. – Desarrollar un doble programa de ministerio entre las parejas casadas. Hacer anualmente, con cada matrimonio, una sesión de evaluación. Esto lo realizará en dos sesiones el pastor o una persona entrenada y conocedora del tema, que ayudará a las parejas a evaluar el desarrollo realizado en su matrimonio durante el año anterior y establecerá los objetivos para los siguientes doce meses. Además, hay que organizar cursillos, estudios y retiros de enriquecimiento, alentando a las parejas casadas de la congregación para que asistan a los mismos.

3. – Establecer un ejemplo de relación matrimonial positiva para la congregación en la forma de tratar al propio cónyuge. Por desgracia muchos pastores no son, en sus propios matrimonios, un verdadero ejemplo, y en su celo por ayudar a los demás descuidan a sus propias esposas e hijos. Las acciones hablan más alto que las palabras.

4. – Ayudar a las personas por medio de la enseñanza y la predicación a que aprendan la forma de aplicar las Escrituras en sus vidas. Muchos «entienden» o son expertos en la Palabra de Dios, pero no han aprendido a aplicarla de una manera práctica.

5. – Finalmente desarrollar un ministerio sólido de preparación para los divorciados que tengan intención de volverse a casar. Las segundas nupcias presentan un gran riesgo, pero éste puede reducirse en gran parte con una evaluación y preparación cuidadosa y haciendo que los contrayentes experimenten a Jesucristo en sus vidas de una forma práctica.

NOTAS

1. Adaptado de Paul Bohannan, ed., *Divorce and after* (Garden City, N.Y.: Doubleday, 1958), n.p.
2. Adaptado de Paul Bohannan, ed., «The six stations of divorce», *Divorce and after* (Garden City, N.Y.: Doubleday and Anchor, 1971), pp. 33-62.
3. Reva S. Wiseman, «Crisis theory and the process of divorce», *Social casework* 56 (April, 1975), pp. 206-11.
4. H. Norman Wright, Making peace with your past (Old Tappan, N.J.: Revell, 1985), pp. 69-71.
5. Ibid.
6. Ibid.
7. Richard P. Olson and Carole Della Pia-Terry, *Ministry with remarried persons* (Valley Forge, Penn.: Judson, 1984), p. 37.

10

Ministrando a los niños en estado de crisis

Supongamos que eres niño otra vez. Tienes siete años. Tus padres acaban de trasladarse y éste es tu primer día en una nueva escuela. Todo es extraño y te asusta. No has dormido bien. No te sientes bien del estómago y tienes que ir al retrete con frecuencia. Mientras bajas las escaleras para entrar en clase, piensas que preferirías escapar adonde fuera. Al abrir la puerta ves treinta y cinco rostros extraños que se giran y fijan los ojos en ti. ¡Estás a punto de entrar en crisis!

Quizá para un adulto una experiencia semejante no adquiriría el carácter de crisis (aunque para muchos adultos la experiencia de una nueva situación semejante les genera una pequeña crisis). Pero a los ojos de un niño la situación puede convertirse en dramática. El cambiar de residencia, la separación o divorcio de los padres, el rechazo por parte de un amigo, la pérdida de un perro o gato queridos, una mala nota en la escuela; éstos y muchos otros sucesos pueden producir un trastorno equivalente en intensidad, para el niño, a una crisis emocional.

El niño experimenta muchos trastornos y crisis. Padece abundante temores, reales y potenciales. El ministrar a los niños implica ministrar a los padres de estos niños también. Asimismo implica entrenar o educar a los que trabajan con niños en tu iglesia para que identifiquen las señales de los problemas de crisis, y los preparen para ayudar tanto como puedan. Algunas personas suponen que nunca van a trabajar directamente con niños. Quizá será verdad, excepto cuando ocurre una crisis y se ven forzados a resolverla. Todos tenemos necesidad de estar preparados.

Como ministro o consejero lego, en algunos casos tendrás que ver a los padres inicialmente. Es posible que puedas operar a través de ellos, dándoles consejos y sugerencias que ayuden a los niños. En otras ocasiones, sin embargo, tendrás que ayudar al niño directamente. Tienes que ser capaz de hacer las dos cosas.

En este capítulo vamos a considerar varios problemas específicos de los niños. Estos problemas tienden a sobreponerse en algunos casos y, con todo, son distintos. Las sugerencias que damos en este capítulo van a ser útiles no sólo para tratar las situaciones discutidas, sino para otros problemas también.

Las crisis en un niño pueden tener efectos muy prolongados y duraderos, debido a que el niño es menos capaz de resolver sus traumas en el futuro cuando éstos han sido frecuentes y serios. Éste es un hecho que lo demuestra la investigación del problema (1).

Los niños hacen frente a los sucesos de crisis de forma distinta a la de los adultos. Se ven más limitados en sus recursos para conseguirlo.

Para el niño «hay» dos estadios de resolución. La reacción del primer estadio implica el shock inicial y luego un elevado nivel de ansiedad. Los adultos manjean este estadio mejor, debido a su experiencia previa con crisis. Los niños no tienen experiencia de que valerse. Ignorantes de que la adaptación es únicamente cuestión de tiempo y que su problema va a resolverse, sus sentimientos se hallan en medio de un torbellino. La mente y estado emocional del niño no se han desarrollado todavía suficientemente para resolver sus problemas, al mismo nivel que el adulto. Los adultos se apoyan en recursos y rutinas establecidas; los niños se sumergen en el caos. Pierden su identidad y su sentido del yo.

Los niños carecen tanto de la habilidad verbal como de la fantasía creativa de que dispone un adulto. Si creen haber hallado una solución, aunque ésta sea pobre, se aferran a ella pese a que posiblemente no les convenga o no sea buena para ellos. El niño necesita discutir y aclarar sus temores con la ayuda de un adulto porque es probable que no se dé cuenta de que tiene otras opciones.

Si un niño permanece ansioso y no se comporta a la altura de su potencial, es porque se ha atascado y no ha resuelto todavía la crisis. Cuando ocurren sucesos incontrolables el niño se encuentra impotente. Este estado de impotencia les lleva a perder el control, cuando esta pérdida de control se reproduce en varias ocasiones hay el peligro de que se convierta en crónica. Algunos adultos a veces resuelven sus crisis mediante unas vacaciones o restringiendo sus actividades de alguna forma, pero este enfoque no es válido para los niños. Éstos se ven obligados a retos diarios a los que tienen que hacer frente; por ejemplo: no se les permite faltar a la escuela.

Una de las reacciones características de un niño bajo una crisis es la regresión o retroceso. Cuando el niño se mueve dentro del ambiente y nivel apropiados a su edad, sabe cómo usar su capacidad y habilidades de forma apropiada para relacionarse con los demás y afrontar sus tareas diarias. Pero cuando se desequilibra, como ocurre en una crisis, pierde la capacidad de coordinar todas sus habilidades con las que hacer frente a la situación. Se queda confuso y desorganizado. Cuando intentamos ayudar a un niño debemos ser muy conscientes de sus reacciones y guiarle en su comportamiento.

Cuando tú, alguna persona de la Escuela Dominical u otro consejero trabajéis con niños en crisis, debéis considerar los siguientes factores:

- El ayudar a un niño a resolver una crisis puede convertirse en crisis para el consejero.
- La tendencia a forzar la resolución de la crisis o taponándola demasiado pronto, en el caso de los niños produce la reacción contraria.
- No tienes soluciones mágicas, así que no des al niño la idea de que sí las tienes.
- Las cosas pueden empeorar antes de mejorar. Esto es cierto no sólo en los niños sino en muchos tipos de aconsejar.
- Al trabajar con un niño, procura no vacilar entre sentimientos de confianza e incertidumbre.
- Si muestras mayor interés e inviertes más esfuerzo en ayudar al niño que el interés que el niño tenga en ser ayudado, los resultados van a ser muy pobres.
- El niño va a influir en ti tanto como tú influyas en él. Sus sentimientos y reacciones se te van a contagiar.
- Un niño ansioso tenderá a estar de acuerdo con la mayoría de cosas que le digas. A los niños puedes conducirles con gran facilidad, dependiendo de la forma en que les formules las preguntas. Procura no inducirles a afirmaciones falsas.
- Es posible que tengas que enfrentarte con tus propias limitaciones y tu propio deseo de seguir proporcionando ayuda continuada una vez resuelta la crisis.
- La mayoría de las personas que intentan ayudar a niños experimentan algunas o quizás todas las consideraciones anteriores (2).

Entre los numerosos enfoques de cómo tratar a los niños destaca el uso de la empatía. La empatía significa entrar en el mundo privado del niño y sentirse confortable en él. Es comprender lo que piensa el niño partiendo de la base que su percepción de las cosas es distinta de la tuya como adulto.

Empatía significa moverse temporalmente dentro del mundo del niño, *sin emitir* juicio alguno.

238

Captar el significado de los sucesos de los cuales el niño no se da cuenta.

Poner tus pensamientos y tu ayuda en palabras que el niño pueda entender.

Empatía significa renunciar al intento de descifrar y exponer al niño sus sentimentos inconscientes. Esto resultaría en exceso amenazador y contraproducente.

Una de las principales tareas de la empatía es clarificar los sentimientos confusos del niño, ya que puede darse el caso que esté experimentando un buen número de ellos al mismo tiempo. El poner orden en esta confusión le ayudará a resolver los problemas de acuerdo a su capacidad (3).

La comunicación es una de las claves en el aconsejar a los niños en crisis. Si no has hablado con niños desde hace tiempo, al tratar de entenderlos vas a sentirte como alguien que invade territorio extraño. Algunos afirman y están convencidos de que pueden comunicarse fácilmente con los niños, pero, ¿sienten los niños realmente que hay comunicación entre ellos y estas personas? Ellos tienen su propio estilo de razonamiento, significados de palabras y relaciones entre sucesos. Si ves posibilidades de ministrarles, tu ministerio debe desarrollarse dentro de este marco de referencia. La pauta de pensamiento del niño sigue su propia lógica, no la tuya. Y lo que tiene sentido para ti es posible que no lo tenga para él.

Es, por tanto importante, cuando ministramos a niños en estado de crisis, considerar el modo de pensar y la comunicación con los niños desde diferentes estadios y enfoques. William Van Ornum y John B. Murdock han desarrollado una clasificación interesante del modo de pensar y la comunicación del niño (4).

Los años mágicos de la infancia

Los años mágicos (edad entre tres y seis años) son los años que van desde la primera infancia, hasta el parvulario. Los niños, en esta edad, experimentan crisis. Llamamos a este período el del «pensamiento mágico», puesto que en este estadio el niño está convencido de que sus propios procesos de pensamiento pueden influir en los objetos y sucesos del mundo que le rodea. Es incapaz de entender en qué forma suceden las cosas y por qué suceden, o sea, que la vida es para ellos impredictible. Los adultos aceptan los sucesos súbitos como parte de la vida. Las Escrituras nos enseñan que la vida es incierta y hemos de esperar problemas y trastornos. Pero los niños tienen serias dificultades en comprender esto.

En esta edad, no entienden que sus pensamientos no sean la causa directa de un suceso. Su modo de pensar refleja omnipotencia. Creen que son y están en el centro de la vida y puede afectarles lo que sucede a su alrededor. No entienden, por ejemplo, por qué enferman. Se quedan muy trastornados con los cambios que tienen lugar en el cuerpo cuando ocurren enfermedades. Y creen con frecuencia que ellos son la causa de la enfermedad. Sienten que fueron malos y que el resfriado es un castigo.

Si ésta es la forma en que piensan, ¿qué es lo que vas a hacer cuando te llamen para prestar ayuda a un niño? Te será imposible cambiar totalmente su modo de pensar. Esto tienes que aceptarlo como un hecho y aminorar tu propia frustración. El ayudar a un niño a expresar plenamente sus pensamientos y sentimientos es una de las tareas más hermosas. Esto le llevará a conseguir un mayor control de sí mismo en el proceso de la crisis. Al expresar sus pensamientos en alta voz le haces avanzar hacia una nueva posición. Hay que repetirle pacientemente las preguntas, y animarle a que piense en voz alta. Ayúdale a descubir la razón más probable o el motivo real de lo que ocurre. Intenta ayudarle a que descubra esto por sí mismo, en vez de facilitarle tú la razón. Busca alguna indicación de culpa que es posible que el niño esté experimentando.

Supongamos que un niño pequeño se ha visto separado de su madre a causa de un divorcio y se encuentra viviendo con su padre. El consejero que le ayuda le dice: «Jimmy, puede que alguna vez hubieras pensado o deseado que tu madre se fuera. ¿No es así? Ahora se ha ido. Dime si a veces has pensado cosas así, cosas que deseabas que pasaran.» Después que el niño haya expresado sus sentimientos, el consejero le dice: «Tu madre tenía diversas razones para marcharse, pero ninguna de ellas tiene nada que ver contigo. Vamos a averiguar juntos cuáles eran estas razones. ¿A quién crees que podrías preguntárselo?»

Recuerda que el niño es egocéntrico; todo lo centra en sí mismo. No considera el punto de vista de los demás. Esto no tiene nada que ver con ser engreído u orgulloso, es, simplemente, una parte normal del proceso de desarrollo. Los niños a esta edad hablan como para sí mismos. Tienen su propia forma particular de hablar para y es posible que no se comuniquen con nadie en particular. No se preocupan de si el que escucha les entiende o no. Suponen que sus palabras tienen más significado del que realmente tienen. Lo dan todo por sentado, como un hecho, sin apercibirse de que los adultos precisan clarificación. No es sino hasta la edad de siete años que el niño empieza a aprender a distinguir entre su perspectiva y la de los demás.

Como consejero, es necesario que uses su lenguaje y que seas flexible en tu comunicación. Has de guiar activamente tu conversación con el niño, puesto que de otro modo el resultado será un fracaso.

Un niño toma las cosas de forma literal; todo es según él lo ve. Cuando el padre le dice: «¡Estoy harto de la forma en que te portas!», ¿qué es lo que piensa el niño? Capta la ira de su padre, pero cree también que está literalmente harto y cansado. Piensa, por tanto, en todas las frases y expresiones idiomáticas que tienen otro sentido para nosotros, pero no lo tienen para él. Procura penetrar en su mente. ¡Si pudieras oír lo que está pensando te quedarías asombrado!

Cuando el niño junta dos y dos no forzosamente tiene por qué obtener cuatro como resultado. Sus asociaciones de ideas son especiales. Tales asociaciones tienen sentido para él, pero no para los demás. Un niño puede considerar que la enfermedad y el fútbol están relacionados, puesto que su padre se puso enfermo la última vez que fue a ver un partido de fútbol. Puede, incluso, ponerse muy angustiado y rehusar ir a un partido a causa de la conexión que ha efectuado entre la enfermedad de su padre y dicho partido.

Los niños se centran, con frecuencia, en un solo aspecto de un suceso, excluyendo todos los demás. Los árboles no les dejan ver el bosque. Si les das, durante la conversación, un exceso de información y les hablas de muchos sucesos a la vez, son incapaces de absorberlos. Tienes que introducir los distintos aspectos de la situación de modo gradual, si quieres que los asimilen. Tu trabajo será ayudarles a distinguir todos los aspectos, organizar sus pensamientos, y explorar otras razones por las que aquello ha sucedido. Una de las mejores descripciones que he oído al respecto dice que ayudar a un niño es como trabajar en la resolución de un rompecabezas. Les ayudas haciendo que descubran las otras piezas, señalándoles algunas de dichas piezas, y guiándoles a encajarlas todas.

Cuando te propongas ayudar a un niño recuerda, básicamente lo siguiente: que el niño se siente responsable por lo que ha ocurrido; que las conexiones que hace entre las cosas son diferentes a las tuyas; y que es egocéntrico, se centra en un suceso excluyendo los otros.

A mitad de la infancia

Los niños de los siete a los doce años cambian sustancialmente su modo de pensar. Avanzan en su capacidad de pensar de forma conceptual. Son ya capaces de resolver problemas en su mente, en vez de tener que hacerlo por el método de probar y errar, y volver a probar de nuevo. Pueden ver el punto de vista de los demás, y reconocen también los sentimientos de los otros. Incluso su mundo de fantasía cambia.

242

Tienen fantasías sobre personas y sucesos reales, en lugar de tenerlas de modo mágico.

Los niños, a mitad de la infancia, suelen ser pacíficos y simples, sosegados y educables. Pero tienen aún dificultades para resolver una situación de crisis. Prefieren evitar el tema en cuestión y, con frecuencia, cambian de conversación cuando se intenta llevar la discusión hacia su problema. Tratan de eludir el dolor y la ansiedad. Es por esto que muchos que trabajan con niños de esta edad usan juegos en el proceso de terapia. El juego facilita al niño una salida camuflada a sus sentimientos y, posteriormente, da al consejero la información que busca. Los juguetes de comunicación, tales como cintas magnetofónicas, teléfonos, materiales para dibujar, muñecos y títeres, son muy útiles.

No obstante, aun cuando los niños a esta edad han desarrollado considerablemente sus procesos de pensamiento, tienden todavía a llegar a conclusiones sin poner en consideración todos los hechos. Presentan una tendencia a prestar atención a información contradictoria, sin darse cuenta de que es incompatible. A menudo no entienden lo que oyen. A veces no entienden lo que los adultos hablan, cosa que se agrava con el hecho de que los adultos no se aperciben de que el niño no les ha comprendido. Cuando trabajes con un niño es necesario que seas muy claro e, incluso, repitas varias veces lo dicho, en otras palabras. Repite y vuelve a repetir. Lo que puede resultar evidente para ti no tiene por qué serlo para el niño.

Basándonos en la forma en que el niño piensa, escucha y razona, ¿qué enfoques adicionales pueden adoptarse cuando se ministra a un niño en situación de crisis? Ante todo, sé flexible y capaz de cambiar los planes sobre la marcha. Si te das cuenta que el trabajar con niños no es cosa para ti, no dudes en abandonar y poner el caso en manos de otro. Es mejor que los niños estén en contacto con personas más aptas y dotadas para entenderlos.

Asegúrate de no intentar forzar tu lógica de adulto sobre

el niño. Escucha la forma en que se comunica, porque ésta es una clave para saber cómo comunicarse con él. Los niños son interrogantes con piernas. Hacen preguntas constantes, tanto para pedir información como también para indicarte que algo les molesta. Una pregunta inocente como «¿Se caen los niños y se hacen rasguños?», o bien «¿Bebía vino tu madre?» pueden ser un indicio de que el niño es maltratado en la casa, o que vive en un hogar con problemas de alcohol. Algunas preguntas pueden ser, en realidad, tanto una petición de ayuda como un modo de averiguar si tú piensas que su pregunta es tonta. Una respuesta generalizada, simple y sencilla, como puede ser: «Ésta es una pregunta que hacen muchos niños», o bien «Muchos niños quieren saber esto», puede ayudarte a mantener su confianza en hacerte más preguntas y con ello, tu fuente de información.

No hagas preguntas que puedan ser fácilmente contestadas con un «sí» o un «no». Tienen muy poco valor para ti. Las preguntas de carácter general no generan respuestas directas. Sin embargo, el solicitar comparaciones, como por ejemplo, el pedir al niño que describa dos sucesos diferentes o dos personas distintas, puede ser útil.

Si no entiendes lo que el niño dice o qué significa, no tengas miedo ni recato en decírselo. Puedes decirle: «Juan, creo que entiendo lo que quieres decirme, pero no estoy seguro. ¿Podrías decírmelo otra vez con otras palabras?» Observa la forma en que habla, y en su aspecto cuando habla. Esto le dará a entender que has captado parte del mensaje. Por ejemplo: «Juan, me pareció que cuando me decías esto no te gustaba decírmelo, o te molestaba.» «Me gustaría que me aclarases esto, que me lo explicaras.» «¿Qué te pasa cuando...?»

Si uno de los padres o un maestro de la Escuela Dominical te ha pedido que hables con un niño, asegúrate de que el niño sabe cuáles son tus intenciones. De lo contrario, puede dar lugar a confusiones. El niño puede pensar que va a ser castigado en vez de recibir ayuda, y por tanto, que se niegue o se resista a hablarte de su dificultad, a causa de este temor. No fuerces tus expectativas con el niño. La mayoría de los adultos en casos así se quedan inmóviles y quietos, pero no la mayoría de los niños. Especialmente cuando se le somete a presión, el niño suele menearse y mostrarse nervioso en la silla. Déjale. Algunos se levantan y dan vueltas alrededor. No importa. Esto te facilitará el hablarles con menor tensión y mayor facilidad.

Van Ornum y Mordock sugieren, de un modo sumario, algunas directrices prácticas a seguir, cuando hablan con un niño en estado de crisis. Tu papel como ayudador o consejero difiere del de una figura con autoridad. Por tanto, asegúrate de evitar:

- Dar ante el niño la impresión de una actitud didáctica y profesional.
- No abrumarle con tu autoridad y sabiduría.
- El criticar las figuras con autoridad en su vida.
- Terminar lo que dices con coletillas tales como «¿no es verdad?»; «¿entiendes lo que digo?», o «¿cierto?». Evitar también el mover la cabeza afirmativa o negativamente, o producir inflexiones en el tono de la voz al terminar la frase. Estas cosas son indicios o pistas para el niño que afectan sus respuestas, le indican lo que esperas y se valdrá de ello.
- Dejar la puerta abierta o hablar de forma que puedan oírlo otros (esto es un abuso de su intimidad y su derecho de hablar en privado).
- Ser suave y dulce, de forma empalagosa.
- Tratar de establecer contacto con el niño con frases hechas que has estudiado o recogido de tus conversaciones con otros niños.
- Defender sentimientos, ideas o amigos que son negados o atacados por el niño.
- Quedar tan confuso durante la entrevista que sólo preguntes «¿Qué más?, ¿qué más?»

- Sentirte inferior en presencia de un niño superdotado o superior en la presencia de uno corriente (5).

Los niños, con frecuencia, cuando se hallan en situación de crisis, necesitan mantenerse en una posición defensiva. Intentar actuar sobre su personalidad interpretando sus acciones y clarificando sus motivos ocultos, es apropiado sólo para los que no están en estado de crisis. Pero adoptar este enfoque cuando el niño está en crisis le crea un exceso de ansiedad. Si le haces patente que has descubierto las defensas que está utilizando para resolver su problema, no harás otra cosa que elevar su nivel de ansiedad. Los niños en crisis manejan su problema incrementando sus defensas. Ésta es su reacción normal. A continuación facilitamos una relación de algunos de estos mecanismos de defensa, utilizados no tan sólo por los niños, sino también por adolescentes y adultos, para que los comprendas mejor.

- Fantasía –el soñar despierto en soluciones al problema.
- Hipocondria –el usar la enfermedad como una excusa para no resolver el problema.
- Proyección –el culpar a otros, personas o cosas, como causa del problema.
- Desplazamiento –el aplicar los sentimientos a otro o a otra cosa distinta de su causa original.
- Represión –el bloquear de modo inconsciente los sentimientos fuertes.
- Supresión –el frenar conscientemente los sentimientos.
- Sublimación –el sustituir una serie de sentimientos rechazados por otra de sentimientos más aceptables socialmente.

¿Cómo puedes evitar el afectar y dañar el uso que el niño hace de las defensas? Simplemente no objetando a sus reacciones ni a su conducta, siempre y cuando no esté causando daño a nadie. Un niño puede necesitar el uso de la fantasía, la racionalización o el desplazamiento. Un pastor estaba hablando a un niño sobre su perro, que había sido atropellado y muerto. Después de hablar un rato sobre el perro, el niño se detuvo de repente y dijo:

Niño: «No quiero hablar más de esto.»

Pastor: «Te molesta el hablar del perro ahora.»

Niño: «Sí, no quiero.»

Pastor: «El no hablar del perro te ayuda a no sentirte molesto. ¿Hay algo más que no te haga sentir molesto?»

Niño: «No sé...»

Pastor «Bien, ¿usas a veces un recuerdo o una fantasía para sentirte menos molesto? ¿En qué pensabas ahora?»

Niño: (Pausa) (sonríe). «Pensaba en jugar a un juego.»

Pastor «Muy bien. Esto podría ser útil.»

Éste es un ejemplo simple de cómo dar aliento al niño en un momento en el que el niño necesita sus defensas.

Otra forma de ayudar a los niños en estado de crisis es estimularles los sentimientos positivos, que hacen el efecto de un calmante.

Niño: «Hoy en la reunión estaba muy nervioso.»

Pastor «Parece que sí. ¿Estás todavía molesto?»

Niño: «No mucho..., pero sí un poco...»

Pastor «¿Cuándo empezaste a sentirte menos molesto?»

Niño: «Cuando me marché.»

Pastor: «¿Qué hiciste?»

Niño: «Pensaba jugar a un juego con mi hermano.»

Pastor «Esto parece interesante. Quizá puedas hacer esto la próxima vez que estés en una reunión si empiezas a sentirte molesto.»

Se puede también calmar a un niño animándole a usar sus sentimientos positivios hacia otra persona.

Pastor	«¿Hay ocasiones en que estás menos nervioso?»
Niño:	«Sí, cuando voy a ver a mi padre.»
Pastor:	«Dime, ¿qué es lo que pasa entonces?»
Niño:	«Me siento bien; estoy seguro y no tengo miedo.»
Pastor:	«Te sientes protegido cuando estás con tu padre.»
Niño:	«Sí, pero cuando él no está cerca, no me siento bien.»
Pastor	«Bien, quizá cuando no te sientas cómodo puedes imaginar que estás con tu padre; piensa en lo que haces cuando estás con él.»

Éstas son técnicas simples, pero efectivas, que dan buenos resultados con los niños.

Recuerda que el aconsejar de crisis a los niños es un aconsejar de sostén. Su objetivo es ayudar al niño que está confuso y anonadado a reconocer sus problemas y ponerlos en la debida perspectiva. Cuando el niño desarrolle confianza en ti, irá recobrando fuerzas y confianza en sí mismo. Recuerda que cuando un niño está angustiado y en crisis, su capacidad para pensar empieza a deteriorarse. Por consiguiente, sus ideas no racionales ni razonables tienen que ser sustituidas por otras razonables. Cualquier comportamiento que dé por resultado lo opuesto a lo que se propone, debes explicárselo con detalle y con cariño, ayudándole a desarrollar tipos de conducta que resuelvan su problema (6).

Demos ahora una mirada a algunos de los tipos de crisis más comunes en los niños.

La depresión en los niños

Quizá pueda parecer extraño hablar de depresión en los niños. Pero la depresión no respeta edades. La depresión infantil, con frecuencia pasa inadvertida a los padres y hasta a veces a los mismos profesionales. Sin duda que los niños son el colectivo, en edad, en el que la depresión queda con más frecuencia por detectar. Los padres, con frecuencia, niegan que sus hijos estén crónicamente tristes y apagados y dejan de reconocer, aceptar y responder de modo apropiado a la depresión del niño. Después de todo, ¿quién quiere admitir que su hijo está deprimido?

¿Cómo se reconoce la depresión en un niño? A continuación facilitamos una breve descripción de cuál sería la descripción de un niño deprimido suponiendo que éste presentara todas y cada una de las características propias de la depresión.

Ante todo el niño se muestra triste, apagado, desgraciado. No se queja verbalmente de ello y es posible que ni se dé cuenta. Pero su comportamiento y sus reacciones dan esta impresión.

Otra característica es el retraimiento y la inhibición. El interés en sus actividades es muy limitado. Muestra una gran falta de interés por todo, hasta el punto de que los padres empiezan a sospechar y a buscar los síntomas de alguna enfermedad física escondida. Ciertamente, puede haber algunos síntomas físicos que enmascaren el hecho de la depresión. Estos síntomas incluyen dolores de cabeza, de estómago y trastornos en el dormir y el comer.

Su forma habitual de humor es el descontento. El niño da la impresión de estar insatisfecho y no saca placer alguno en nada de lo que hace, de modo que los que le rodean empiezan a preguntarse si hay alguien directamente responsable o causante de su malestar.

Puede sentirse rechazado o no querido. Puede tender a retraerse de todo lo que le pueda causar algún desengaño. Como sucede también con los adultos, genera un sentimiento negativo hacia todo, como si nada valiera la pena.

Se vuelve irritable y tiene un nivel muy bajo de tolerancia a la frustración. Pero, normalmente, el niño no es consciente de ninguno de estos síntomas.

Algunos niños deprimidos, no obstante, reaccionan y actúan de manera completamente opuesta. Hacen el tonto y provocan a los demás, como forma de enmascarar sus sentimientos de depresión. Esto se acentúa en las ocasiones en que han hecho algo elogioso y digno de encomio. Este comportamiento provocador generalmente hace que los demás se enojen.

Los niños no siempre experimentan y expresan su depresión en la misma forma que los adultos. Debido a su limitada experiencia y a su fisiología, pueden tender a expresarla en forma de rebelión, negativismo, ira o resentimiento. La depresión generada cuando los padres se divorcian, por ejemplo, se puede manifestar por medio de enuresis (orinarse en la cama), peleando con los amigos o hermanos, estando siempre adheridos y pegados a los padres, en el fracaso en la escuela y en contar cosas exageradas y fantasiosas (7).

Los signos y síntomas de la depresión varían con la edad. Un niño que está deprimido simplemente se estanca y no prospera. La depresión de uno de los padres puede afectar también al niño pequeño. Por ejemplo, una madre deprimida puede retraerse del niño el cual, a su vez, se contagia de la depresión. En este caso, el niño no puede vencer la depresión hasta que la madre vence la suya.

¿Por qué se deprimen los niños? Entre muchas razones podríamos citar las siguientes: un defecto o enfermedad física; el mal funcionamiento de alguna glándula endocrina; la falta de afecto, que puede crear inseguridad; la falta de estímulo y aliento por parte de los padres; la muerte de uno de ellos; el divorcio, separación o deserción de uno de los padres; el favor de los padres hacia uno de los hermanos; la pobre relación entre un padrastro o madrastra con el niño; problemas económicos en el hogar; el traslado a una nueva casa o escuela; castigos por parte de los mayores (8).

Hay muchos cuadros depresivos que pueden ser tratados directamente por los padres sin necesidad de llevar al niño a un consejero. Pero si la depresión es severa y el niño no responde, debe recabarse ayuda profesional.

Como sucede con los adultos, hay que buscar el tipo de

pérdida o trauma que pueda haber tenido lugar en la vida del niño. Ésta podría ser una situación de divorcio, la pérdida de un gatito o perro, o un amigo, o una experiencia severa de rechazo. Procura descubrir y analizar la causa desde el punto de vista del niño. Recuerda que es fácil interpretar mal la perspectiva del niño, especialmente si no pasas mucho tiempo con ellos.

Acepta la depresión del niño como una reacción normal a la causa que sea. Si está apenado por alguna pérdida, da tiempo para que sea él mismo quien poco a poco se vaya adaptando. Deja que el niño sepa que todos los seres humanos experimentamos tristeza y depresión en un momento u otro. Pero asegúrate de usar, al explicárselo, un lenguaje que él pueda entender. Explícale que los sentimientos de este tipo son normales y que con el tiempo pasarán. Esto le hará sentirse mejor. Que sepa que Dios nos entiende tanto en las ocasiones en que estamos abatidos como en las que estamos contentos.

Mientras el niño pasa por el proceso de la pena, recuerda las características de que hemos hablado antes, las de los años mágicos y las de mitad de la infancia. Si la pérdida que experimenta el niño es la muerte de uno de los padres, ten presente las características del proceso de la pena, que fueron tratados en un capítulo anterior. Los pensamientos y sentimientos de un niño que sufre la pérdida de uno de los padres por divorcio, son similares a los que experimenta cuando la pérdida es por causa de la muerte. En ambos casos, y dependiendo de la edad, el niño necesita:

- Aceptar el dolor de la pérdida.
- Recordar y reconsiderar las relaciones con la persona amada.
- Familiarizarse con los distintos sentimientos que forman parte de la pena, ira, tristeza, desesperanza.
- Expresar su pena, su ira y su sentimiento de pérdida a otros.

- Hallar una fórmula aceptable para una relación futura con el finado.
- Verbalizar los sentimientos de culpa.
- Hallar una persona con cierta base, que le atienda. Necesita de muchas personas para que le apoyen en esta situación (9).

Anima a los niños para que hablen a Dios acerca de sus sentimientos. Asegúrales que dichos sentimientos de abatimiento no son permanentes y que desaparecerán.

Un niño necesita que se le ayude a experimentar la depresión de modo tan pleno como sea posible. El resistirse a ella no le ayuda. Meramente prolonga la experiencia. Aliéntale para que sea sincero, tanto como le sea posible, para admitir que está deprimido o triste. Si hay pena implicada, es necesario que el niño pueda manifestarla de un modo natural. Si dicha pena es causada por un divorcio, no debe esperarse que el niño la resuelva fácilmente. En este caso particular, la pena puede durar mucho tiempo e incluso resurgir de vez en cuando.

Ayuda al niño a que encuentre algún tipo de actividad que le anime. Un nuevo juego, un hobby, un viaje, o algo que le interese, puede ayudarle.

Halla una forma de que experimente algún tipo de éxito. Averigua lo que hace bien, o bastante bien, y ayúdale a encauzar una actividad especial en esta dirección. Pequeños éxitos pueden elevar su auto estima y darle mayor seguridad en sí mismo.

Ayúdale a romper sus rutinas. Incluso cosas tan simples como una nueva comida, o llevarle a un restaurante especial, puede ser útil. El dejar de ir a la escuela un día determinado para realizar una excursión puede que le haga bien, siempre y cuando no le guste más la escuela que la excursión.

Escúchale atenta y pacientemente sin enjuiciarle ni criticarle. Necesita tu apoyo.

La crisis producida por malos tratos

Aunque recientemente se ha hecho mucha publicidad sobre el maltrato de niños no se trata de un fenómeno de nueva aparición. Desde hace siglos en todas las culturas y estratos sociales se ha maltratado a los niños. Por increíble que pueda parecerte, hay padres en tu población, en tu vecindario y aun en tu iglesia, que maltratan y abusan de sus hijos, físicamente e incluso sexualmente. Y en muchos casos lo disimulan muy bien. Quieras o no, tarde o temprano, te verás enfrentado con uno de ellos. Puede que un padre o madre acuda a ti para contarte que su hijo le ha dicho que ha sido molestado sexualmente por un tío, el otro cónyuge, o alguien del vecindario. Puedes encontrarte con que sea el propio implicado quien acuda a ti para confesarte lo que ha estado haciendo con su propio hijo. Es importante, como ya hemos dicho antes, que conozcas las leyes de tu país y de tu estado en relación a estos casos.

El abuso o maltrato de un niño puede ser pasivo o activo, por negligencia en la atención o bien por abuso físico, emocional o sexual. Cada caso implica sus características propias y distintivas, que afectan y sirven para identificar las reacciones del niño maltratado. A continuación enumeramos algunas de las características más comunes a todos los niños maltratados, al margen del tipo de maltrato.

- El niño puede tener marcadas diferencias respecto de los otros en su constitución emocional o física. En algunos casos los padres de este niño lo describen como «diferente», e incluso «malo».
- Puede sentir un temor excesivo hacia sus propios padres. Suele vacilar y mostrar nerviosismo al acercarse al padre o a la madre, y expresa este temor por medio de su vacilación.
- Pasa de un extremo a otro en su comportamiento habitual, llorando fácilmente o mostrándose hipersensitivo.

También puede bloquear sus emociones y aparecer como indiferente, sin importarle nada.

- Un niño descuidado mostrará evidencias físicas de que no se le cuida. Lleva los vestidos sucios y rasgados o inapropiados de medida. En invierno puede que no lleve vestido adecuado.
- El niño puede mostrarse en extremo precavido o reacio al contacto físico, especialmente cuando está con un adulto. También es posible que pase al otro extremo, debido a que el niño maltratado anhela el afecto de un adulto, pero sus métodos para conseguirlo son inapropiados.
- Algunos muestran cambios radicales en su comportamiento general (10).

¿Has considerado cuáles son los sentimientos de un niño maltratado? La mayoría de niños necesitan y anhelan el amor de sus padres. El hogar ofrece al niño la mayor y más adecuada fuente de amor y es natural que desee estar en su hogar. Pero muchos niños maltratados creen que ellos son la causa de que se les maltrate. Les han repetido tantas veces que son malos, que acaban por creérselo. Su experiencia es la de unos padres que les gritan, insultan y amenazan con abandonarlos o echarlos de casa. Muchos crecen con el sentimiento de que no son queridos. Aprenden a sufrir en silencio castigos desconsiderados y exagerados porque es a lo que han estado acostumbrados desde muy pequeños. En la mayoría de los casos, no necesitan desobedecer de modo flagrante ni cometer barbaridades para que se les apalee; el castigo es simplemente una válvula de escape de la ira de sus padres.

El niño maltratado es presa de ira y de rencor, pero en su casa no puede expresar estos sentimientos. Aprende a reprimir y a negar el temor, la ira, el rencor, el odio. Sabe que toda expresión de sus sentimentos da lugar a repercusiones que quiere evitar a toda costa.

254

Por otra parte, crece bajo la impresión de que nunca podrá hacer nada bien, nunca podrá satisfacer las expectativas exageradas de sus padres. Se le culpa de cualquier problema que ocurra en el seno de la familia.

Se aclimata bajo la clásica tensión de amor-odio. Necesita a sus padres, desea quererlos, pero cuando trata de acercarse a ellos se le maltrata y rechaza. Esta tensión hace mella en él. Y al no poder dar salida a sus sentimientos para con sus padres, se vuelve hostil, rebelde, desafiante con respecto a los demás, como medio de descargar su tensión (11).

Un niño maltratado tiene serias dificultades para confiar en los demás. El trato con un niño en estas circunstancias, en general implica terapia de juegos en un ambiente seguro, en el que el niño pueda expresar sus sentimientos y aprender a enfrentarse con la realidad del abuso. La mayoría de casos precisan la labor de un profesional especializado en el trabajo con niños. Si es la primera vez que te enfrentas con un caso así, procura ponerte en contacto con un equipo de consejeros profesionales a quienes puedas llamar cuando te lleguen noticias de esta clase de crisis que, por desgracia, es excesivamente frecuente en nuestra sociedad.

Los hijos del divorcio

Una de las situaciones más frecuentes y penosas que pueda ocurrir a un niño es el divorcio de sus padres. El divorcio suele ser una de las experiencias más traumáticas para el niño, tanto o más que para los adultos.

La revista *Newsweek* ha estimado que el 45% de todos los niños americanos antes de llegar a los dieciocho años se ven obligados a la experiencia traumática de tener que vivir con uno solo de sus padres. Hay, en Estados Unidos, doce millones de niños menores de dieciocho años, cuyos padres se han divorciado.

Los resultados de los estudios sobre niños cuyos padres se han divorciado, indican que los efectos del divorcio sobre los niños es más serio y tiene efectos más permanentes de lo que la mayoría de padres divorciados se imaginan y están dispuestos a admitir. Los estudios realizados en Inglaterra en el año 1978 muestran que los niños de padres divorciados tienen una menor expectativa de vida y sufren más enfermedades que los de las familias que no han vivido la experiencia del divorcio. Y normalmente, abandonan los estudios y la escuela antes de tiempo. En la ciudad de Nueva York, que tiene un elevadísimo promedio de sucidios de adolescentes, dos de cada tres suicidios se producen entre jóvenes adolescentes cuyos padres se han divorciado. Muchos otros arrastran·una pauta de inseguridad, depresión, ansiedad, e ira, hasta la edad adulta (12).

En el divorcio, los niños experimentan muchos y diversificados sentimientos de pérdida. Éstos pueden incluir no sólo la pérdida de uno de los padres, sino también la pérdida del hogar, vecindario, amigos, nivel de vida de la familia, las salidas conjuntas de familiares, las reuniones familiares, la estimación propia, y así sucesivamente. ¿Te has preguntado alguna vez cuáles pueden ser los sentimientos de un niño al saber que sus padres se han divorciado y luego tener que ir contándolo a sus amigos? El temor y la vergüenza se convierten en compañeros cotidianos.

Al igual que ocurre la pérdida de uno de los padres, por fallecimiento, se produce también una pérdida de esperanza con respecto al futuro. Hay incertidumbre y el niño puede sentirse desorientado de un modo mucho más fuerte de lo que haya podido sentirse en ninguna otra ocasión. Los padres estables, de los que hasta ahora dependía, ya no son para él como roca sólida. Y esto es real en áreas tan prácticas como las finanzas. Si un padre divorciado ha prometido hacerse cargo de los gastos de la familia mediante un cheque mensual, ¿cómo afectará al niño el hecho de que los pagos se hagan irregulares y finalmente cesen?

El divorcio, dependiendo de la edad de los niños, les afecta en formas distintas.

Los pequeños, de 3 a 6 años, se vuelven temerosos. Las separaciones de rutina se convierten ahora en traumáticas. El que uno de los padres se vaya de compras o que el niño tenga que marchar a la escuela pasa a ser una experiencia traumática. Tienden a retroceder a comportamientos previos (con respecto a su edad real) y se vuelven más pasivos y dependientes. Se preguntan más y más, «¿qué es esto?», lo que no es otra cosa que un esfuerzo para dominar la desorientación de la crisis. Tienen gran necesidad de afecto. Pueden rehusar comer por sí solos, y algunos retroceden en cuanto a sus funciones físicas, hasta el nivel de un niñito pequeño. Debido a que se hallan desorientados por lo que está sucediendo, pueden caer víctimas de fantasías vertiginosas. Están como atontados. El juego no les resulta divertido. Y sea cual sea la edad, una idea se convierte en obsesión común: *«¿Es culpa mía que mis padres se hayan divorciado? ¿Soy yo el responsable de que no tengamos una familia?»* Los niños en edad preescolar pueden volverse agresivos con otros niños.

Entre los 6 y los 8 años generan sus propias reacciones. Principalmente tristeza, pero su sentido de responsabilidad por la ruptura en la relación entre sus padres es aún más fuerte. Tienen sentimientos profundos de pérdida. Temen ser abandonados y, a veces incluso, morir de hambre. Suspiran y desean recobrar al padre o la madre que se ha marchado.

A menudo se muestran airados con el padre que les cuida de modo permanente. Hay conflictos en la lealtad a los padres. Quieren amar a los dos padres, pero luchan contra el sentimiento de que amar a uno es ser desleal al otro. Por ese motivo se hallan confusos y, en cierto modo, divididos en dos. Los síntomas pueden incluir morderse las uñas, enuresis nocturna, pérdida del sueño, y retraimiento hacia fantasías encaminadas a resolver los problemas familiares. Tanto los unos como los otros se vuelven más y más posesivos.

Los preadolescentes, de los 9 a los 12 años, por lo general experimentan ira como su principal respuesta emocional. Esta ira va generalmente dirigida contra el padre, al que creen y consideran responsable de la ruptura de la familia aunque sea el padre el que tiene custodia de él. Pero en ocasiones, esta ira, en vez de dirigirse directamente contra el padre o la madre, pueden volcarla contra otros niños de su edad. Esto puede motivar el que se vean alienados de los otros en el momento en que más los necesitan. La imagen que tienen de sí mismos se resquebraja. A veces, como mejor modo de manejar esta perturbación en sus vidas, se lanzan a sus actividades con mayor intensidad.

La infancia es un período de desarrollo de la consciencia en la que el divorcio puede tener efectos muy destructivos sobre dicho proceso. En tal situación no es extraño que muchos casos deriven en enfermedades psicosomáticas.

Comúnmente, las reacciones del niño se ven muy afectadas por las tensiones entre los padres. Cuando hay enfrentamientos hostiles entre los padres, luchas por la custodia del niño, batallas por el régimen de visitas, o lo que es peor, la utilización del niño como medio para herirse uno a otro, no se puede esperar en la mente del niño otra cosa que un caos emocional, puesto que no cuenta aún con los recursos necesarios para controlar tal cantidad de tensión. Hay padres que utilizan el soborno como medio para ganarse la complicidad del niño. Algunos niños, por desgracia, han aprendido a manipular a los padres y a utilizarlos enfrentándolos el uno contra el otro. Cuanto mayor es la confusión emocional implicada en un divorcio, mayor es el potencial de daño que se causa al niño.

En medio de este caos, los niños parecen tener dos máximas preocupaciones. La primera es soñar con que sus padres se reconcilien. Si ocurriera esto, todos los problemas habrían terminado. Creen, a pesar de los problemas previos al divorcio, que la familia era mejor cuando los dos estaban juntos. El niño puede haber vivido, antes del divorcio, verdaderas situaciones de tensión y conflicto. Pero está dispuesto a vivirlas de nuevo, con tal de que la familia quede intacta. Al fin y al cabo es la única familia que conoce.

La segunda preocupación tiene que ver con sí mismo; le preocupa lo que le vaya a ocurrir a él. Teme que el padre o madre con quien convive pueda marchar y le abandone. Uno de ellos ya lo ha hecho. ¿Por qué no ha de hacerlo el otro?

Si uno de los padres se ve forzado a viajar y abandonarlo temporalmente (como sucede en muchos casos), el niño se ve presa del pánico, temiendo que la ausencia se convierta en permanente, como le ocurrió con su madre o su padre.

Otro de sus temores es el de verse reemplazado por otro en el afecto de los padres. Cuando el padre o madre que le tiene en custodia empieza a salir con otras mujeres (u hombres) el niño se pregunta si esta nueva persona llegará a ser importante para su padre. Teme que si así fuera, le pueda arrebatar el tiempo y atención que ahora le dedican.

Para ayudar en una situación de divorcio al niño o a sus padres, es importante entender lo que éste siente y experimenta. Pero no olvides que los sentimientos de un niño de un matrimonio divorciado cambian con el tiempo. Hay estadios emocionales bien claros por los cuales pasa, en su lucha por entender y hacer frente al divorcio. Estos estadios son normales. No pueden ser evitados ni ignorados. No tienen nada que ver con la espiritualidad del niño. Tu objetivo, al aconsejar tanto a él como a sus padres, es ayudarle a pasar por estos estadios del mejor modo posible, a fin de producir un crecimiento positivo y minimizar los efectos negativos.

Tanto si el hogar del niño es sosegado y pacífico, como lleno de conflictos y enfrentamientos, el niño jamas imagina ni espera que ello pueda acabar en un divorcio. Es posible que no le gusten las batallas y discusiones, pero espera que algún día se acabarán. El descubrir que va a tener lugar una separación o un divorcio supone para el niño un gran shock.

El temor y la ansiedad se producen porque el niño se ve frente a un futuro desconocido. La fuente de su estabilidad es un hogar y una familia con los dos padres. Y ve cómo esto se destruye.

Pueden producirse diversas reacciones de temor y de

ansiedad bajo la forma de inquietud, pesadillas, insomnio, sudor, dolores. Son problemas normales. Los padres, llegado este punto, deben darle confianza y discutir con él sus planes en detalle. Es muy importante presentarle los hechos de forma realista pero con mucha cautela, porque la imaginación de un niño se desborda fácilmente. Pero siempre es mejor que sepa que no que se pregunte e imagine. Puede tender a inventarse problemas peores que los que realmente existen.

Después del temor y la ansiedad, vienen los sentimientos de *abandono y rechazo*. Las reacciones iniciales desaparecen o pasan a segundo término, para dar paso a esta lucha interna. El niño, a un cierto nivel, es consciente de que no va a ser rechazado o abandonado pero, con todo, sigue preocupado por lo que pueda ocurrir. Tiene dificultad en distinguir entre el que los padres se dejen el uno al otro y el que los padres le dejen a él. Y es posible que se ofusque en esto. Esta situación puede perpetuarse debido a promesas no cumplidas por parte de uno de los dos padres: el que se marcha.

Pero normalmente, los sentimientos de abandono y rechazo se ven reemplazados por la *soledad* y la *tristeza*. Cuando la estructura de la familia cambia y este cambio se establece, empieza a hacerse sentir la realidad de lo que ha ocurrido. El niño siente, en este punto, dolor en el estómago y opresión en el pecho. Es un período de depresión y surge la tendencia a descuidar las actividades regulares. Muchos niños sueñan mucho, aunque suelen hacerlo despiertos, con fantasías de deseos. Estas fantasías versan sobre el mismo tema: los padres vuelven a reunirse y todo marcha bien. Durante este período son muy frecuentes los ataques de llanto.

Luego siguen la *frustración y la ira*. Los niños cuyos padres se divorcian o se separan, suelen vivir enojados. Es una respuesta natural a la frustración que sienten. Han visto a sus padres airados y trastornados y este ejemplo de ira es emulado por el niño. Y puede seguir siendo la pauta durante muchos años y afectando muchas facetas de su vida.

260

La ira no tiene por qué manifestarse directamente. Es un sentimiento básico interno que puede ser enmascarado y aparecer a través de negativismo y mal humor. Pero tanto si se manifiesta como si no, es perjudicial. Si se produce ira, es mucho mejor admitirla y tratar de resolverla, antes que enterrarla y esperar a que un día acabe estallando.

La ira del niño se produce por varias razones. En primer lugar, sirve de protección y señal de alarma, lo mismo que la depresión. Es, también, una manera de llamar la atención hacia su problema y, con frecuencia, una reacción al daño, temor o frustración. Es una reacción involuntaria, y por tanto, los padres y consejeros no deben sentirse amenazados por ella ni intentar negar su existencia cara al niño. Si no se le permite su expresión directa, la expresará de forma pasiva e indirecta, lo cual es mucho más peligroso.

La ira del niño puede manifestarse a través de una perspectiva de negativismo a la vida: irritabilidad, retraimiento, aislamiento, y resistencia a realizar las tareas escolares o todo aquello a lo que decida oponerse.

Los sentimientos de ira nunca deben ser negados. Antes bien hay que ayudarle a expresarlos y drenarlos. Según su capacidad, ayúdale a comprender la causa de su ira y su propósito.

El niño necesita pasar tiempo a solas con su padre o madre cada semana. Y esto puede ser difícil si hay varios hijos en la familia, pero es necesario. Insta a los padres a que le escuchen bien y le ayuden a expresar sus sentimientos, lo cual le ayudará, al mismo tiempo, a resolver su ira.

Está atento a las posibles reacciones indirectas. El sarcasmo y el negativismo son fáciles de detectar, pero hay otras reacciones que pueden aparecer en forma de síntomas físicos como asma, vómitos, insomnio y dolor de estómago. Acepta que la ira en el niño es normal. Anímale a hablar de ella abiertamente y no a enmascararla a través de otros síntomas.

Eventualmente el niño pasa de la ira al *rechazo y resentimiento*. No ha eliminado completamente sus sentimientos de ira, pero trata de crear una cierta distancia emocional entre él y su padre o madre. Éste es un mecanismo de protección. El lloriqueo puede convertirse en una de las formas de rechazo, como también lo es el mutismo. El niño no responde a las sugerencias u órdenes, y con frecuencia «se olvida» de hacer lo que le mandan o tiene la obligación de hacer. Se vuelve hipercrítico (13).

Este comportamiento en realidad es de tipo reactivo. Si bien aleja aparentemente de sí a su padre o madre, en realidad quiere estar más cerca de él o de ella. Hace manifestaciones de desprecio y, con todo, quiere amar. Está tratando, simplemente, de protegerse a sí mismo del rechazo, y para conseguirlo es él quien rechaza primero.

La fase final del proceso en la crisis infantil por divorcio es el restablecimiento de la confianza. Es difícil decir cuánto tiempo tardará en llegar, puesto que varía con la situación y el niño, y puede tratarse de meses o de años.

¿Qué consejos se pueden dar un padre o madre que están preocupados respecto al efecto de su divorcio sobre el niño? Dales a conocer algunos de los principios básicos expuestos y comentados en este libro. El escuchar, alentar, tranquilizar y dar confianza, el estar disponible, serán muy útiles al niño. Como pastor encargado de la juventud durante casi siete años, yo mismo quedé sorprendido al ver la forma en que esto daba soporte a los adolescentes con los cuales trabajaba. Y, al hablar con otros que trabajaban con niños, comprobé que usaban los mismos principios.

Sugiere a los padres que hagan lo siguiente:

1. No preocuparse en exceso por sus propios sentimientos, hasta el punto de descuidar los sentimientos del niño. Dedicarle tiempo cada día, para discutir lo que está experimentando y sintiendo.
2. Tener la suficiente paciencia para que el niño procese sus sentimientos. No hay soluciones ni curas rápidas.
3. Un ambiente estable es beneficioso para el niño. Si es

262

posible, el seguir viviendo en el mismo hogar o vecindario, le ayudará. Cuanto mayor es el cambio mayores son en el niño la tensión y la disconformidad.

4. Informar y responder al niño sobre lo que pregunte y crearle un clima de confianza en sí mismo.
5. Asegúrale que él no es la causa del divorcio o la separación. Ambos padres deben darle amor sustancial y en cantidades iguales.
6. Según el nivel de comprensión del niño, ayúdale a conocer de antemano los diferentes tipos de sentimientos que va a experimentar. Tenerle al corriente en todo momento de los cambios que hay que esperar con el fin de que esté preparado de antemano para los mismos.

Cuando estás aconsejando a un niño de 3 a 6 años de edad, cuyos padres están divorciándose, ayúdale a expresar verbalmente el dolor o pena que siente, y haz que exponga su idea de por qué se divorcian sus padres. Recuerda que a esta edad el niño puede pensar que su comportamiento o pensamientos son la causa real del divorcio. Y no es fácil convencerle de lo contrario. Ayúdale a ver otras posibilidades. He aquí un ejemplo.

Pastor: «Habías dejado la mesa desordenada otras veces antes? ¿Se había marchado tu padre entonces por esto? ¿No han dejado la mesa sucia tus hermanos también?»

Dale a entender que sus sentimientos son los mismos que los de otros niños.

Pastor: «Quizá tienes miedo de no ver a tu padre otra vez. Hay muchos niños que piensan lo mismo» (14).

Comentarios de este tipo ayudan mucho a los niños a hablar con franqueza sobre sus pensamientos y sentimientos.

El niño necesita que le aseguren que aunque su madre y su padre van a pasar por todas estas dificultades no por ello dejarán de cuidarle. Los padres, los amigos y otros parientes, han de repetírselo, de modo que se convenza de que más de una persona le apoya en esta idea. Ayúdale a seleccionar alguna tarea que pueda realizar y que le ayude a vencer su sentimiento de inutilidad e impotencia.

Explica y enseña a los padres de tu congregación la forma de cómo ministrar a sus propios hijos durante períodos de crisis de menor importancia. Éste es el mejor modo de preparar y equipar a los niños no tan sólo para afrontar crisis mayores que puedan producirse, sino todos los períodos de crisis en su vida adulta.

NOTAS

1. J. Isherwood, K.S. Adams, A.R. Hornblow, and A.R. Lifte, «Life event stress, psychological factors, suicide attempt, and auto-accident proclivity, *Journal of psychosomatic research*, 26 (1982), pp. 371-83.
2. Adaptado de William Van Ornum y John B. Mordock, *Crisis counseling with children and adolescents: A guide for non-professional counselors* (New York: Continuum, 1983), p. 15.
3. Adaptado de Carl Rogers, «A way of being» (Boston: Houghton-Mifflin, 1980).
4. Adaptado de Brent Q. Hafen y Brenda Peterson, *The Crisis intervention handbook* (Englewood Cliffs, N.J.: Prentice-Hall, 1982), pp. 21-39.
5. Adaptado de Van Ornum y Mordock, pp. 37-38.
6. Adaptado de Van Ornum y Mordock, pp. 62-67.
7. Adaptado de Archibald Hart, *Children y divorce: What to expect and how to help* (Waco: Word, 1982), pp. 124-125.
8. Adaptado de Hafen y Peterson, pp. 110-111.
9. Adaptado de E. Lindemann, «Symptomatology and management of Acute Grief», *American Journal of psychiatry*, 139 (1982), pp. 141-48.
10. Adaptado de Hafen y Peterson, p. 83.
11. Adaptado de Van Ornum y Mordock, pp. 146-147.
12. Adaptado de Hart, pp. 9-10.
13. Adaptado de Hart, pp. 66-74.
14. Adaptado de Van Ornum y Mordock, pp. 94-95.

La crisis de la adolescencia

Imagina que has planeado el día, por cierto muy ocupado, en la oficina. Has dicho a la secretaria de la iglesia que no quieres que se te interrumpa. Estás sentado trabajando en el sermón. No obstante, se produce la interrupción. Una muchacha adolescente, que pertenece al grupo de jóvenes, entra visiblemente trastornada y dice: «Su secretaria insiste en que está usted muy ocupado, pero yo necesito hablar con alguien. No puedo esperar. Por favor, hable conmigo durante unos minutos.» Dejas de escribir y te dispones a escuchar. La historia es, más o menos, ésta:

«No sabía a quién hablar de esto. (Pausa). He salido con un chico del grupo de jóvenes. Usted le conoce, es Presidente del grupo de jóvenes de la escuela secundaria. (Pausa). Nosotros..., bueno, acabo de descubrir que estoy embarazada. ¡Y no quiero estar embarazada! (Empieza a llorar). ¿Qué puedo hacer? Quiero abortar. ¿Qué debo hacer?»

Al día siguiente, por la mañana, cuando estás de nuevo preparando el sermón, se produce otra interrupción. Esta vez es Juan, un chico de catorce años que está en su primer año de enseñanza secundaria. Hablas con él durante un minuto y te dice:

«No estoy seguro de qué es exactamente lo que no funciona. Hoy no he querido asistir a la escuela. No sirve para nada, puesto que da la sensación de que no aprendo nada. Lo he intentado, de veras. Pero leo toda la materia y no me queda nada en la cabeza. Me encuentro cansado durante todo el día. Por mucho que duermo, no consigo dormir lo suficiente, pero aun así me siento cansado. Creo que me pasa algo. Tengo dolores por todas partes que antes no tenía. No he querido hablar con mis padres sobre esto, pero tengo que decírselo a alguien. Usted dio una charla en nuestra clase hace tres semanas y dijo que si alguno necesitaba hablar con usted se sintiera en libertad de hacerlo. Así que aquí estoy. ¿Qué es lo que me pasa?»

Aquella misma tarde recibes una llamada frenética de un padre o una madre anunciándote que estará en tu despacho dentro de quince minutos, con su hijo de dieciséis años. Cuando llega, su hijo la sigue con mirada hosca. «¡Tiene que hablar con él y averiguar qué es lo que le pasa!», exclama. «No quiere decírmelo pero he hallado estas pastillas y otras cosas en su habitación. Yo no sé lo que son, pero estoy segura de que son drogas, quizá marihuana. Creo que ha estado tomándolas. ¿Puede usted hablar con él y hacer algo?»

Al día siguiente por la mañana, te llama uno de los miembros de tu iglesia, que es médico. Te dice que acaba de admitir en el hospital a una chica, que ha estado asistiendo al grupo de jóvenes de vez en cuando. Te pide que vayas a verla. Le dices que lo harás y más tarde acudes al hospital. Cuando entras en la habitación te quedas asombrado de lo que ves. Una chica de quince años, sentada en la cama, pero su aspecto es el de un esqueleto. Mide 1,70 metros, pero sólo pesa 35 kgs. Sufre de anorexia nerviosa. Sus padres están muy preocupados y piden desesperadamente tu ayuda.

Cada uno de los casos descritos es una situación distinta de crisis en la adolescencia.

Para algunos jóvenes, la adolescencia es un período de crisis continua con algunos pocos claros de calma. Para otros, el proceso de desarrollo se hace algo más suave. Pero, en conjunto, la adolescencia es una de las transiciones más difíciles de la vida. Una experiencia tipo montaña rusa, un período de tensión y borrasca. Suele ser un período de dudas sobre uno mismo, en el que los sentimientos de inferioridad se intensifican y las presiones sociales alcanzan su cumbre. El sentido de la autoestima del adolescente se apoya sobre uno de los pilares más inestables que existen: la aceptación por parte de amigos y compañeros. El Dr. Urie Bronfenbrenner, de la Universidad de Cornell, una autoridad en el proceso de desarrollo de los niños, dice que los años de la adolescencia son, probablemente, los más difíciles y críticos en el desarrollo de la salud mental.

El adolescente, de trece a diecinueve años, pasa a ser independiente de sus padres y, al mismo tiempo, experimenta una crisis radical de identidad. Muchos pueden establecer y afirman su identidad durante este período, en tanto que otros lo aplazan hasta la edad adulta (1).

Los adolescentes de hoy día se ven obligados a hacer frente a toda una gama peculiar de presiones. Experimentan el bombardeo de los distintos medios informativos que, generalmente, transmiten valores antitéticos a los de la fe y creencias cristianas. Es importante recordar que los niños y la juventud de hoy en día son educados en una sociedad promiscua, violenta y no cristiana. Y el ser cristiano puede crearles una tensión adicional que genera conflicto interior.

Se ven obligados a tomar decisiones morales a una edad mucho más temprana que antes. Tales decisiones afectan al sexo, las drogas, los amigos y la bebida. Una reciente encuesta realizada en USA, indica que uno de cada cinco estudiantes de la escuela secundaria ya ha mantenido relaciones sexuales.

La generación actual vive, también, bajo la presión psicológica de ser, quizás la generación final. Los jóvenes se enfrentan a la posibilidad de no tener futuro. Las guerras siempre han sido parte de la vida, pero nunca antes habíamos tenido una generación que viva bajo la amenaza de poder verse destruida instantáneamente. ¿Qué es lo que oyen los jóvenes a través de los medios de comunicación? La amenaza de guerras, bombas, contaminación del ambiente, quiebra de los sistemas de pensiones y seguridad social, y otras perspectivas aterradoras. Todo ello les conduce a no querer pensar en nada y escapar mediante la búsqueda del placer, doquiera se encuentre.

Cada vez hay más adolescentes que proceden de hogares inestables. El divorcio es cada día un fenómeno más común, y los modelos tanto de matrimonios estables, como de vida familiar estable, cada vez son menos.

Es, también, una generación insegura, incapaz de entender lo que es la entrega personal, la responsabilidad social, y si acaso lo entienden, son incapaces de ponerlo en práctica. Quizás esto sea debido, en parte, a que la presente generación ha recibido globalmente mucho más mimo y comodidades que las anteriores. Acostumbrados de niños a tenerlo todo, resulta difícil esperar para recibir la recompensa. No saben cómo manejar o resolver el desánimo y la desilusión y por ello son propensos a experimentar crisis con más facilidad. Esperan soluciones instantáneas. Muchos usan las drogas como vía de escape y en algunos casos cuando nada de lo que buscan les viene a mano, optan por el suicidio (2).

Podrá decirse que es un cuadro desconsolador pero, por desgracia, son muchos los adolescentes que encajan en este escenario. Hay, sin embargo, muchos otros que pese a todo, son responsables, futuros adultos, equilibrados y reflexivos. No por ello dejan de atravesar en su adolescencia situaciones de crisis.

El período de la adolescencia es un período de transición entre la infancia y la edad adulta. En él hay tres fases psicológicas importantes que necesitan superar los adolescentes. El Dr. Keith Olson las describe de la siguiente manera:

1. Desarrollar un sentido de identidad personal que de modo consecuente establezca su concepto de individuo, definiendo su papel en la vida, separado y diferente de todas las demás personas.

2. Iniciar el proceso de establecer relaciones caracterizadas por la entrega personal y la intimidad.
3. Empezar a tomar decisiones que lleven hacia la elección, preparación, aprendizaje y adopción de una ocupación en particular (3).

El futuro, en la edad adulta, está básicamente ligado al éxito con que se superen estas fases. La parte principal de la crisis de la adolescencia está vinculada en estas cuestiones de desarrollo. (Para una ampliación práctica y detallada de este proceso de desarrollo, ver el capítulo 1 del libro *Counseling Teenagers*, por el Dr. Keith Olson.)

Para llegar a ser un adulto maduro, el adolescente tiene que abandonar su dependencia de los padres, típica de la infancia. Pero este avanzar hacia la independencia, a menudo, crea una crsisis no sólo en él, sino también en los padres, puesto que no tienen control de cómo ocurre este movimiento y les da la sensación de perder el timón. Si los padres se resisten a este desentenderse y separarse, se produce tensión por ambas partes. Demos una mirada a este soltar las amarras, o rotura del cordón umbilical que, pese a que para muchos padres es un trauma, no deja de ser normal en el proceso de desarrollo.

El adolescente necesita disponer de tiempo para estar solo y con los de su edad. No tiene mucho interés en las reuniones familiares, y el que tenía antes va desapareciendo. Puede retraerse de muchas actividades previas, incluyendo la asistencia a la iglesia. Tiende a mantener muchas cosas secretas cara a sus padres y no confía en ellos como acostumbraba hacerlo. Los padres, por su parte, que usaban de sus hijos para mantener sus propias necesidades de identidad y autoestima tienen dificultades en manejar esta falta de confianza y desean volver a los «años pasados», que fueron mucho mejores.

El adolescente se resiste a aceptar críticas o consejos de sus padres. Debido a su propia inseguridad, se convierte en altamente sensible a sus sugerencias, sensibilidad que se acrecienta cuando la sugerencia toma el carácter de consejo o crítica. Su falta de identidad todavía no formada y su bajo nivel de autoestimación le hacen más sensible. No tolera las críticas. La disciplina y los consejos los interpreta como sujeción y le da la impresión de que si les presta atención está perdiendo el control sobre sí mismo.

La rebeldía es una reacción muy común. No obstante, cuanto más seguro se sienta el adolescente, menor será la rebeldía. Cuanto más inseguro, más radical y virulenta será la rebeldía (4).

Durante los últimos años de la adolescencia, la lealtad y compromisos se desvían hacia compañeros de su misma edad, tanto del mismo sexo como del opuesto. La intensidad de esta transición en la vida del adolescente se ilustra mediante la siguiente gráfica (5):

Preescolar	Elemental	Media	Secundaria	Post. Esc.

EDAD   1 2 3 4 5 6 7 8 9 10 11 12 13 14 15 16 17 18 19 20 21 22

```
Fuerte
                                                                        Compañeros
Medio
         Familia   Familia                            Compañeros
                   Escuela                  Familia   Familia
                   Compañeros   Familia     Escuela   Escuela
Débil                          Escuela      Compañeros
                               Compañeros
```

La progresiva actividad y compromisos con los amigos y compañeros, con frecuencia crea ansiedad en los padres. Las horas que, tras la cena, pasa hablando por teléfono, los horarios y las exigencias constantes de estar con los amigos se convierten en caballo de batalla. Los cambios en la forma de vestir, hablar y gustos musicales, actividades y comportamiento en general, buscan su patrón y norma en los de su misma edad (6).

A menudo, el adolescente es absorbido por su propio mundo y se encierra en una actitud egocéntrica. Reacciona de manera subjetiva. Y si tiene sentido crítico de sí mismo, tiende a asumir, en contrapartida, que los otros le critican a él de la misma forma. Creen que son únicos y especiales. Están satisfechos con sus antiguas amistades que les dan apoyo y no desean ni procuran, por tanto establecer de nuevas. El traslado a otra población en esta fase de la vida, suele resultar muy traumático.

Los temores sociales ocupan un lugar preferente. No les gusta sentirse rechazados, que se censure lo que hacen, que no se les haga caso. Les horroriza hacer el ridículo o que alguien puede pensar que no tienen control de sí mismos. Las figuras autoritarias les resultan abominables.

La forma de pensar de los adolescentes es distinta a la de los niños. Admiten tanto lo posible como lo real. Tienden a idealizar en exceso y piensan de modo conceptual, en abstracto y en términos universales. Además de una búsqueda desesperada para hallar su identidad personal, su sentido acusado de idealismo crea en ellos ira y frustración. Crean su esquema de cómo deben ir las cosas y son intolerantes cuando no van como ellos piensan o imaginan que deberían ir. Sus ideas sobre los temas de la vida y los valores están en constante fluctuación.

Dependen en extremo de la información que sobre ellos mismos puedan recibir de sus compañeros y, por tanto, su comportamiento puede variar radicalmente según el grupo en que se encuentren.

Cuando se enfrentan con una crisis inesperada, pueden perder la capacidad de valorar correctamente las cosas. Se desilusionan, y cuando esto sucede, tienden a volverse cínicos e, incluso, a menospreciar a los demás. Esto desemboca en una resistencia al cambio, que hace difícil el aconsejarles (7).

Los distintos enfoques de aconsejar que hemos discutido en capítulos anteriores, se aplican también al aconsejar a los adolescentes, así como también las técnicas para tratar de la depresión y el suicidio. Pero es esencial el poder identificar algunos puntos específicos que son únicos del adolescente cuando se plantea una situación de crisis.

Depresión en la primera adolescencia

Debido a que los adolescentes se encuentran en una fase de transición entre la infancia y la edad adulta, su depresión es mixta, y participa de las características de la depresión de ambos períodos de la vida. En algunos casos, la depresión está íntimamente relacionada con sus luchas en el desarrollo.

Como sea que está en proceso de separarse de sus padres y esforzándose por establecer su propia identidad, experimenta frecuentemente el sentimiento de pérdida. Y como ya hemos visto, la pérdida es la base de muchas depresiones. Probablemente la pérdida más común de los adolescentes es la de la propia estima.

La depresión es en realidad más normal en esta fase del desarrollo, que en otros. Por desgracia, algunas de las depresiones de la adolescencia no tienen diagnóstico porque se confunde la depresión con la transición, al considerar que está pasando por los trances del reajuste «normales en los adolescentes».

Hay una diferencia importante entre la depresión de los adolescentes entre los trece y dieciséis años y la de los adolescentes a partir de esta edad. Los primeros tienen una fuerte necesidad de negar las actitudes autocríticas. Evitan por todos los medios mostrar y admitir sus problemas ante los

274

demás. Debido a ello, no exhiben ni aun experimentan la falta de esperanza, abatimiento y autodesprecio que son típicos en las depresiones del adulto. También, al estar en una fase de desarrollo, como los niños, están menos inclinados a pensar qué van a hacer. Es más probable que manifiesten su depresión por medio de un comportamiento franco y abierto que por medio de las preocupaciones introspectivas que caracterizan a los adultos.

Al observar el comportamiento de los adolescentes se notan tres manifestaciones de depresión:

1) Los que reflejan veladamente su estado de depresión interior.

2) Los que hacen evidente su esfuerzo para librarse de la depresión o evitarla.

3) Los que piden desesperadamente auxilio.

Demos ahora una mirada a los síntomas de la depresión en los adolescentes, a partir de estas tres manifestaciones.

La depresión que refleja el *estado interior de sentirse deprimido,* generalmente se evidencia por tres síntomas principales.

1. Un exceso de fatiga. Si se queja de fatiga a pesar de tener el reposo adecuado, es posible que esté sufriendo una depresión que no puede resolver ni expresar.
2. La hipocondria es otro síntoma. El adolescente está preocupado por los cambios que tienen lugar en él y que son normales en los de su edad, pero cuando esta preocupación se centra excesivamente en los cambios físicos, puede reflejar una depresión generada por una falta de adaptación. Es una situación difícil, puesto que le resulta muy difícil admitir esto por sí mismo y menos expresarlo a otros.
3. Incapacidad para concentrarse. Es posible que ésta sea la causa más común que lleva a la persona a buscar ayuda. Suele hacerse más evidente en los resultados escolares, pero puede aparecer en otras situaciones también.

El adolescente niega, con bastante frecuencia, que sea apático o que tenga nada en la mente que le esté molestando. Es posible que admita que su rendimiento en la escuela disminuye, pero ignora la razón. Según él, no importa cuánto se esfuerza en estudiar; le resulta imposible entender las materias ni retenerlas. Cuando dicen esto hay que pensar inmediatamente en una depresión.

La depresión caracterizada por los *intentos desesperados de combatirla o evitarla*, presenta dos síntomas muy comunes. El primero es el hastío y el desasosiego o inquietud. Una forma de evitar el sentimiento de depresión es mantenerse activo de modo que la mente se mantenga constantemente ocupada en otras cosas. Debido a que el adolescente desea evitar por todos los medios el sentimiento de depresión, su actividad se vuelve excesiva. Parece como si le empujaran, y se muestra muy inquieto y hastiado. Navega entre su alto nivel de interés en nuevas actividades y el sentirse rápidamente cansado y desencantado de ellas. Hay que prestar atención a los adolescentes que muestran dificultades para llevar a término las cosas rutinarias de la vida y, por contra, buscan constantemente nuevas actividades más emocionantes. Puede ser un mecanismo de defensa contra la depresión.

La segunda característica es la huida o aislamiento que, en algunos casos, puede convertirse en todo lo contrario. En este último caso, temen estar solos y buscan constantemente compañía. Por ello, van de uno a otro mirando de hallar a los que pueden darles tiempo y prestarles atención. Necesitan como compañía a otros que no estén preocupados con sus propias actividades. Por desgracia, esta búsqueda frenética les deja poco tiempo para las funciones vitales y necesarias. El sueño, el estudio, obligaciones y trabajo de la casa, se tienen que conformar con el poco tiempo que les sobra.

Hay otros que prefieren estar solos, ya que cuando están en medio de gente aumenta su temor de verse rechazados. Si el adolescente adopta, por contra, la vía del aislamiento y la soledad, se entregará a sus actividades con frenesí. Puede desarrollar un interés especial en hobbies, animales domésticos, o todo aquello que no tiene potencial de rechazo, que es lo que teme principalmente.

La tercera manifestación de depresión está representada por algún tipo de *petición de auxilio*. Esto suele evidenciarse por alteraciones en el comportamiento que puede incluir rabietas, ataques de nervios, marcharse de casa, hurtar, y toda variedad de actos antisociales y de rebeldía.

El comportamiento anómalo tiene un propósito definido en sus intentos de afrontar la depresión. El estar ocupado en algún hecho dramático, si es nuevo y atrae la atención de los demás, le evita el tener que enfrentarse con aquello que realmente le molesta. Si el nuevo modo de comportarse le proporciona información sobre sí mismo procedente de los de su edad o grupo, el resultado es un robustecimiento o mejora de su propia imagen. Pero demuestra, a la vez, su falta de control de los impulsos, y esto en sí mismo es una petición de ayuda. Es un mensaje indicando a los demás que está en apuros y que no puede controlar su propia vida. Esta forma de comportamiento negativo no es secreto. Las acciones suelen ser públicas hasta cierto punto y llevadas a cabo intencionadamente, de forma que los demás se den cuenta de que está atrapado en ellas (8).

La depresión en la adolescencia tardía

Los adolescentes de más edad tienden a manifestar su depresión en formas similares a las de los adultos. No obstante, pueden todavía expresar síntomas indirectos, por medio de comportamientos que indican una mala adaptación. ¿Cuáles son éstos?

Las drogas pueden ser, en algunos casos, un medio de expresión. Es cierto, hay multitud de razones para el uso de las drogas, pero no debemos olvidar que algunas pueden estar relacionadas con la depresión. En este caso, sirven varios propósitos. Ayudan al joven a defenderse físicamente de los síntomas de depresión y, a la vez, el compartir la experiencia de la droga, le ofrece oportunidades de relación con sus iguales. El riesgo en la obtención de drogas ilegales puede añadir un elemento más de emoción.

La promiscuidad sexual es otro de los medios de defensa contra la depresión, con más frecuencia en las chicas que en los chicos. La atención conseguida y los sentimientos de sentirse necesitado y querido pueden generar una sensación de alivio para los sentimientos de tristeza y soledad que la depresión comporta.

El intento de suicidio es otra de las manifestaciones. En los últimos años se ha producido un aumento tanto en los intentos como en los suicidios reales entre adolescentes. El suicidio puede ser una manifestación de la depresión, aunque puede también estar vinculado a otras causas. W. Blackburn destaca siete factores básicos que han influido en este incremento en los suicidios: Una degradación de los estándares morales, la alta movilidad de la sociedad, el alto porcentaje de divorcios, el abuso de alcohol y drogas, la popularización y exaltación de la violencia en los medios de comunicación, la facilidad, en algunos países, para adquirir armas, y la difusión del propio índice alarmante de suicidios (9).

El sentimiento de soledad que acompaña a la depresión es un factor clave en los casos que culminan en el suicidio. El propio Blackburn ofrece una explicación simple de cómo al fallar el sistema de apoyo puede conducir a un comportamiento suicida.

«Las fuentes de apoyo se tambalean sobre sus bases. Cuando las bases son endebles, algunos jóvenes buscan la salida en el alcohol y otras drogas. Estos factores, cuando se unen a las ideas idealísticas y románticas del adolescente sobre la muerte, y a una sociedad que ensalza la violencia facilitando el acceso al suicidio, combinan en una mescolanza tan poderosamente letal que esparce la muerte entre un número cada vez mayor de adolescentes. La intencionalidad culmina en un suicidio real. Cada suicidio, se quede en intento o culmine en muerte, es una semilla que siembra la idea de una muerte autogenerada en la mente de otro. Un suicidio en la familia atrae a otros miembros de la misma o personas allegadas hacia esta opción» (10).

El adolescente se expresa muchas veces en clave, mediante comportamientos que tienen escondido un mensaje. Por ejemplo, la automutilación que practican algunos adolescentes, manifiesta su deseo de independencia. Este comportamiento puede ser también, en cierta manera, un intento de controlar su temor o sus pensamientos sexuales, sus impulsos violentos y agresivos. Al hablar con un joven, es posible que responda: «Es mi cuerpo y puedo hacer con él lo que me dé la gana, y nadie puede impedírmelo. Intentadlo. No lo conseguiréis.» Cualquier esfuerzo encaminado a controlar su comportamiento externo, sin tratar antes sus sentimientos, resultará ineficaz (11).

La alienación y el retraimiento de la personalidad son todavía otras de las manifestaciones depresivas. Los adolescentes deprimidos se vuelven apáticos y evitan el contacto con los demás. Mantienen, no obstante, cierta relación social con aquellos que les inspiran la idea de intimidad y de pertenencia. Sin embargo, sus relaciones suelen ser con otros en las mismas características, lo que implica que su relación refuerza el sentimiento mutuo de depresión. Este encerrarse en sí mismo conduce a la falta de acción. El joven evita todo aquello que considera pueda conducirle al fracaso y cualquier aspiración que pueda llevarle a una decepción. Por tanto, no acepta ningún esfuerzo ni se implica en acción alguna que pueda acarrearle riesgos.

¿Cuáles son las causas de la depresión en la adolescencia? Son prácticamente las mismas que en la mayor parte de los adultos, a las que se añaden los problemas de la transición generacional. Muchas de sus reacciones proceden de sentimientos de pérdida o de fracaso que, de nuevo deben mirarse bajo la perspectiva del adolescente. El rechazo por parte de otro, el perder una competición atlética, el tener que llevar prótesis dental a los dieciséis, y así sucesivamente, son, para el adolescente, sentimientos reales de fracaso y pérdida. Con el agravante de que los mira bajo el prisma de la fantasía. Como pérdida entendemos, en este sentido, una preocupación no realista o inconsciente que hace que la persona se sienta privada o empobrecida por la ausencia de toda evidencia objetiva que justifique su preocupación excesiva (12).

Hay otras pérdidas más serias. La pena es parte de la pérdida y el tipo de pena varía según el tipo de pérdida. Cuando los adolescentes pierden al padre o la madre por fallecimiento, recurren a la negación como medio de protección ante esta experiencia amenazadora y los sentimientos que la siguen. Si la relación era íntima habrá pena intensa a la que se añadirá la ira, al quedarse solo.

La muerte de un hermano produce también un sentimiento de pérdida, de características mucho más dispares, debido a ia mezcla de sentimientos positivos y negativos que caracterizan a las relaciones entre hermanos y hermanas.

Si un adolescente pierde a un amigo genera un sentimiento de ansiedad muy fuerte. Los adolescentes se dan cuenta de que los adultos mueren, pero la muerte de uno de su edad es un shock muy superior, que los anonada. Tienen que hacer frente a su propia mortalidad en una edad en que no están preparados para ello.

Otra pérdida a la que muchos se ven obligados a enfrentarse es el divorcio de los padres. Cuando ocurre se produce una pérdida de seguridad y confianza en el futuro. La ira hacia uno de los padres, el que se va, es fuerte, y dura más tiempo que si la persona hubiese muerto. En la muerte el padre o madre no se marcharon por su propia decisión. En el divorcio la persona que se ha ido podía no haberlo hecho. Así que, ¿por qué se ha marchado? La parte de culpa que el joven descarga en el que ha marchado, es fuerte y difícil de resolver. No obstante, no se culpa ni autoresponsabiliza a sí mismo por el divorcio, como hacen muchos niños. Después del divorcio, el adolescente tiende a pasar más y más tiempo fuera de casa, puesto que la casa ya no le infunde la misma seguridad que antes. Puede que experimente un exceso de libertad y tentaciones que no está preparado para afrontar. Puede que tema la pérdida de sus amigos. Si tenía ya tendencia a la depresión y al retraimiento, éstos, lógicamente, se acentúan. (Discutiremos la pérdida por fallecimiento y divorcio con más detalle posteriormente, en este mismo capítulo).

Otra de las pérdidas con que tienen que enfrentarse los adolescentes tiene lugar cuando uno de los padres, un hermano o amigo, sufre una enfermedad crónica, degradante. Esto le crea temor sobre su propia vulnerabilidad. El temor puede hacer que se aísle y se retraiga, lo cual le crea sentimientos de culpa, puesto que considera que no se está comportando como debiera.

Incluso la ausencia de un amigo debida a un traslado puede producir sentimientos de pérdida. El dolor sufrido es tan severo como un rechazo. El mismo sentido de pérdida puede producirse cuando tiene lugar un cambio de escuela, o cualquier otro tipo de cambio (13).

La diferencia más importante entre la pérdida real y la imaginaria o fantaseada es ésta: La pérdida real tiende a acarrear una depresión reactiva en la que las características depresivas son fácilmente observables. La pérdida imaginaria tiende a ser el tipo de depresión en que las manifestaciones no son aparentes en el que las padece, ante un profesional no acostumbrado a tratarlas.

Un factor importante a tener en cuenta es que el proceso normal de desarrollo implica en los adolescentes cierto número de pérdidas reales que amenazan su autoestima. Durante este período se supone que se desprendan de su dependencia de los padres, lo cual es probable que hagan. Pero algunos se adhieren a sus padres más que otros y vacilan, en tanto que otros se sueltan tan rápidamente como pueden. Deben transferir la dependencia emocional de sus padres a compañeros y amigos de su misma edad, lo cual es mucho menos estable y seguro. Se espera también que acepten responsabilidades respecto a su futuro y, finalmente, que tomen el control de sus vidas. Ello les obliga a tener que aprender a vivir sin algunas de sus fuentes previas de gratificación, lo cual puede ser un factor subyacente de depresión. Recuerda que cuanto mejor preparado esté el adolescente para hacer frente a los retos transicionales de la adolescencia, a renunciar a sus vínculos anteriores y a asimilar las pérdidas reales, o imaginarias, mejor podrá evitar los episodios depresivos. Cuando te enfrentes con un adolescente deprimido, ésas son algunas de las cuestiones más corrientes a considerar antes de trazar un plan de tratamiento.

Pérdida a causa de muerte o divorcio

Cuando un adolescente pierde a uno de los padres por fallecimiento, con frecuencia se queda sin amarras y va a la deriva, por su cuenta. Van Ornum y Murdock describen este proceso de la siguiente manera:

«La adolescencia es un período de progresiva separación de los padres. Pero cuando ésta tiene lugar abruptamente, el proceso gradual requerido para una identificación saludable con uno de los padres, no tiene lugar. Los adolescentes para desarrollar sus propias ideas se ven obligados a resistir primero a las ideas de los otros. A través de su rebeldía descubren lo que son. Cuando muere uno de los padres, el proceso de resistencia, de enfrentamiento, de desarrollar ideas independientes, y luego redescubrir el punto de vista del padre, no cubre todo su círculo, de inicio a final. La muerte del padre o la madre pueden lanzar al adolescente a un polvorín» (14).

Pasa a ocuparse más de sí mismo, pero esto puede crearle preocupaciones adicionales. Por ejemplo, si uno de los padres muere debido a una enfermedad, el joven puede presentar temores y síntomas psicógenos de enfermedad, dolor o desfiguración.

Aliéntale a que exprese abiertamente su ira. No se la enjuicies ni se la critiques. Lo que menos necesita son juicios y críticas, sean tuyos o de otros.

Procura averiguar qué otras personas pueden llenar el vacío creado por la muerte del padre o la madre; le ayudará a no interrumpir el proceso de transición.

El divorcio de los padres impide el desarrollo normal del adolescente durante cierto período. Se siente abandonado, y su canal de energía y fuerza moral procedente de la familia se estronca. Ello produce la aceleración del proceso de autonomía –le obliga a crecer antes de tiempo. El divorcio de los padres puede tener un efecto duradero tanto sobre sus actitudes como sobre sus valores. Se desilusiona en lo referente al valor de los compromisos, de la entrega y de las relaciones. «Si tus propios padres se divorcian, ¿en quién puedes confiar? ¿Cómo sabes, cuando te casas, cuánto va a durar?»

Los mecanismos de defensa para hacer frente al divorcio de los padres incluyen sentimientos de vacío, temor, problemas para concentrarse y fatiga. Los adolescentes hijos de divorciados, adoptan una actitud crítica hacia sus padres y su comportamiento. Se sienten traicionados y temen hablar de su dolor y bochorno, por temor a que otros los vean como fracasados. ¿Cómo se defienden contra esto? Por medio del rencor y de la ira (15).

Hay otros casos en los que el divorcio produce un sentimiento de alivio, ya que con él terminan las luchas. Pero esto resulta muy difícil de expresar. El proceso de la pena está tan ligado a la muerte del padre o la madre, como puede estarlo al divorcio. Pero en la muerte está el carácter final del proceso de la pena, en tanto que en el divorcio no hay término. El dolor y las heridas siguen durante años.

La mayor parte de técnicas de aconsejar al joven deprimido son, como hemos dicho ya, las mismas que vimos para el adulto. Quisiera recomendarte, en este punto, que leas nuevamente los principios sobre aconsejar expuestos en el capítulo sobre la depresión.

Si tenemos en cuenta las implicaciones del concepto de

pérdida en la vida del adolescente, veremos que tu intervención puede resultar vital. El que le hagas patente tu respeto e interés por él como persona, puede proporcionarle la relación que precisa para compensar parte de su pérdida, y le ayude a levantar su estado de ánimo. Esto te permitirá dirigir sus esfuerzos de modo eficaz para que se enfrente con lo que origina su depresión y encuentre soluciones.

Si trabajas con un adolescente que sufre de pérdida real, ayúdale, si te es posible, a través de su conversación sobre el tema, analizando distintas perspectivas, tales como hacerle ver que la tragedia no es tan trágica y menos permanente de lo que él imagina. Si la pérdida es fantástica, la tarea será más difícil. Puedes verte obligado a recurrir a interpretaciones más especulativas de lo que ha sucedido, con objeto de que él mismo llegue a descubrir aquello que no existe y que, aunque existe, para él resulta desconocido (16).

Algunos adolescentes que experimentan tensión y crisis responden con la huida. Para ellos es una solución lógica. Pero, no sólo huyen de la tensión; también corren hacia algo. Generalmente corren en busca de sentimientos menos alienantes y de un mayor autocontrol de sus vidas. Cuando un joven está desilusionado por una crisis, necesita restablecer vínculos de relación significativa con otros, aumentar la estimación de sí mismo y hallar algún propósito por el que vivir. Esto lo quiere inmediatamente, pero falla en darse cuenta de que para conseguirlo tiene que dominar antes el estado de shock en que la crisis le tiene inmerso y que bloquea sus esfuerzos transformándolos en *stress*.

Recuerda que el entender la situación, por sí mismo, no es suficiente. La persona necesita hacer algo con respecto a los síntomas y la dirección de su vida. Muchos consejeros experimentan situaciones frustrantes, al aconsejar a adolescentes, porque proporcionan caminos y expectativas de adulto a una persona que no lo es aún. El adolescente, debido parte a su fantasía, parte a su estado depresivo, puede que espere demasiado de ti, incluyendo una cura mágica, ins-

284

tantánea. Es muy común que diga, simplemente: «No sé qué hacer. Dígame lo que debo hacer.» Como sabes, esto puede ser una trampa mortal, si caes en el error de responder a sus deseos. Date cuenta que cuando esto sucede y tú respondes, es él quien está dirigiendo la sesión de consejería y no tú. Debes mantener siempre el timón y el control. Y al hacerlo, recuerda, que al no darle la respuesta o ayuda según él la percibe, vas a ser el objeto de su ira en una forma u otra. Esto es parte del riesgo de aconsejar.

Cuando los adolescentes vienen a verte, bien sea por su cuenta o porque alguien los hace venir, podrás distinguir en ellos toda una gama de reacciones. Algunos vacilarán mucho antes de conversar contigo. En este caso, usa algunos procedimientos indirectos, tales como reflejar su silencio o responder a su comunicación no verbal. Los que son reacios a hablar generalmente es porque están asustados. Pueden estar asustados de ti o de ellos mismos. El miedo a su propia vulnerabilidad, les hace temer que los domines en la sesión; que les digas a otros lo que ellos te dicen; no poder hallar las palabras exactas para decirte lo que sienten, y así sucesivamente. Otros pueden mostrarse airados contigo. Déjales que lo estén; acéptalo, simplemente, y diles que no hay ningún problema en que muestren enojo, también, si esto les acomoda (17).

No todos los consejeros pueden trabajar de modo efectivo con adolescentes, y es necesario que estés dispuesto a aceptar esta posibilidad. El referirlos o enviarlos a otros no es una señal de fallo o debilidad por tu parte, sino un paso positivo a fin de dar la mayor ayuda posible a la persona en crisis, sea un niño, un adolescente o un adulto.

El Dr. Keith Olson sugiere algunas de las cualidades que deben poseer aquellos que desean trabajar efectivamente con adolescentes deprimidos. Evalúate a ti mismo en base a esta lista.

1. Mucha capacidad para desarrollar con facilidad contactos cálidos y empáticos con los jóvenes.

2. Ser fiable y consecuente en tus respuestas.
3. Controlarte a ti mismo y el ambiente mediante el uso inteligente de tu autoridad de modo que no rebaje o devalúe al adolescente aconsejado.
4. Presentarte de modo que tu personalidad ofrezca una imagen positiva al adolescente cara a la formación de su propio ego.
5. Tolerar el que se desconfíe de ellos, sin generar sentimientos defensivos de ira o vacilaciones personales.
6. Ser capaz de desarrollar relaciones con los adolescentes aconsejados, de modo confortable, a pesar de las características narcisistas y egocéntricas de los mismos.
7. Ser muy estimulantes y dar sostén a los movimientos del aconsejado hacia la independencia.
8. Tolerar los ataques airados y hostiles de los aconsejados sin reaccionar con ira, defensa propia o dudas sobre ti mismo.
9. Por su apariencia, personalidad, estilo de aconsejar, y presentación en conjunto, ser aceptado en general y bien recibido por los adolescentes (18).

Es posible que los adolescentes no se queden muy impresionados al ver a un pastor tratando una situación de crisis, a menos que ya se haya establecido la relación anteriormente.

Para ayudar en el proceso de aconsejar, procura informar a la persona sobre los límites de la confidencialidad. El adolescente está preocupado de que puedas informar a sus padres. Debe tener la seguridad de que lo que dice será mantenido en secreto. Sin embargo, es posible que creas conveniente decirle que si se implica a sí mismo en alguna clase de conducta que sea en extremo destructiva y no pueda detenerse después que tú hayas trabajado con él, te verás obligado a recurrir a la posibilidad de que otros sepan lo que te ha dicho, para su propia protección, aunque él no quiera que tú lo digas (19).

Debido a la tendencia del adolescente a centrarse en las experiencias negativas y desagradables, es posible que tengas que hacer resaltar lo positivo e intentar reflejar sentimientos optimistas. Empezará a sentirse más capaz cuando tú le ayudes a desarrollar sus puntos fuertes. Hazle ver que tú has solucionado los mismos o similares problemas con anterioridad. Ayúdale, asimismo, a recordar cómo en otras ocasiones ha resuelto por sí mismo dificultades parecidas. Habrá veces en las que puede ser conveniente decirle lo que a ti te ha dado resultado, pero, ten cuidado, que no parezca que estás dándole consejos o moralizándole.

Al trabajar con un adolescente, puede serte útil animarle a plasmar por escrito sus sentimientos, puesto que muchos de ellos tienen dificultad en expresarse oralmente frente a otra persona. Escribir es un proceso privado y ayuda a expresar sentimientos esquivados o negados. El escribir puede ayudarle a centrarse en su situación, y en sus sentimientos sin sentirse nervioso o abochornado.

T.J. Tuzil, sugiere, en el trabajo con adolescentes, el uso de un diario escrito. A medida que esta persona va avanzando a través de la crisis, esta actividad le ayuda a clarificar los sentimientos y aumentar su nivel de objetividad.

El diario, o cuaderno diario, puede organizarse en dos categorías diferentes: «situaciones» y «yo mismo». Al usar la columna «situaciones», el adolescente debe escribir relatos de, por lo menos, dos situaciones que le hayan acaecido y cuáles han sido sus sentimientos y reacciones después de las mismas. Esto es importante puesto que muchas crisis tienen su origen en situaciones externas.

En la columna «yo mismo» anotará acciones iniciadas por él, dando sus razones, reacciones y sentimientos. Después de completar este cuaderno durante varios días o semanas, el aconsejado se da cuenta de un modo más claro de sus sentimientos y de por qué se comporta en la forma en que lo hace (20).

A veces, el escribir cartas que no se envían, puede ayudar

al adolescente a manejar sus sentimientos de crisis. Por ejemplo, puede escribir a un padre o hermano que no está presente debido a un divorcio, separación o muerte.

Si un adolescente se siente desilusionado debido a una crisis, ayúdale a desarrollar un sistema de apoyo; eleva su propia estima y descubre significados y propósitos. ¿Cómo? Siguiendo los pasos necesarios que ayudan a toda persona en crisis, pero especialmente a través de empatía, escuchándole primero y luego tratando de resolver los problemas. El mejor apoyo que puedes prestar a un joven es cuando le escuchas y comprendes sus sentimientos. Su necesidad y su ilusión está en que su punto de vista sea atendido y respetado. Si tú le escuchas, él te escuchará, a su vez, cuando le presentes tus sugerencias.

NOTAS

1. Adaptado de Jay Kesler, *Parents & teenagers* (Wheaton: Victor, 1984), p. 17.
2. Ibid., pp. 151-55.
3. Dr. G. Keith Olson, *Counseling teenagers* (Loveland, Colo.: Group Books, 1984), pp. 27-28.
4. Ibid., pp. 55-56.
5. Fred Steit, *Parents & problems: Through the eyes of youth*, citado en Peter H. Buntman y Eleanor M. Saris, *How to live with your teenager* (Pasadena, Calif.: Birch Tree Press, 1979), p. 14.
6. Olson, p. 57.
7. Adaptado de William E. Van Ornum y John B. Mordock, *Crisis counseling with children and adolescents* (New York: Continuum, 1983), pp. 41-43.
8. Adaptado de Frederic F. Flach y Suzanne C. Draughi, *The nature and treatment of depression* (New York: Wiley, 1975), pp. 104-06.
9. Bill Blackburn, *What you should know about suicide* (Waco: Word, 1982), p. 24.
10. Ibid., p. 31.
11. Adaptado de R.R. Ross y B. McKay, *Self-mutilation* (Lexington, Mass.: Lexington Books, 1979), n.p.
12. Adaptado de Flach y Draughi, pp. 104-7.
13. Adaptado de Olson, pp. 495-96.
14. Van Ornum y Mordock, p. 76.
15. Adaptado de J.S. Wallerstein y J.B. Kelly, «The effects of parental divorce: The adolescent experience», en E.J. Anthony and C. Koupernik, eds., *The child in his family: Children and psychiatric Risk* (New York: Wiley, 1974).
16. Adaptado de Flach y Draughi, pp. 106-11.
17. Adaptado de W. Van Ornum y John B. Mordock, p. 50.
18. Olson, pp. 360-61.
19. Adaptado de R.A. Garner, *Psyhotherapeutic approaches to the resistant child* (New York: Jason Aronso, 1975), p. 62.
20. Adaptado de T.J. Tuzil, «Writing: A problem-solving process» Social Work, 23 (1978), pp. 63-70.

12

Crisis en las
transiciones de la vida

Desde el nacimiento hasta la muerte, la vida se compone de una serie continua de transiciones. La transición es un puente entre dos estadios diferentes de vida y conlleva un proceso de cambio, al acabar una fase para iniciar otra. Todo cambio, como es natural, acarrea un elemento de riesgo, inseguridad y vulnerabilidad.

En el primer capítulo de esta obra, hablamos de este concepto de transición en relación con la crisis de mitad de la vida y reseñamos algunas sugerencias al respecto en términos del ministerio y recursos de la iglesia. En este capítulo quisiera tratar el tópico de un modo más amplio, puesto que muchas de las crisis provocadas por transiciones de la vida podrían evitarse si se abordaran de una forma constructiva. El planear por adelantado y el incorporar la Palabra de Dios en nuestras vidas son dos de las claves del éxito.

Demos una mirada, en primer lugar, a los distintos procesos de transición y posteriormente a un suceso inesperado que es causa de crisis en muchos matrimonios de hoy. La familia y los hijos es un tópico popular de conversación, tanto en los círculos cristianos como en los seculares. Nos ayuda a identificar nuestra posición en relación a los demás en el camino de la vida. El círculo familiar, en cierto modo, se corresponde con el ciclo de vida individual. Este ciclo se compone de una sucesión de fases que llamamos normativas y que incluyen:

- Matrimonio
- Nacimiento de un hijo
- Entrada del niño en la escuela
- Paso del niño a la adolescencia
- Entrada del niño a la edad adulta
- Nacimiento de un nieto
- Jubilación o retiro
- Ancianidad

Cada una de estas transiciones acarrea el final de la fase previa así como el comienzo o inicio de la nueva lo que, de modo natural, genera el potencial para una crisis. Este potencial es totalmente normal y existe de por sí sin necesidad de que ocurra nada extraordinario. Pero puede aumentar y dispararse si se añade al mismo el que puedan surgir acontecimientos extraordinarios como puedan ser:

- Un aborto
- Separación matrimonial o divorcio
- Enfermedad, invalidez y muerte
- Traslados de residencia
- Cambios en el estado o nivel socioeconómico
- Catástrofes ajenas al hogar, con trastornos masivos de la unidad familiar (1).

Durante este período de cambio, la persona debe reestructurar su papel en la vida, su vida misma, y desarrollar planes para adaptarse al cambio. Necesita esforzarse de un modo especial por renunciar a las viejas pautas de pensamiento y actividad, y desarrollar de nuevas. El que tenga lugar o no una crisis, no depende de la capacidad de la persona para controlar este proceso de cambio. La crisis se abre cuando la realización normal de las rutinas asociadas a un estadio particular de desarrollo se ve abruptamente interrumpida, o se presentan obstáculos.

Uno de los factores determinantes en el hecho de que una transición lleve consigo tensión y potencial de crisis, radica en el momento preciso en que tiene lugar el suceso. Todos tenemos, con más o menos exactitud, un calendario establecido para nuestra vida. En el aconsejar prematrimonial, por ejemplo, yo pregunto a las parejas cuándo planean ser padres, graduarse en la Universidad, ascender al nivel directivo en sus carreras, y así sucesivamente. Muchos tienen un calendario muy preciso. Y la mayoría fija mentalmente el tiempo aproximado en que puedan tener lugar determinados sucesos. Viene a ser algo así como un «reloj mental» que les dice cuándo van «a la hora», o «fuera de hora», en el ciclo de la vida familiar.

Cuando un suceso no tiene lugar «a su hora», da como resultado una crisis. Un ejemplo de esto es el síndrome del «nido vacío». Muchas madres tienen que hacer frente a un reajuste emocional cuando el hijo menor deja el hogar. No obstante éste es un acontecimiento predecible, sobre el que se pueden hacer planes por adelantado. Contrariamente, es cuando después de haber planeado un calendario, el hijo no deja el hogar en el momento previsto cuando se produce la crisis, tanto en los padres como en el hijo (2).

Mi esposa y yo entramos en el síndrome aproximadamente siete años antes de lo que habíamos previsto, es decir, del «horario». Para cuando nuestra hija abandonara el hogar para formar el suyo, habíamos anticipado el quedarnos con un hijo de trece años. Pero éste había dejado la casa, a la edad de once años, para vivir en la «Salem Christian Home» de Ontario, California. El niño era retrasado y llegamos a la conclusión de que esto era lo más beneficioso para él, después de estar dos años orando y planeándolo. Por consiguiente, tanto su partida como la de nuestra hija fueron transiciones relativamente fáciles. Pero cuando nuestra hija nos dijo, al cabo de un año y medio, que deseaba regresar a casa y vivir con nosotros durante algún tiempo, el reajuste fue ya mucho más difícil. ¿Por qué? Nos habíamos acostumbrado al nido vacío, nos gustaba, y no esperábamos que regresara al hogar.

Una de las transiciones en la vida que tiene mayor potencial para derivar en crisis de insatisfacción y descontento a largo plazo, es la jubilación. Es ésta una época de la vida en la que uno ha de enfrentarse con el pasado y el futuro. No obstante, con la debida preparación para hacerle frente, con años de solidificación de una estrecha relación matrimonial, así como con un sentido apropiado de la identidad personal, puede transformarse en un período fructífero de continuo crecimiento.

Cuando una persona considera el jubilarse, es importante que defina sus expectativas y desarrolle un plan. He utilizado planes de este tipo con mis aconsejados, que he dividido en tres partes.

El plan A supone hacer una lista de todos los deseos que uno tiene para cuando se jubile, junto con las posibilidades de llevarlos a cabo. El plan A da por sentado que gozas de buena salud y buena situación financiera y que tu cónyuge y tú estéis juntos, o bien que tú estés solo. Los planes B y C permiten ciertas variantes en este particular y que es necesario tener en consideración.

Plan A   *Deseos y Posibilidades*
Buena Salud
Buenas Finanzas
Solo
Junto al cónyuge

Plan B   *Deseos y Posibilidades*
Bien ＞ Salud
Mal ╱ Finanzas
Solo
Junto al cónyuge

294

Escasa Salud
Pobres Finanzas
Solo
Junto al cónyuge

El planear con antelación, discutir y prepararse para tantas opciones como sea posible, hace que la persona se sienta más segura. Parte del ministerio del consejero consiste en ayudar a la gente no sólo en las transiciones predecibles, sino también en los sucesos inesperados y ocurridos fuera de tiempo.

Pero, ¿por qué ha de resultar tan amenazante un suceso transicional? Existen tres razones básicas.

La primera, que el suceso haya tenido lugar demasiado pronto o demasiado tarde en nuestro calendario, de modo que nos prive del apoyo de los que tienen nuestra misma edad. Una mujer, por ejemplo, que desea un hijo en sus años jóvenes pero que no le llega hasta los 37 años, no puede contar con el apoyo de muchas otras mujeres de su edad, puesto que la mayor parte de sus amigas tuvieron los hijos cuando eran mucho mas jóvenes y lo que están viviendo no son ya los problemas de la infancia sino los de la adolescencia.

La segunda razón es que al tener lugar de forma inesperada y fuera del plan, puede privarnos del sentimiento de satisfacción y orgullo que normalmente acompaña a un suceso de similares características. Algunos procuran obtener ascensos en su empleo y, con frecuencia, calculan más o menos el tiempo en que van a tener lugar. Ahora bien, ¿qué sucede si el ascenso esperado se hace efectivo dos años antes del retiro y no 15 años antes de lo que estaba previsto? ¿Se interpreta como un reconocimiento por lo realizado o, simplemente, un premio simbólico? Cuando ocurre algo así, más tarde de lo esperado, su valor y sentido quedan disminuidos.

La tercera razón es que un suceso que tiene lugar demasiado pronto limita la preparación adecuada para afrontarlo. Una madre joven que enviuda demasiado pronto tiene que sostener a la familia en una época en que la mayoría de sus amigas continúan bajo la protección de un marido. Un hijo mayor que de repente tiene que abandonar la Universidad para hacerse cargo del negocio de la familia debido a un suceso inesperado, no ha tenido tiempo de prepararse adecuadamente para hacer frente a sus nuevas responsabilidades.

Otra situación que genera crisis se produce cuando tienen lugar muchos sucesos al mismo tiempo. «¡Oh, no!, ¡otra cosa más, no!», exclamamos. «Esto no se puede resistir.» Y claudicamos, hundiéndonos en la crisis.

Mucha gente goza de la capacidad para hacer frente de modo razonable a sucesos súbitos, inesperados, y a destiempo, en su vida. Suelen resolver uno de ellos en aquel mismo momento y demorar la respuesta a los otros. De esta forma consiguen mantener el control. Podemos suponer, por ejemplo, que si nos vemos amenazados al mismo tiempo en dos frentes u objetivos importantes, experimentaremos una pérdida de recursos y una tensión superior a nuestra capacidad de aguante. Pero tal vez no sea así.

Pongamos el caso de un marido cuya esposa está gravemente enferma en el hospital. Al día siguiente se presenta una situación financiera que amenaza su negocio. En vez de intentar resolver o manejar los dos problemas a la vez, puede decidir que siendo más importante la recuperación de su esposa no está dispuesto a que nada le impida el dedicarle a ella toda clase de cuidados y tiempo necesarios. De modo que relega los problemas del negocio a un segundo plano en importancia. En este caso, por ejemplo, el segundo suceso no ha incrementado ni elevado el nivel de ansiedad tal y como era de esperar (3).

Son muchas las personas que desarrollan la capacidad de afrontar y manejar las pruebas y tribulaciones de la vida de tal forma que se conviertan en un período de crecimiento y robustecimiento. He aquí un punto en el que nuestro ministerio de enseñanza y predicación, unido a los testimonios de los que han resistido bien las situaciones de tensión en su vida, puede transformarse en una fuente de alivio y bendición para muchos.

¿Qué puedes hacer cuando una persona en medio de una crisis transicional acude a buscar tu consejo? En primer lugar, es importante averiguar qué dificultades tiene para hacer el reajuste por sí mismo. El problema puede consistir en un cambio normal en la vida o una de las variaciones que ya hemos mencionado. La mayor parte de los problemas que se presentan pueden resumirse en los siguientes:

1. Dificultades en abandonar el estadio anterior. Puede que no se sienta cómodo en su nuevo papel o fase de su vida y esté luchando para conseguir separarse de la fase previa.

2. Es posible que le resulte difícil tomar decisiones en relación al nuevo camino que ha de seguir, o al plan de acción a trazar para afrontar su nueva situación.

3. Puede que tenga problemas para poner en práctica las decisiones tomadas, debido a una falta de comprensión de lo que lleva implicado dicho cambio. Puede que le falte información referente a lo que se espera de él o de otros. Es posible, asimismo, que esté luchando con su propia falta de preparación para la transición.

4. O que, hallándose en pleno período de transición, no acabe de encajar el reajuste, puesto que carece de los recursos necesarios para realizar el cambio de forma segura.

Para poder prestar una ayuda efectiva a personas con este tipo de crisis, hay que llevar las acciones a seguir bajo protección ordenada. Primero, hay que identificar el problema. La dificultad que siente la persona en este momento y los recursos con que *intenta* superarla. Segundo, identificar el objetivo, es decir, la situación ideal en la que la persona considera que ya no desearía o no tendría necesidad de ayuda. Coopera con él para identificar lo que necesita y lo que le haga sentirse competente para dirigir su propia vida.

El tercer paso es trazar los pasos a seguir, de forma ordenada, con miras a alcanzar este objetivo.

Durante la etapa inicial del proceso de aconsejar, es posible que te veas obligado a identificar de modo más específico algunas de las anomalías transicionales que están agobiando a esta persona. Esto puede incluir el ayudarle a poder hacer frente a la amenaza de su seguridad perdida o a su sentimiento de incapacidad, así como a la pérdida de su autoestima. Puede estar padeciendo una sensación de vacío y, por tanto, añorando el pasado. Ayúdale para que identifique con claridad toda ansiedad y frustración que pueda sufrir, a fin de poder tomar decisiones sobre los nuevos cambios. Ayúdale a que se adapte a la tensión y frustración que supone el llevar a cabo los cambios necesarios en su nuevo papel de responsabilidad. Además, como la insatisfacción lleva consigo una disminución de la autoestima personal, ayúdale a que acepte los sentimientos que acompañan esta nueva fase de vida y a que comprenda que tendrá que soportar desazón e incomodidad durante cierto tiempo. Llegará un momento, a medida que vaya adaptándose a este nuevo papel y enderece su actitud hacia el cambio, en que se sentirá más cómodo.

Una de las cosas más útiles que puedes hacer es poner a la persona en contacto con otra que haya pasado ya por las adaptaciones y reajustes, y que le ofrezca algo basado en su propia experiencia. Una transición es una experiencia de crecimiento normal, pero algunos necesitan ayuda exterior para que este crecimiento no se deforme o se altere (4).

La crisis de un «affair» ilegítimo

Cuando las parejas se casan, se comprometen a guardarse mutua fidelidad. Por desgracia son muchos los que, tarde o temprano, infringen esta norma. Una relación extramatrimonial puede convertirse en una de las crisis más devastadoras que pueda experimentar una persona, puesto que con ella pueden quedar destruidos sus sueños, esperanzas, y confianza. Se produce un sentimiento intenso de herida, rechazo e ira. Los amoríos no ocurren de repente e inesperadamente. En la mayoría de los casos ha habido un largo período de gestación aunque la mayor parte del mismo haya sido interna y, por tanto, poco detectable. Si un amorío surge sorpresivamente, lo más probable es que ambos se iban separando el uno del otro sin darse cuenta de ello. O bien puede ser que existiera un alto nivel de negación de sus problemas.

Cuando una persona viene a verte para solicitar ayuda sobre este tema, es importante que tengas presente la dinámica y causa de los «affairs».

Cuando la relación ilícita sale a la luz, la persona ofendida queda estupefacta ante la noticia. Lo más probable es que atraviese las cuatro fases propias de la crisis, descritas en el capítulo 4, en un período de tiempo más corto de lo normal. Cuando alguien viene a comunicarte su ofensa y herida, tu ministerio es doble. Por un lado, ayudarle a manejar y equilibrar sus propios sentimientos y, por otro, ayudarle a dar pasos constructivos evitando que tome decisiones que empeoren las cosas.

La persona ofendida experimenta una verdadera avalancha de emociones. En principio se produce asombro, incredulidad y aun confusión, aunque algunos pueden reaccionar con una actitud de «¡Ya me lo parecía!» Si hay tanta evidencia que resulta imposible negar el «affair», o si el cónyuge implicado ha confesado la falta, la persona entra en la nueva fase de impulsos tumultuosos de ira. Ira, traición, ansiedad, herida, resentimiento, orgullo herido, pena, culpa personal y sentimientos de pérdida irreparable, se mezclan entre sí. Muchos dicen que se sienten abandonados y sin valor, haciéndose la pregunta: «¿Qué va a sucederme a mí ahora?» Surgen nuevas emociones, tales como la desilusión, soledad, autocompasión, o un resentimiento profundo, unido al deseo de venganza y de castigar al cónyuge.

Desgraciadamente, a partir de aquí la persona entra en la fase de querer conocer todos los detalles y hechos relacionados con el «affair». Unos pocos prefieren ignorarlo y no quieren saber nada de ello, pero son una minoría. El deseo de saber más es impulsado por sentimientos masoquistas de sentir más dolor o de obtener más evidencia en base a la cual castigar a su cónyuge. Uno de los enfoques más útiles que uno puede tomar es el de aconsejar a la persona que no pida detalles específicos respecto a cuántas veces tuvieron relaciones sexuales, o qué tal fue la cosa, dónde se encontraron, en qué restaurante acostumbraban verse, ect., ect. El afectado no necesita para nada esta información, y el conocerla no le servirá para nada aparte de hacer la curación del matrimonio más difícil. Lo único que hará es ir dándole vueltas, una y otra vez, reviviendo y enconando la herida. Y puede derivar en reacciones negativas de evitar ciertos lugares, hoteles, restaurantes, músicas que hasta ahora los tenía como predilectos al saber que formaron parte de los hechos.

Después de haber atravesado estas dos fases, la persona empieza a evaluar y enjuiciar su situación, a su cónyuge, sus relaciones y a la familia. Cuando se va calmando, empieza a evaluar el futuro. Es el momento de considerar las alternativas. Los que quieren que el matrimonio continúe buscarán alguna fórmula mágica que les garantice que si siguen las directrices de la misma, su cónyuge retornará a él o a ella. No hay garantías, naturalmente, y por tanto tú, como consejero, no puedes prometer nada. Será necesario mucho tiempo y esfuerzo para reedificar la relación destruida. Pero no hay duda que es posible. Yo he visto a muchas parejas que han superado un gran desastre, reedificando y desarrollando un matrimonio más fuerte que el anterior al suceso.

Cuando ministres a la persona ofendida, procura que se haga cargo de las equivocaciones más comunes que suelen cometerse en esta situación, a fin de poder evitarlas.

1. No insultar ni vituperar al cónyuge infiel a través de violentos ataques de ira. Esto no consigue otra cosa que alejarlo aún más y hasta cierto punto justificarlo en su proceder.

300

2. No pedir detalles específicos de la otra relación.
3. No comentar nada con otras personas sobre el asunto. Con demasiada frecuencia el ofendido emprende una campaña para comunicar a tantas personas como le sea posible, tales como la familia, compañeros de trabajo, hijos, etc., lo que ha ocurrido.
4. No intentar que los amigos íntimos o padres del cónyuge hablen con él o con ella para hacerle entrar en razón y pedirle que vuelva al buen camino. No dará resultado. Y puede empeorar las cosas.
5. No buscar la oportunidad de ver a la persona con la que se relaciona tu cónyuge, si no la conoces. Esto se hace, muchas veces, para satisfacer la curiosidad, para pedirle que desista, o para atacarla y ofenderla. Algunas esposas, después de ver a su contrincante, exclaman: «No puedo creer que hayas podido interesarte por ella. Es más vieja y más fea que yo. ¿Qué ves en ella?» No hay que olvidar que con frecuencia los hombres, en especial los cuarentones, sienten atracción hacia otra persona del sexo opuesto por sus cualidades, afecto, atención, cariño, fragilidad, etc., más que por simple atracción física.
6. No emprender una campaña en el hogar para hacerle al otro la vida imposible, a menos que se quiera forzarle a marchar. Lo más probable es que esta actitud le dé pie para hacer lo que estaba buscando.

Cuando la persona con la que estás trabajando empieza a recuperarse, averigua lo que piensa o desea hacer. Ayúdale a clarificar las alternativas y luego prosigue en la elaboración de algún plan. Si quiere que el matrimonio se mantenga unido –y éste debería ser el primer enfoque siempre que sea posible–, procura informarte sobre cuál es la actitud del otro cónyuge. Si la persona implicada o causante del problema quiere que el matrimonio siga intacto, tiene que desentenderse del «affair». Como consejero o ministro no puedes tolerar o admitir a una tercera persona, ni tampoco puede el otro cónyuge. La relación debe terminar, aunque sea de modo gradual. Esto generará, como es de suponer, serias lesiones sentimentales que son imposibles de evitar. Por desgracia, la mayoría no piensan en ello anticipadamente.

Mientras prosiga el «affair» el cónyuge que ha permanecido fiel se encuentra en clara desventaja. La nueva relación ejerce sobre el que la mantiene una influencia y atractivo importantes. No hay que olvidar que, aparte de lo novedoso de la relación, la peculiaridad de la misma hace que presente sólo aspectos positivos, evitando los negativos, mientras que en la relación matrimonial, debido a su duración y naturaleza siempre existen aspectos positivos y negativos. Y desgraciadamente, siempre se recuerdan más los aspectos negativos que los positivos.

El cónyuge ofendido pregunta con frecuencia: «¿Es posible volver a construir el matrimonio después de una situación como ésta?» La respuesta es: «Sí. Se trata de una crisis y aunque sea penosa y hayas deseado que nunca hubiera ocurrido, hay que aceptar esta oportunidad para sacar de ella algo constructivo.»

Una minoría se aprovechará del suceso y como oportunidad y excusa para poner fin al matrimonio. Con frecuencia no es posible hacer nada para convencerles de lo contrario. Incluso en este caso, procura alentarles a considerar la otra alternativa y procura que utilicen la crisis como medio para reconstruir su propia vida, su matrimonio y su familia. Algunos pueden perdonar con bastante facilidad, en tanto que he visto a otros que han tomado la decisión de no perdonar nunca a su cónyuge.

He aquí algunas sugerencias a seguir para ayudar al afectado a poner en orden sus pensamientos y reedificar su vida y matrimonio.

1. – Ayúdale a manejar sentimientos. Puede hallarse abrumado por ellos, puesto que muchas de las emociones que ha sentido son duras y ásperas: ira, aborrecimiento, resentimiento, sensación de haber sido engañado. Todos estos

sentimientos van unidos a otros más suaves como tristeza, amor, compasión. Ayúdale a descubrir y enfatizar estos últimos, porque son los que verdaderamente pueden cooperar a resolver la crisis. El edificar sobre estas emociones le ayudará en su relación matrimonial y permitirá seguir confiando en los demás, a pesar de los riesgos.

Si la persona afectada es sana emocionalmente, este proceso será fácil. Ayúdale a identificar sus sentimientos. Pregúntale: «¿Qué es lo que siente? ¿Es temor? ¿Es ira? ¿Se siente herido? ¿Es un sentimiento de abandono?» Anímale para que hable y exprese sus emociones con todo detalle. Háblale sobre sentimientos positivos, diciendo: «Con frecuencia, los seres humanos tenemos escondidos, en medio de estos sentimientos, otros como amor, cariño, empatía. Pero están ensombrecidos por el temor a ser heridos, lo que nos lleva a protegernos y ocultarlos. Me pregunto qué sentimientos de este tipo puede tener hacia su cónyuge.» Ayúdale a que reconozca en algún punto, que sean cuales sean sus emociones, son suyas y es responsable de ellas.

2. – Aliéntale a que se comunique en distinta forma con su cónyuge, con miras a facilitar la mutua información. Muchas crisis tienen lugar debido a la falta de información, la cual es producto, a su vez, de falta de comunicación. El tratar de adivinar, de suponer, no da resultado en el matrimonio. Debido al secreto y bochorno que lleva implicada una relación extramatrimonial, la persona afectada, por regla general, hace toda clase de suposiciones. Se imagina que su esposo o esposa está enamorado del otro o que la relación con la otra persona es plenamente satisfactoria. Éstos son temas que más que suponer hay que tratar personalmente. Ambos cónyuges deben revelarse sus insatisfacciones, preocupaciones, ofensas y también sueños para el matrimonio. La mejor comprensión que proporciona una mejor comunicación puede ayudar en el proceso de reedificación. Esto puede llevarse a cabo tanto fuera de tu despacho, como mientras estás ayudando a la pareja.

Procura que cuando hablen entre sí, el afectado siga estas indicaciones:

A) No te muestres hostil o vengativo. No muestres sarcasmo o ridículo. No trates de humillar o hacer quedar mal al otro.

B) Si el cónyuge se resiste a ser franco, no hay que presionarle demasiado. Antes hay que darle una sensación de confianza y la seguridad de que puede confiarse plenamente.

C) Si el cónyuge sigue resistiéndose, no por ello desistas. Procura insistir, animándole, pero sin importunar.

D) No supongas que sabes lo que está pensando o sintiendo tu cónyuge.

E) No preguntes: «¿Por qué decidiste hacer esto?», o algo similar. Estas preguntas son demasiado difíciles de responder y si pones a la persona en el aprieto de contestarlas le puedes obligar a inventar cualquier excusa.

F) Anima a tu cónyuge a que te diga qué es lo que siente acerca de ti. No tienes por qué ponerte a la defensiva.

G) Tu franqueza, y el no mostrarte a la defensiva pueden ser un modelo positivo para tu cónyuge.

H) Anímale también a que hable con franqueza de todos sus sentimientos. Pero no juzgues dichos sentimientos ni intentes manipularlos para detener su conducta.

I) Si estás demasiado enojado o trastornado, es mejor que no discutas nada en aquel momento.

J) Si estás cavilando y pensando siempre en la ofensa, pon por escrito en qué forma esto va a ayudarte a reconstruir el matrimonio.

3. – A medida que mejora la comunicación aumentará la comprensión y la evaluación de lo que realmente ha sucedido. Esto será penoso, pero puede dar lugar a que se produzca un crecimiento. Algunas veces he comprobado la utilidad de preguntas como ésta, al cónyuge ofendido: «Ahora que su esposo o esposa ha compartido con Vd. lo que le inquietaba

en su relación, ¿qué va a hacer Vd. con esta información? ¿Tiene algún plan en mente?»

4. – Ayuda a la pareja a entenderse y a volver a edificar sus vidas. Es posible que necesiten un proceso de aconsejar matrimonial más extenso. Debes proponérselo y ver si están dispuestos a aceptarlo.

El problema de las relaciones extramatrimoniales es algo a lo que nadie está inmune. No sé cuántas veces he estado sentado en el despacho y escuchado a un hombre o una mujer decir: «No puedo creer que esto me haya sucedido a mí.» Y muchos de ellos han sido pastores o cónyuges de pastores. Más que adoptar una actitud crítica para con los demás, lo que debemos hacer es mantener nuestros propios matrimonios en una situación de prioridad, *por encima* del ministerio, pues de lo contrario podemos estar dando oportunidad a que nuestras relaciones entren en crisis.

Muchas crisis matrimoniales pueden evitarse ayudando a las parejas en tu congregación a distinguir y darse cuenta de las señales de aviso de un «affair». Una de las actitudes más desgraciadas que he visto tanto en creyentes como en pastores es el pensar que: «Esto no puede sucederme a mí o a los miembros de mi congregación.» Puede suceder, y en muchos casos sucederá. Pero también es posible advertir a la gente acerca de las causas y ayudarles a prevenirlas.

Cuando doy clases a las parejas, sobre este tema, empiezo la clase de la siguiente manera:

«Seguramente la mayoría de vosotros habéis tenido una "aventura" en un período u otro de vuestro matrimonio.» Espero y miro con calma los rostros estupefactos de los presentes antes de proseguir, dejando que la afirmación surta su efecto y consiguiendo así la atención de todos. Luego, prosigo diciendo: «Sí, la mayoría de nosotros nos hemos visto envueltos en alguna que otra forma de infidelidad en nuestro matrimonio. Desgraciadamente el concepto de casi todos, acerca de la infidelidad matrimonial se limita a la relación sexual. Pero no es así. En un sentido más amplio la mayor parte de matrimonios han sido infieles el uno con el otro al implicarse no tanto con personas como con actividades o cosas. Cuando nuestros pensamientos están preocupados con algo que nos absorbe y nuestras energías drenadas o mermadas de modo que sólo queda una mínima parte para nuestro cónyuge en el matrimonio, hemos de reconocer que estamos, en realidad, envueltos en un amorío. Miles de hombres y mujeres tienen relaciones extramatrimoniales con su profesión, la televisión, aficiones favoritas, la iglesia. Cuando algún acontecimiento, actividad o persona tiene prioridad en tu vida sobre tu esposo o esposa, e interfiere en la buena marcha del matrimonio, tiene lugar y está en proceso de desarrollo un "affair" no sexual. Y ésta puede ser la base y caldo de cultivo para que tenga lugar un «affair» de carácter sexual. Permitidme ahora que comparta con vosotros algunas de las señales de preaviso de un "affair" inminente.»

Para entonces todo el mundo está atento y pensando en la realidad de lo que estoy diciendo y con la mente abierta. Quiero animarte a utilizar este método y enseñar de esta forma. Un ministerio preventivo es más fácil y más apreciado por todos aquellos que quieren evitar, antes de que se produzca, una crisis que puede ser evitada.

NOTAS

1. Elizabeth A. Carter and Monica McGoldrick, *The family life cycle –A framework for family therapy* (New York: Gardner Press, 1980), p. 41.
2. B.L. Neugarten, «Time, Age, and the life cycle», *American Journal of psychiatry* (1979), pp. 136, 889.
3. Richard S. Lazarus and Susan Folkman *Stress, appraisal and coping* (New York: Springer, 1984), pp. 108-11.
4. Naomi Golan, *Passing through transitions* (New York: The Free Press, 1981), pp. 265-68.

13

Stress y personalidad tipo A: Una crisis potencial

La vida alterna entre períodos de calma, tensión y crisis. Para algunos, más que para otros, parece como si la vida fuera un movimiento continuo de vientos tempestuosos que les empujan de la crisis hacia la calma, para lanzarlos luego hacia otra crisis. Ya hemos visto las características propias de una crisis y cómo ha de ser resuelta en cada período determinado de la vida. Pero el *stress* es una condición distinta de la crisis. El *stress* o *tensión* es tan común en el cirujano que está practicando una operación quirúrgica en el cerebro de una persona, como en la madre joven que prepara a sus tres hijos para ir a la escuela. Los grados moderados de *stress* son necesarios, y nos motivan para avanzar por la vida y realizar las cosas. Muchos han conseguido sus mayores logros bajo un estado de tensión, dentro de unos límites tolerables. En estas condiciones, el *stress* se convierte en potencial estimulante.

Entendemos por *stress* o tensión a cualquier tipo acción o situación que demanda de la persona actuaciones por encima de los niveles corrientes. Estas demandas alteran el equilibrio del cuerpo. El *stress* se produce a través de situaciones que irritan y trastornan a la persona de una forma crónica. Sus indicadores son una preocupación anticipada sobre futuros sucesos que no pueden ser evitados y, posteriormente, la preocupación y cavilación sobre estos mismos sucesos durante cierto período de tiempo, una vez han sucedido.

Los seres humanos varían en sus reacciones ante las presiones de la vida. Lo que para unos es motivo de *stress*, no lo es para otros. Si a una persona le ocurren súbitamente demasiadas cosas las presiones se hacen más difíciles de controlar. El historial de una persona, su estructura neurológica, y su experiencia previa en otras situaciones de tensión, afectan la forma en que va a reaccionar. Hay quien pierde el empleo y se queda consternado, en tanto que otro, aunque siente la pérdida, ve en ello además de una oportunidad de cambio, la oportunidad de encontrar otro mucho mejor.

¿En qué forma se relaciona el *stress* con la crisis? *Una persona que padece comúnmente de trastornos menores presenta mayores dificultades para afrontar y resolver una crisis seria.* Por el contrario, la persona que aprende a resolver algunas de las situaciones típicas de *stress* que se producen en la vida cotidiana, está mejor preparada para resolver las crisis en la vida. Es aquí precisamente donde el ministerio de la iglesia puede convertirse en un ministerio preventivo de las tensiones. Nuestro trabajo consiste en ayudar a los miembros de nuestra congregación a resolver sus tensiones de forma positiva, enseñándoles a identificar aquello que puede tener potencial de tensión; luego, prepararles para afrontar algunos de los aspectos que son fuente de tensión, proporcionándoles y desarrollando en ellos una perspectiva bíblica de la vida.

¿Qué es lo que realmente causa tensión? Hay diversos factores que desearía estimularte a buscar en las personas a las cuales aconsejes, y a hablar sobre ellos en tu iglesia.

Lo que contribuye a la tensión en la vida de una persona es:

1. Hastío o falta de sentido en lo que uno hace. Esto lleva a la tensión. Puede parecer extraño pero, no obstante, hay muchos que no encuentran que la vida les ofrezca bastante

desafío o significado. Es una oportunidad para ayudarles a descubrir el significado de la vida que Cristo nos da. El ayudarles a enfocar la vida bajo la perspectiva de Cristo puede traerles significado, no importa cuál sea su profesión, o lo que le esté sucediendo.

2. Presiones generadas por la premura del tiempo, normalmente al tener que completar o finalizar un trabajo en un plazo o fecha determinada. La mayor parte de las veces somos nosotros mismos la causa.

3. Exceso de trabajo y exceso de carga. En este caso, también somos nosotros los responsables. A veces esto sucede por incapacidad para delegar, al pensar que no se puede contar con otros, o que los demás no están capacitados para hacerlo con la misma rapidez y el mismo grado de perfección.

4. Expectativas poco realistas sobre uno mismo o sobre otra persona. En este caso, propón a tu aconsejado que enumere cada una de sus expectativas e, identificando su procedencia, diga por qué las considera importantes, y cómo afectarán su vida si no se cumplen.

5. Problemas generados por responsabilidades y deberes concretos, en ocasiones por encima de las posibilidades. He visto a muchas personas ocupar cargos para los que no están preparados o capacitados por sus dones y habilidades personales. Son y se encuentran como una piedra cuadrada tratando de tapar un boquete redondo. También los matrimonios pueden experimentar dicha sensación, no solamente por las responsabilidades que les caen encima sino también, en ocasiones, por la tensión añadida por una sensación de que para la misma no hay salida ni posibilidad de cambio.

6. La inestabilidad en el empleo y los problemas financieros pueden ser una importante fuente de tensión. Todos nos hemos sentido inseguros por estas causas en un momento u otro.

7. Una relación en la que la comunicación franca y la expresión abierta de las emociones están bloqueadas no sólo se convierte en causa de tensión, sino que puede incluso llevar

a una depresión en la vida de· la persona que, de por sí, ya tiene un concepto de autoestima deficiente.

8. Concepto de identidad y de autoestima fundamentados sobre bases inadecuadas, como puedan ser la profesión, presencia física u otras cosas similares.

9. La falta de comprensión y, consecuentemente, una interpretación inadecuada de las distintas fases en el desarrollo normal del adulto, pueden generar tensión no tan sólo a nivel personal sino también matrimonial.

10. Por último, una de las fuentes principales de *stress*, tanto para con uno mismo como en la relación con los demás, es la personalidad conocida como de tipo A, a la que nos referiremos, ampliamente, más adelante en este capítulo.

A continuación, y aunque algunas ya las hemos enumerado en la relación anterior, resumimos una fórmula de evaluación de las distintas causas de *stress*. Puedes duplicarla y usarla en tus sesiones terapéuticas de consejería así como en tus actividades docentes.

Causas de Tensión

1. –*Una relación imprecisa y ambivalente*. Si una persona está insegura sobre la relación que mantiene con otro u otros, sea de amistad o por matrimonio, sufrirá *stress*. Cuando uno vive preocupado constantemente por si la otra persona es feliz o si piensa en abandonarle, no sólo se producirá *stress*, sino que puede incluso desembocar fácilmente en crisis. Esta situación puede condicionar las actitudes de la persona hacia todas las demás áreas de la vida. Léase y apliquese Fil. 4:6-9.

2. – *Ambiente*. El ambiente en que se desenvuelve una persona puede contribuir seriamente a la tensión. Tanto si es aburrido, monótono y repetitivo, como si es cambiante, acuciante o inseguro, es fuente de *stress*. Ver Jn. 16:33.

3. – *Perfeccionismo*. El tener estándares excesivamente altos es una de las mejores formas de abocarse al fracaso y al rechazo hacia uno mismo. Convivir con perfeccionistas no es

tarea fácil. El perfeccionismo, por regla general, denota falta de seguridad. La persona que está segura de sí misma, normalmente es flexible y no le importa aceptar riesgos y hacer cambios positivos. Pero cuando alguien se fija metas poco realistas y no es capaz de estar a la altura de las mismas, empieza a sentir desprecio hacia sí mismo, lo cual le conduce a la depresión. Ver 1ª Jn. 4:7.

4. – *Impaciencia.* Si uno es excesivamente impaciente con los demás, se vuelve impaciente también consigo mismo. El no conseguir hacer las cosas según los planes y horarios previstos, mantiene a la persona en un volcán interno. La palabra «paciencia» significa «tolerancia, aguante, perseverancia, entereza, condescendencia, sosiego». Ver Gá. 5:22, 23.

5. – *Rigidez.* La inflexibilidad está atada íntimamente al perfeccionismo y a la impaciencia. Las personas rígidas pasan el tiempo considerando a veces cosas insignificantes, pero que para ellos son cuestión de vida o muerte. El admitir los errores que uno ha cometido y aceptar las opiniones de otros, es la opción más sensata y un medio de reducir la tensión. Efesios 4:2 dice: «Soportándoos con paciencia los unos a losm otros otros en amor.»

6. – *Incapacidad de relajarse.* Para algunas personas es muy difícil el sentarse en una silla durante diez minutos, en completa calma. Su mente está siempre en constante actividad. Esta actividad se llama «impulso de tensión». Ver Is. 32:17.

7. – *Estallidos de ira y mal genio.* Si la vida de una persona está basada en estallidos de ira que esparcen metralla a todos los que le rodean y estar a su lado es como andar por un campo minado en el que nunca se sabe cuándo algo va a explotar, la tensión constante que genera no sólo le afecta a él, sino a todos los que le rodean. Ver Pr. 29:22.

8. – *Falta de humor y poco entusiasmo en la vida.* Los que están llenos de autoreproches, engreimiento y, por tanto, de *stress*, es probable que vivan en constante depresión. Ver Fil. 4:13.

9. – *Excesiva importancia a la competencia.* Aquel que se pasa la vida comparándose con otros, que hacen o tienen, estará

siempre en una situación de constante *stress*. No hemos de permitir que aquello que los demás tienen o hacen afecte a nuestras vidas. Algo de competencia y la lucha por ser el mejor, en determinadas áreas, puede ser interesante y beneficioso, pero cuando se convierte en una constante y una obsesión es un grave problema. Ver Sal. 37:3.

10. – *Infravalorarse a uno mismo*. La infravaloración es la base de muchas dificultades en la vida. Es fuente de presiones y tensiones de todas clases.

Evaluación de la Tensión

1. Durante los últimos cinco años de su vida, ¿cuándo ha experimentado Vd. la mayor cantidad de tensión y qué es lo que más ha contribuido a ella?

TIEMPO	CAUSA	¿CON QUIÉN LA COMPARTIÓ?
Desde hace un año		
Hace 1 a 2 años		
Hace 2 a 3 años		
Hace 3 a 4 años		
Hace 4 a 5 años		

2. Durante los últimos cinco años de su matrimonio, ¿qué miembro de la familia ha experimentado la mayor cantidad de tensión y qué es lo que ha contribuido a dicha tensión?

TIEMPO	CAUSA	¿CON QUIÉN LA COMPARTIÓ?
Desde hace un año		
Hace 1 a 2 años		
Hace 2 a 3 años		
Hace 3 a 4 años		
Hace 4 a 5 años		

3. Indicar cuál de estas diez posibles causas de tensión se ajusta más a la que Vd. está padeciendo:

1) Una relación imprecisa y ambivalente
2) Ambiente
3) Perfeccionismo
4) Impaciencia
5) Rigidez
6) Incapacidad para relajarse
7) Estallidos de ira y mal genio
8) Falta de humor y escaso entusiasmo por la vida
9) Excesiva importancia a la competencia
10) Infravaloración de sí mismo

¿Cuáles son los síntomas que denotan una sobrecarga de tensión? Hay un determinado número de señales que facilitan su diagnosis:

1. Se hace difícil el tomar decisiones, tanto las de mucha como las de poca importancia.

2. Excesivo número de fantasías y tendencia a soñar despierto sobre «abandonarlo todo y escapar».

3. Aumento en el uso del tabaco o el alcohol, o un incremento en el uso de estimulantes y tranquilizantes.

4. Se pierde el hilo de las ideas. Cuando está hablando, la persona se da cuenta repentinamente de que no está por lo que dice ni sabe exactamente qué es lo que está diciendo.

5. Un exceso de preocupación por todo. A la persona le da la sensación de que debiera cargar sobre sí y preocuparse no sólo de sus problemas sino también los de los demás.

6. Estallidos repentinos de ira y mal genio.

7. Ideas de tipo paranoico y desconfianza hacia los amigos y la familia.

8. Pérdida de memoria, especialmente de fechas, citas concertadas y plazos límite.

9. Ataques frecuentes de melancolía y sentimientos de inadecuación.

10. Transposición o «vuelco» en la conducta habitual. La gente exclama: «No es él o ella misma» (1).

En el camino del *stress*, hay tres elementos o pasos básicos: situación, valoración de la situación y reacción emocional y fisiológica a la misma. Cuando una persona concluye que como consecuencia de una situación previsible o determinada sufrirá efectos negativos, acto seguido aparece el *stress*. La tensión emocional y fisiológica es consecuencia de la evaluación de los hechos.

Cómo tratar el *stress*

¿Cómo se puede eliminar el *stress*? Hay tres formas.

En primer lugar, se puede intentar el alterar la situación, a fin de prevenir sucesos que en principio se han valorado como futura fuente de tensión. Cambiar de empleo, trasladarse a otro vecindario o dejar de visitar a ciertos amigos o parientes con asiduidad. Por desgracia, este camino es difícil puesto que la mayoría no se dan cuenta de los hechos hasta que los tienen encima, lo que hace necesario cambios sobre la marcha, que generan aún más tensión.

El segundo modo es actuar sobre los síntomas. Se puede intentar el alterar nuestra respuesta emocional y fisiológica a la tensión, mediante la quimioterapia (medicamentos tranquilizantes), o bien técnicas de relajación (meditación, ejercicios, lecturas apropiadas, etc.).

La tercera forma de tratar el *stress* es, posiblemente, la mejor. Consiste en transformar el negativismo en positivismo, variando toda la estructura mental negativa que nos hace más vulnerables a la tensión. Cambiar la forma de ver el mundo y de evaluarlo. No es fácil el cambiar las actitudes, pero es sin duda la forma más práctica de reducir el *stress* y la ansiedad.

Veamos a continuación el diagrama de este proceso y de sus opciones, en relación a los problemas y dificultades de la vida:

316

TRES NIVELES DE REACCIÓN AL *STRESS*

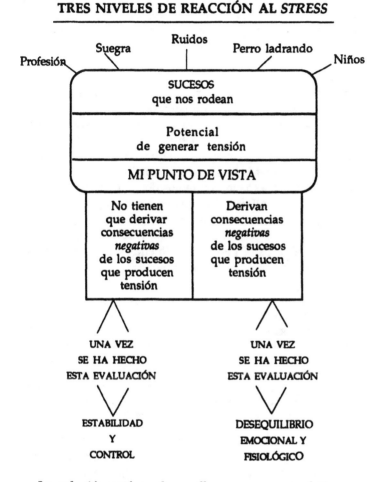

La solución está en desarrollar y poner en práctica una filosofía bíblica de la vida. ¿Cómo puede hacerse? Descubriendo y aplicando la Palabra de Dios de una forma práctica. La tensión resulta de las decisiones que tomemos y de nuestra actitud hacia las mismas.

Leamos Santiago 1:2, 3: «Hermanos, tened por sumo gozo cuando os halléis en diversas pruebas, sabiendo que la prueba de vuestra fe produce paciencia.» La palabra «tened» o «considerad» se refiere a una actitud interna del corazón o la mente, con respecto a las pruebas y circunstancias de la vida que afecten a la persona de forma adversa o beneficiosa. Podría traducirse de esta manera: «Tomad vuestra decisión con respecto a la adversidad como algo de lo que hay que estar contento y recibirlo con agrado.» Tenemos la capacidad de decidir cuál va a ser nuestra actitud. Podemos enfocar la situación diciendo: «¿Por qué tiene que sucederme esto a mí ahora? Es terrible. Me trastorna. No quisiera una cosa así por nada del mundo.» O bien podemos decir: «Esto no es lo que esperaba, pero aquí está. La cosa va a ser un poco difícil de vencer, pero se hará todo lo posible; ¿qué es lo que puedo aprender y cómo puedo crecer como resultado de esto?»

Incluso el apóstol Pablo experimentó situaciones que le produjeron tensión. Cuando escribió:

«De los judíos cinco veces he recibido cuarenta azotes menos uno. Tres veces he sido azotado con varas; una vez apedreado; tres veces he padecido naufragio; una noche y un día he estado como náufrago en alta mar; en viajes, muchas veces; en peligros de ríos, de ladrones, de los de mi misma nación, de los gentiles; peligros en la ciudad, en despoblado, en el mar, entre falsos hermanos; en trabajo y fatiga, en muchas noches pasadas en vela, en hambre y sed, en muchos ayunos, en frío y desnudez; y además de estas cosas, lo que sobre mí se agolpa cada día, la preocupación por todas las iglesias» (2ª Corintios 11:24-28).

Pablo tenía además «un aguijón en la carne» y había pedido a Dios tres veces que se lo quitara. Pero cuando persistió, llegó a la conclusión de que servía para mantenerle humilde y le capacitaba para crecer espiritualmente (2ª Co. 12:7-10). Cuando leemos estos versículos y otros semejantes, llegamos a la conclusión de que el gran apóstol se esforzaba en ver el lado positivo de las situaciones de tensión y las usaba como experiencias para su crecimiento.

«Estamos atribulados en todo, mas no estrechados; en apuros, mas no desesperados; perseguidos, mas no desamparados; derribados, pero no destruidos; llevando en el cuerpo siempre por todas partes la muerte de Jesús, para que también la vida de Jesús se manifieste en nuestros cuerpos. Porque nosotros los que vivimos, siempre estamos entregados a muerte por causa de Jesús, para que también la vida de Jesús se manifieste en nuestra carne mortal. De manera que la muerte actúa en nosotros y en vosotros la vida» (2ª Co. 4:8-12).

Pablo era un realista. Sabía que podía vencer la tensión, pero también se daba cuenta de que otros podían experimentar más dificultades que él para conseguirlo. El *stress* hizo que Juan Marcos renunciara al ministerio, y Dimas abandonó la fe a causa del amor al mundo. Pablo, según expresa la última carta que escribió a Timoteo, tenía también sus luchas con la soledad.

Cuando una persona experimenta tensión, puede influir de dos maneras distintas en su relación con Dios. Puede acercarle más a Dios, o puede ser causa de que se aparte de él con resentimiento y frustración. Isaías 43:2 es muy realista con respecto al *stress*: «Cuando pases por las aguas, yo estaré contigo; y si por los ríos, no te anegarán. Cuando pases por el fuego, no te quemarán, ni la llama prenderá en ti.» No se nos promete una vida libre de situaciones difíciles, pero sí tenemos la seguridad de que no estaremos solos cuando se produzcan.

Nuestra estabilidad viene de Cristo mismo. Cuando aconsejamos a una persona en situaciones de *stress* y tensión, debemos recordar que el Señor es nuestra fuerza, y es también la suya.

«Y al que puede consolidaros, según mi evangelio y la predicación de Jesucristo, según la revelación del misterio que ha sido mantenido en silencio desde tiempos eternos» (Ro. 16:25).

«Luego les dijo: Id, comed manjares grasos, y bebed vino dulce, y enviad porciones a los que no tienen nada preparado;

porque día santo es a nuestro Señor; no os entristezcáis, porque el gozo de Jehová es vuestra fuerza» (Neh. 8:10).

«Él será un fundamento estable para tus tiempos; rica provisión de salvación, de sabiduría y de conocimiento; el temor de Jehová es la llave de este tesoro» (Is. 33:6).

La personalidad Tipo A –Una Crisis Andante

Cada día se oye hablar más y más de la persona tipo A. Posiblemente el concepto no te resulta nuevo. Y es posible que ignores que la tal persona tiene en potencia el elemento propicio para desarrollar múltiples crisis. La personalidad tipo A afecta profundamente las vidas de aquellos que le rodean, acarreando con frecuencia problemas familiares, excesos emocionales o físicos, tensión, una atrofia del desarrollo de la autoestima en los miembros de la familia y una muerte prematura. Y quiero aclarar que me estoy refiriendo a la persona-tipo A, no al hombre-tipo A. Las características de este tipo de personalidad son muy similares, tanto en el hombre como en la mujer.

¿Cuál es el comportamiento de la personalidad del tipo A? Una lucha continua. Es un intento de conseguir más y más, o de participar en más actividades y más importantes en el menor tiempo posible. Y suele hacerlo, con frecuencia frente a la oposición, sea real o imaginaria, de los demás. La personalidad del tipo A está dominada bien por un estado de inseguridad interno, escondido, o bien por una superagresividad, o ambas cosas.

Esta inseguridad o superagresividad son la causa, en realidad, de que empiece la lucha. Esta lucha desemboca luego en un sentimiento de urgencia al que se ha llamado la «enfermedad de la prisa». Y al ir avanzando en esta lucha interior, la superagresividad e incluso el estado de inseguridad se manifiestan en ira. Dicha ira, a menudo, se refleja en una hostilidad que lo satura todo, y a veces incluso en cinismo. Es muy posible que tengas a alguien de estas ca-

320

racterísticas entre los miembros de tu congregación, un maestro de la Escuela Dominical, un miembro de la junta de iglesia o, incluso, otro pastor.

Si esta lucha interior se hace severa y se prolonga por mucho tiempo, puede acabar abocando al que la padece a la autodestrucción.

Si la persona que se siente insegura de sí misma se ve enfrentada a situaciones irritantes, amenazas o frustraciones, puede dar lugar a que estalle.

¿Cuáles son las características específicas de este género? ¿Cómo se puede reconocer el hombre o mujer del tipo A? Deberíamos empezar preguntándonos: ¿por qué la persona tipo A se esfuerza tanto para complicarse en tantas cosas o para realizarlas todas a la vez? No es obvio, pero es simple: sufre de una *falta escondida de autoestimación*. Y sus dudas sobre él están basadas en lo que piensa de él mismo. Se compara (equivocadamente) con otros. Sus logros no pueden sostener el mismo ritmo que sus expectativas exageradas. Y por tanto genera un sentimiento interior de culpa que no desaparece.

La persona tipo A padece también de una *agresividad excesiva*. Esto implica no sólo un deseo incontenible de competir y sobresalir, sino también un deseo de dominar desconsideradamente los derechos y sentimientos de los demás. Si no triunfa en los pequeños negocios o actividades sociales, puede significarle un cataclismo. Para él todo es un desafío.

La personalidad tipo A experimenta, asimismo, *hostilidad flotante*, un sentimiento de ira permanente, que nace de él mismo. Ésta, aumenta en intensidad incluso ante las más pequeñas frustraciones. Pero suele ser muy astuta y hábil en esconder esta tendencia. Encuentra excusas y razones para justificar siempre su estado de irritación. No obstante, se altera con demasiada periodicidad y sin proporción alguna con respecto a las circunstancias. Su actitud es en extremo crítica de forma muy directa, y suele rebajar siempre a los demás.

A causa de su ira, le resulta difícil atraer o aceptar afecto, no puede dar o recibir amor. Raramente se puede decir que ame a otra persona.

El *sentimiento de urgencia* de la personalidad de tipo A se manifiesta en dos formas.

En primer lugar, acelera sus actividades. La manera en que, sea hombre o mujer, piensa, planea, y realiza sus actividades, es siempre acelerada. Habla rápido y obliga a los demás a hacer lo mismo. A su lado es difícil estar sosegado. Todo debe hacerse rápidamente e incluso busca modos de acelerar la rapidez. El afeitarse o bañarse debe hacerse rápidamente. Procura leer más rápido, escribir más rápido, comer más rápido, conducir más rápido. Toda demora o interrupción le produce irritación. Interrumpe a los otros para mostrarles mejores maneras, y más rápidas, de hacer las cosas. Aunque sabe que no hay necesidad y no sirve de nada, aprieta varias veces el pulsador del ascensor para que venga antes.

En segundo lugar, piensa y ejecuta las cosas en forma polifásica. El tiempo de ocio o recreo no reduce su tensión. Aprovecha el mismo para hacer innumerables y mejores actividades. Procura ganar más y más tiempo, intentando hacer dos y tres cosas a la vez. Se embarca en numerosas ocupaciones y proyectos que a menudo no llega a terminar. Cuando realiza algo llama la atención de los otros sobre sí mismo y sobre lo que hace. Acepta elogios y se adjudica méritos que en justicia pertenecen a otros.

Cuando piensa o escucha tatarea; cuando come o habla por teléfono, aprovecha para leer o va removiendo papeles. Puede que tenga uno y hasta dos televisores en marcha y, mientras los mira, va escribiendo notas. La lista podría hacerse interminable. Y lo curioso es que la tal persona ¡se siente muy orgullosa de sus malabarismos!

La última característica del tipo A es una tendencia inconsciente a la *autodestrucción*. Cometen grandes equivocaciones y algunos, incluso, reconocen que van a sucumbir a la tensión que acumulan sobre sí mismos y que es superior a sus fuerzas. El tipo A es cinco veces más propenso al ataque cardíaco que el tipo B, al cual vamos a referirnos en breve (2).

¿Cuáles son los resultados y consecuencias de la personalidad del Tipo A? Según Friedman y Ulmer, el Tipo A es responsable de «repetidos desastres: carreras truncadas, vidas fracasadas, negocios enteros arruinados y grandes empresas destruidas» (3).

Ejerce también efectos devastadores sobre las relaciones matrimoniales, así como entre padres e hijos. Todas ellas suelen acabar en crisis gravísimas. Y a todo ello hay que añadir los daños de tipo físico que ocasiona. Tres enfermedades arteriales que se consideran propiciadas o agravadas por el comportamiento del tipo A: Las migrañas, la presión arterial elevada y las enfermedades del corazón de tipo coronario. (4)

Por la importancia que se da a la personalidad del tipo A, muy poco o nada es lo que se dice sobre la personalidad del tipo B. Es importante mencionarla, puesto que la persona tipo A carece precisamente de muchas de las valiosas cualidades que son patrimonio del tipo B. Las personas del tipo B no tienen tendencia al aburrimiento ni son sosas, como algunos piensan. Son creativas, productivas y disfrutan de la vida, aunque no padecen el sentido de la urgencia. Son capaces de realizar mucho sin el frenesí y la agonía de la persona tipo A. Tienen paciencia y se sienten seguros, por lo que no sienten la necesidad de apresurarse a terminar las cosas sobre la base de imponerse a sí mismos plazos fijos. Delegan su autoridad, conscientes de que otros van a hacer las cosas de forma diferente a la suya y dentro de un tiempo distinto, pero son partidarios de conceder siempre a los demás un margen de confianza. Reflexionan sobre la vida y también sobre lo que les agrada de sí mismos. Han aprendido a evaluar y disfrutar de la vida y de ellos mismos, tanto o más por lo que ya han realizado o experimentado en el pasado como por lo que pueda ocurrir en el futuro.

Las personalidades tipo B difieren mucho entre sí, pero

323

tienen una característica común: no viven como rodeados por un halo de hostilidad. Toleran fácilmente las presiones y tienen capacidad para la empatía. Mantienen un nivel de autoestima positivo y no basado en sus propios logros y conquistas. Poseen una personalidad íntegra y sana.

Cambiando el enfoque a la vida del Tipo A

¿Es posible, realmente, cambiar al tipo A y transformarlo en tipo B? La respuesta es un sí rotundo. Y en ello tu ministerio es doble, preparando el terreno mediante la enseñanza global adecuada para que todos los afectados, miembros de tu iglesia, la vayan asimilando, y a la vez, empleándote a fondo en aquellos que acudan directamente a pedirte ayuda ¿Acuden realmente las personas del tipo A en busca de ayuda y consejo? Sí, lo hacen, pero con frecuencia por otras razones distintas a las de su verdadero problema. Lo más probable es que vengan por causa de alguna crisis que ha creado su enfoque a la vida. Tu deberás ir a la raíz y ayudarles a eliminar la causa de dicha crisis, así como de otras muchas crisis potenciales.

Algunos de los principios para aconsejar a casos del tipo A que voy a facilitar aquí, proceden del libro *Treating Type A Behaviour and Your Heart*, de Meyer Friedman y Diane Ulmer. Está demostrado que sus investigaciones y sugerencias son sumamente eficaces y de gran utilidad práctica. Tengo que decir, no obstante, que su punto de vista, a mi entender, algo pobre y limitado sobre beneficios del ejercicio físico, merece reconsiderarse.

Se ha realizado, por parte de otros investigadores, un estudio mucho más extenso sobre el valor del ejercicio, y las conclusiones son que su influencia y ventajas en la terapia del tipo A no deben minimizarse. Personalmente he tenido ocasión de comprobar su eficacia y utilidad en muchos, incluyendo el mío propio. Sin embargo, una de las razones que aconseja el ser en extremo precavidos en cuanto al uso del ejercicio es la tendencia de las personas del tipo A a usar y abusar indebidamente de las cosas hasta sus límites, en cuyo caso, esta preocupación por el abuso potencial del ejercicio físico es totalmente justificada.

Algunas de las sugerencias que presentamos pueden parecer al aconsejado ridículas, llegando al extremo de considerarlas inútiles y resistiéndose o negándose a seguirlas. Esta reacción es normal, y no debe sorprenderte. Acepta su modo de pensar y hazte cargo de su reacción lógica, pero mantente en el mismo enfoque. Puede que te sea necesario enfatizar, a veces, en los funestos resultados y consecuencias de la vida que lleva a fin de que llegue a darse cuenta de la necesidad y el valor del cambio. Necesita desarrollar nuevas formas de pensar y de hacer, a la vez que descarta algunas de las antiguas.

El primer paso a dar para ayudarle es hacer que comprenda y admita que está padeciendo la enfermedad de la prisa. Muchos consideran esto como una forma normal de vivir. El describírsela como una dolencia le ayudará a identificar sus propias tendencias.

El siguiente paso es ayudarle a que descubra las causas. En la mayoría de los casos proceden tanto de su inseguridad como de un bajo nivel de autoestima. El temor principal que le domina es que, tarde o temprano, se verá incapaz de hacer frente a determinado trabajo o situación. Esto le induce a pensar que, cuando suceda, va a perder prestigio y nivel a los ojos de sus superiores e iguales. Teme no tener la suficiente capacidad para mantenerse a la altura de las circunstancias.

Es el momento de ayudarle a que identifique y reemplace sus puntos de vista con otros nuevos. He aquí algunas de las asunciones más típicas en este particular:

«Mi sentido de la urgencia me ayuda a ganar éxitos sociales y económicos.» Lo cierto es que busca por este camino éxito, pero no lo alcanza, que es en realidad lo que desea. Todo éxito que haya conseguido ha venido de otras fuentes distintas de su prisa y urgencia. Invítale a que haga un pequeño repaso a sus *fallos o fracasos* en la vida y descubrirá así que la mayoría de ellos proceden precisamente de sus prisas y su sentimiento de urgencia.

«Soy incapaz de hacer nada con respecto a mi vida» y «Mi inseguridad está demasiado arraigada como para poderla eliminar o controlar.» Ambas aseveraciones son falsas, siempre que la persona desee realmente cambiar e invita a Jesucristo a ser el agente que cambie su vida.

Un paso importante, que produce mejoras sustanciales, es dedicar tiempo a construir un sentido correcto y apropiado de la autoestima. Los que pertenecen al tipo A normalmente han causado daños graves a su propia personalidad. Consideran que no tienen tiempo para meditar en el pasado, para desarrollar amistades con otros ni para compartir con los miembros de su familia. Su forma de hablar se asemeja más a una computadora que a la de un ser humano: fría, lacónica, exenta de adjetivos descriptivos; puesto que el uso de metáforas, adjetivos u otras figuras retóricas le suponen, en su concepto, una pérdida de tiempo. Y esta tensión y sentido de la urgencia le lleva constantemente a buscar y ansiar cosas y más cosas que desea alcanzar o tener, a expensas de muchas otras que valen la pena.

Ayúdale a que aprenda a expresarse en formas nuevas, usando palabras de carácter más emotivo, o símiles y metáforas. Esto se puede conseguir leyendo novelas o poesía, observando el estilo del escritor y la forma en que utiliza el lenguaje descriptivo.

Ayúdale también a cultivar las relaciones con los demás. Esto puede suponerle el contactar con amigos y parientes, llamándoles por teléfono o escribiéndoles; también invitar al cónyuge a comer fuera, cada una o dos semanas; dejar el reloj en casa y tratar de no hablar para nada de empresas y logros conseguidos.

Transcribe la siguiente lista de actividades y dale una copia al aconsejado. Repásalas con él, una por una, y pídele que se comprometa a ponerlas en práctica lo antes posible. No esperes que lo haga de inmediato. Sugiérele que elija cuatro o cinco para practicarlas durante una semana, hasta que tanto él como los que le rodean lleguen a darse cuenta de que ha tenido lugar un cambio. Adviértele, también, que es posible que le resulte incómodo, puesto que está renunciando a una forma de vida que hasta el presente le resultaba cómoda, por más que sea potencialmente destructiva.

1. Medite y analice cada día las causas y razones de su urgencia. Escriba una de las ventajas y desventajas de imponerse a sí mismo prisa en todas las cosas.

2. Como parte de su nuevo programa, lea el siguiente libro, de manera tranquila: *When i relax i feel guilty*, de Tim Hansel.

3. Reduzca su tendencia a pensar y hablar con rapidez, haciendo un esfuerzo consciente para escuchar a los demás. Conviértase en una persona que sabe escuchar, que es «pronto para oír» (Stg. 1:19). Haga preguntas para animar a los otros a seguir hablando. Si siente la urgencia de interrumpir la conversación y decir algo, antes pregúntese: «*¿Hay alguien que desea, en realidad escuchar esto? ¿Es éste el mejor momento para compartirlo con otros?*»

4. Desarrolle un plan de trabajo que le permita dar prioridad a aquellas cosas que realmente deben llevarse a cabo primero. Luego lleve a cabo únicamente aquellas para las que tenga tiempo. Si cree que es capaz de realizar cinco cosas al cabo del día, haga solamente cuatro.

5. Si empieza a sentirse bajo presión sobre la manera de completar sus tareas, hágase las siguientes preguntas: «*¿Será importante o valdrá la pena el haber completado estas*

tareas, dentro de tres o cinco años? ¿Es necesario hacerlo ahora? Si es así, ¿por qué? ¿Podría hacerlo otro? Si no, ¿por qué?»

6. Procure realizar únicamente una sola cosa a un tiempo. No se cepille los dientes a la vez que se baña. Si está hablando por teléfono, no aproveche para mirar el correo. En vez de ello, mire una fotografía o pintura en la pared, o haga algunos ejercicios de relajación. Si mira la televisión, no lea a la vez una revista. Cuando alguien le esté hablando, deje el periódico o revista sobre la mesa y préstele plena atención.

7. Procure relajarse sin sentirse culpable. Concédase permiso para relajarse y disfrutar. Tiene que convencerse Vd. mismo de que esto es correcto.

8. Evalúe de nuevo su necesidad de reconocimiento por parte de los demás. En vez de esperar la aprobación de otros, dígase a sí mismo, de forma realista: «*He realizado un buen trabajo y puedo sentirme satisfecho por ello.*»

9. Empiece a considerar el comportamiento tipo A en otros. Pregúntese: «*¿Me parece bien el comportamiento de esta persona y la forma en que responde a los demás? ¿Quiero yo causar la misma sensación?*»

10. En lugar de ceder a la tendencia de evaluar las cosas y responder mediante adverbios de cantidad, como «cuándo» o «cuánto» hágalo a través de adjetivos.

11. Empiece a leer revistas y libros que no tengan nada que ver con su profesión. Vaya a la biblioteca, particular o pública, y saque novelas y libros sobre distintos tópicos. Léalos adentrándose en el argumento, como si se tratase de una aventura, pero nunca como una competición o prueba sobre cuántos libros es capaz de leer en una semana y menos aún para jactarse de ello ante otros.

12. Procure tener un fondo de música ambiental suave en la casa o en la oficina para conseguir una atmósfera relajante.

13. Intente planear su horario de modo que conduzca o viaje cuando el tráfico no sea denso. Manténgase en el carril lento de la carretera o autopista. Procure reducir su tendencia a conducir más rápido que los demás o incluso tan rápido como ellos.

14. No evalúe su vida sobre la base de cuánto he realizado o cuántas cosas materiales he adquirido. Proporciónese unos cuantos minutos al día para recordar experiencias agradables del pasado. Dedique un rato a soñar despierto sobre experiencias placenteras de la niñez.

15. Haga, si es posible, al mediodía, un descanso fuera del trabajo. Vaya de compras o a comer con un amigo. Tras comer tome nota de los intereses del otro y utilícelos como guía de oración. Posteriormente, siga interesándose por él para ver cómo sigue. Tal vez podría salir con una persona diferente cada semana. Que sepan que ora y se interesa por ellos.

16. Empiece el día quince minutos más temprano. Si tiene la costumbre de desayunar de pie, o no suele desayunar, siéntese y dedique tiempo a comer. Mire a su alrededor y fije su interés en algo agradable en lo que no había reparado nunca antes, como unas flores que están abriéndose, o un hermoso cuadro.

17. Reconozca cuáles son sus valores. ¿De dónde proceden? ¿Encajan con las enseñanzas de las Escrituras? ¿Pasa tiempo leyendo las Escrituras, considerando cuál es el plan de Dios para su vida?

18. Procure, cada día, pasar algún tiempo a solas. Sea lo que sea lo que haga durante este rato, hágalo de modo lento y sosegado.

19. Comience a desarrollar algunos intereses y aficiones que sean totalmente distintos a su profesión.

20. Empieza a decorar su oficina o área de trabajo con algo nuevo. Flores, una planta, un póster. Cámbielo periódicamente y siéntase orgulloso de lo que hace para expresarse.

21. Cuando participe en juegos o deportes, hágalo por el placer de hacerlo y no por competir. Empiece a buscar la satisfacción del «jogging» por las mañanas y otras cosas similares que hasta ahora ha venido pasando por alto.

22. Si tiene tendencia a la preocupación, empiece con las sugerencias tomadas del libro *The healing of fear*, por este mismo autor.

23. Procure dedicarse a sí mismo mucho más tiempo del que dedica a su trabajo. Haga planes, por adelantado, del tiempo y del trabajo, incluyendo más tiempo para realizarlo e intervalos más largos. Si generalmente dedicaba media hora a una tarea, dedíquele cuarenta y cinco minutos. Notará una mejora en la calidad del trabajo.

23. Evalúe lo que hace y por qué lo hace. El Dr. Lloyd Ogilvie ofrece algunas ideas sobre nuestras motivaciones y las presiones que con ellas nos creamos:

> «Decimos: "¡Mira, Señor, lo ocupado que estoy!" Equiparamos y confundimos el agotamiento con una vida efectiva y plena. Habiéndonos fijado ciertos propósitos, redoblamos nuestros esfuerzos en una verdadera crisis de significado. Amontonamos estadísticas de rendimiento, con el propósito y la esperanza de ser y contar en nuestra generación. Pero, ¿para qué o para quién?
>
> Gran parte de nosotros nos sentimos frustrados y pedimos más tiempo simplemente para existir. Pero, ¿dan validez a este ruego las decisiones que tomamos y su puesta en práctica? El cristiano puede y debe dejar de malgastar su vida en un exceso de actividades» (5).

En uno de sus sermones, el Dr. Ogilvie, hizo dos preguntas interesantes que se refieren a lo que hacemos mal y cómo lo hacemos mal:

> «¿Qué es lo que estás haciendo con tu vida que no podrías

hacer sin el *poder de Dios*?» «¿Estás viviendo la vida a base de tu propia *adecuación* o a base de la abundancia de las riquezas de Cristo?» Ambas preguntas son dignas de que meditemos en ellas.

Que el aconsejado evalúe todo lo que hace, elaborando una lista de sus diversas actividades. Posteriormente, que las evalúe escribiendo cada una de ellas en la columna que le corresponda de la siguiente gráfica.

CRUCIAL   MUY IMPORTANTE   IMPORTANTE   ACONSEJABLE

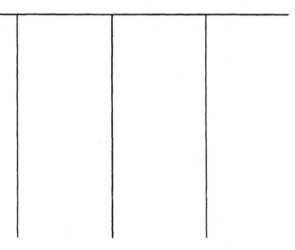

Todo lo escrito en *Muy crucial* debe seguir formando parte de su vida. Todo lo *Muy importante* también debe continuar, aunque posiblemente hay algo que podría desaparecer. Lo *Importante* es susceptible de persistir o bien desaparecer. Y, por último, todo lo clasificado como *Aconsejable* debería abandonarse. Esto puede resultar difícil y es posible que el abandonar, aunque sea una sola actividad, se convierta en un suplicio. Pero con el tiempo aparecerá una sensación de alivio cuando considere por qué hace lo que está haciendo y en qué forma le afecta (6).

25. Cada mañana y cada noche, en voz clara, lenta y calmada lea en voz alta los poemas que transcribimos a continuación. Hágalo durante un mes y medite en la sabiduría de estas palabras.

Modera mi marcha, Señor

Modera mi marcha, Señor.
Acalla los latidos de mi corazón, sosegando mi mente.
Afirma mis pasos acelerados con una visión del alcance de lo eterno.
Dame, en medio de la confusión del día, la calma de los montes.
Quebranta y reduce la tensión de mis nervios y músculos con la música tranquila de las corrientes melodiosas que viven en mi memoria.
Enséñame el arte de las cosas pequeñas: a detenerme para mirar una flor, charlar con un amigo, acariciar un perro, sonreír a un niño, leer unas pocas líneas de un buen libro.
Modera mi marcha, Señor, e inspírame para que eche raíces profundas en los valores permanentes de la vida, para que pueda crecer hacia mi mayor destino.
Recuérdame cada día que la carrera no es de los veloces, que hay algo más en la vida que incrementar la rapidez.
Haz que mire al roble gigantesco y sepa que se ha hecho tan robusto y tan grande porque ha crecido lentaménte y bien (7).

Esta mañana pasé una hora junto a un arroyo en la ladera de la montaña.
Eché mano de una nube que se deslizaba sola por el cielo y con ella me fabriqué un sueño.
Hacia el atardecer, alejado de las guaridas en que los hombres se amontonan.
Me pasé las horas del ocaso dando nueva forma a mi sueño.

Perdí el tiempo. Quizá. Lo dicen los que nunca han caminado con Dios.
Como al andar por la sendas en cuya vera crecen lavándulas y rosas silvestres.
Mas he hallado fuerza para mis labores en una hora quieta de la tarde.
He descubierto gozo y contento; he encontrado paz y vigor.
El soñar ha sido para mí un tesoro, una esperanza recia y firme, Y con las horas perdidas he vuelto a edificar mi vida y hallado de nuevo la fe (8).

Ésas son algunas de las sugerencias que pueden ayudar a la persona del tipo A. Es posible y aconsejable que decidas revisar la lista y adaptarla a cada caso en particular. Busca los libros citados en la bibliografía, al final de esta obra, que te proporcionarán ideas adicionales (9).

La próxima cuestión tiene que ver con los sentimientos de hostilidad que acompañan constantemente a la persona del tipo A. Dicha hostilidad, unida al sentimiento de urgencia o prisa, son las dos principales características externas de la personalidad tipo A.

El primer paso es ayudarle a que reconozca que la hostilidad forma parte de su vida. Las nueve preguntas siguientes revelan de modo bastante exacto el nivel de hostilidad de una persona. Es posible que estimes conveniente hacerlas, de un modo global, a toda la clase o congregación, sea verbalmente o por escrito, dándoles así oportunidad de evaluar sus propias vidas.

1. ¿Se enoja o encoleriza Vd. a la menor equivocación que hacen sus compañeros de trabajo, amigos, familiares y conocidos, o encuentra que las equivocaciones son difíciles de pasar por alto?

2. ¿Tiene tendencia a examinar las cosas desde un punto de vista crítico con el exclusivo propósito de hallar algo que está mal o que pueda ir mal?

3. ¿Se apercibe de estar dispuesto a reírse, o le resulta muy difícil hacerlo, ante las cosas de las que se ríen los demás?

4. ¿Se siente en extremo orgulloso de sus ideales, hasta el punto de disfrutar hablando de ellos a los demás?

5. ¿Dice o cree que no se puede confiar en la mayoría de las personas? ¿Considera que todo el mundo obra por motivos egoístas?

6. ¿Mira a los demás con desprecio?

7. ¿Tiende a desviar la conversación hacia las faltas o errores de los demás?

8. ¿Usa lenguaje ordinario o blasfemo al hablar con otros, o cuando habla consigo mismo?

9. ¿Encuentra difícil hacer cumplidos o felicitar a otros de forma genuina y sincera? (10).

Una forma importante de ayudar al que sufre de personalidad tipo A, está en construir en él un nivel apropiado de autoestima, ya que ésta es la raíz de toda su ira.

Parte del propósito de tu ministerio con esta persona es conseguir que pase de ser hostil a ser una persona que se acepte a sí misma y que sea capaz de tratar y dialogar con los demás, con amor. Sugiérele que identifique y se enfrente con sus postulados personales con respecto a su hostilidad. Descubrirás que con frecuencia está convencido de que su hostilidad es necesaria, que no puede cambiarla y que los demás se la merecen. Una vez más, damos una lista de sugerencias que puedes duplicar y repasar, paso a paso, con el afectado. Utilízalas como están, adáptalas, o selecciona puestos específicos.

1. – Una de las mejores maneras de vencer un hábito negativo es comunicar a otros que sean importantes en su vida, la intención de cambiar. Por tanto, seleccione a los que se vean más afectados por su hostilidad y comuníqueles sus intenciones de cambio. Permítales que le corrijan caso de que vean que su hostilidad va en aumento. Vd., por su parte, debe hacérselo notar a ellos por algún medio convenido. Uno de

334

mis pacientes, por ejemplo, hizo una banderita que colocaba en un pequeño soporte en su mesa de despacho. Cuando estaba sosegado y en calma, situaba una bandera verde; pero cuando empezaba a sentirse irritado, la cambiaba al color amarillo y cuando estaba enojado, izaba la banderita roja para que los demás se dieran cuenta.

2. – Haga todo lo posible por reconocer los esfuerzos y contribuciones positivas de los otros y expresarles su aprecio.

3. – En los juegos competitivos y en los de diversión, juegue mentalizado a perder en alguna ocasión. Un beneficio colateral de esto será que cuando disminuya su concentración para ganar, mejorará su habilidad.

4. – En principio, evite a todos aquellos que se enojan con facilidad, o sea los del tipo A, puesto que tardará algún tiempo en aprender a no reaccionar ante ellos.

5. – Haga una lista de las razones y beneficios que le reportará el eliminar la hostilidad en su vida.

6. – Procure identificar qué es lo que desencadena su ira. ¿Qué es lo que más le irrita? ¿Por qué? ¿Qué sucedería si consiguiera eliminar sus accesos de ira?

7. – Escriba un diario personal de su comportamiento. Y, siempre que se enoje, anote en el mismo los siguientes datos:

A) Las circunstancias que rodearon el ataque o acceso, como por ejemplo quién estaba allí, dónde ocurrió, qué fue lo que lo desencadenó, y así sucesivamente.

B) Las formas específicas de su actuación, y las palabras que dijo.

C) Las reacciones de las otras personas hacia su comportamiento y carácter.

D) La forma en que la cuestión se resolvió finalmente.

E) Una descripción de lo que hará la próxima vez que ocurra algo semejante.

Es importante el desarrollar un plan de acción para interrumpir los ataques de ira, que se accionará de inmediato para controlar la situación. Al mismo tiempo, debe incluir las fórmulas necesarias para hacer frente y manejar el problema en una ocasión posterior. Interrumpir el ataque es una aplicación práctica de Nehemías 5:6, 7: «Y me enojé en gran manera cuando oí su clamor y estas palabras. Entonces lo medité y reprendí a los nobles y a los oficiales.»

Registre en ese diario las ocasiones en que se enoja, por medio de la siguiente gráfica:

Fecha	Hora	Intensidad de la ira	¿Por qué me enojé?	¿Qué respondí?
		1 2 3 4 5 Leve Moderada Alta		

8. – Lea Efesios 4:26; Proverbios 15:1, 18; 16:32; 19:11; 29:11. Escriba en qué forma puede aplicar cada uno de estos pasajes a su vida. Describa cómo va a reflejar cada uno de ellos en su quehacer cotidiano.

He aquí un pasaje específico de la Escritura que se puede usar para controlar y eliminar la ira.

Efesios 4:31, 32

Comportamiento o actitud que se debe DETENER	Lista de resultados de este comportamiento. Dar varios en cada caso.
Resentimiento (dureza, rencor)	
Ira (furia, antagonismo, estallidos)	
Furor (indignación, ira violenta, estar hirviendo)	
Clamor (reyertas, peleas)	
Calumnia (lenguaje abusivo)	
Comportamiento o actitud que se debe COMENZAR	¿Cuáles crees que serían los resultados de estas tres sugerencias? Enumera varios para cada caso.
Sé amable (bondad del corazón)	
Sé tierno (compasivo)	
Sé perdonador (una acción)	

336

Cuando aconsejes a una persona del tipo A, no te desanimes si el cambio es lento. Lo será, y con frecuencia a causa de que la persona suele estar preocupada en exceso por la resolución de otros problemas que su carácter ha contribuido a crear. Pero el cambio es posible. Uno de los pasos básicos y más útiles para generar un cambio permanente es ayudarle a considerar el modo en que ve a Dios y conseguir que llegue a comprender las características divinas. Pasa tiempo orando con él. Ora lentamente y usa una oración guiada. Sugiero que paséis los dos varios minutos orando en silencio. Es importante que hagáis esto en tu despacho, para que se lleve la impresión durante la semana. Pídele que se comprometa a orar de esta forma, en algún momento cada día. Indícale que ore en una habitación, solo, sin distracciones, y que empiece visualizando a Cristo como presente en la habitación junto a él. Sugiérele que empiece este tiempo de meditación leyendo, lentamente y en voz alta, un salmo de alabanza o un salmo que, según él mismo, refleje sus problemas personales.

Un pensamiento final a considerar: Antes de poder ayudar a una persona del tipo A, es necesario que el consejero considere y analice cuidadosamente su propia vida, a la luz de este capítulo. ¿Tienes algunas de estas características o tendencias, y, caso de ser así, qué pasos debes dar para cambiarlas? Si ya has cambiado, refiere tu experiencia a los aconsejados. Apreciarán tu sinceridad. Lo que experimentamos nosotros mismos debidamente utilizado, es la mejor terapia para ministrar a otros.

NOTAS

1. Adaptado de Keith W. Sehnert, *Stress/Unstress* (Minneapolis: Augsburg, 1981), pp. 74-75.
2. Adaptado de Meyer Friedman y Diane Ulmer, *Treating type-A behavior and your heart* (New York: Knopf, 1984), pp. 36-43.
3. Friedman y Ulmer, p. 62.
4. Adaptado de Friedman y Ulmer, p. 67.
5. Lloyd Ogilvie, *God's best for today* (Eugene, Ore.: Harvest House, 1981).
6. Adáptado de Dr. Dwight Carlson.
7. Orin L. Crain. Fuente desconocida.
8. Autor y fuente desconocidos.
9. Adaptado de Friedman y Ulmer, pp. 166-96; adaptado, también de Rosalind Forbes, *Life Stress* (New York: Doubleday, 1979), pp. 48-51.
10. Adaptado de Friedman y Ulmer, pp. 204-5.

14

Utilizando la Escritura y la Oración, y cómo referir un paciente a otro profesional

Cuando aconsejas a una persona en cualquier tipo de situación de crisis encontrarás que ésta es una oportunidad tremenda para conducirle a Cristo; ayudar a los creyentes a darse cuenta del poder fortalecedor y el consuelo que hay en la Palabra de Dios y la importancia de la aplicación práctica de las Escrituras en sus vidas. La Palabra de Dios puede utilizarse propiamente en una forma saludable, para dar comprensión y fuerza, o bien puede venir a ser meramente como una etiqueta prendida del problema, o utilizada para incrementar la culpa y desazón. Es vital que seas sensible a la guía del Espíritu Santo acerca de cuándo introducir las Escrituras en una reunión, y qué pasajes de la Escritura debes usar en la discusión. Asegúrate de no provocar un cortocircuito en la expresión de los sentimientos de pena de la persona, introduciendo un versículo de la Escritura demasiado pronto. A veces, debido a nuestra propia ansiedad o falta de conocimientos sobre lo más apropiado para contestar a ciertas preguntas difíciles, hechas con ira, echamos mano a versículos indicando que «Dios está a cargo de todas las cosas», que «Todo resultará en conformidad con su voluntad» o que «El sufrimiento sigue un propósito divino.»

Dos preguntas que pueden hacerse al aconsejado, al respecto, son: «¿Qué pasajes de la Escritura le han ayudado durante estas circunstancias?» «¿Qué pasaje cree que le ayudaría ahora?» Cuando comentes un pasaje con él puedes preguntarle: «¿Qué le parece? ¿Cree usted que este pasaje puede ayudarle en estos momentos? Hablemos de lo que significa para usted y en qué forma cree que puede serle útil.»

Una de las preguntas más típicas que surgen durante los momentos de crisis es: «¿Dónde está Dios en todo esto?» Es una buena pregunta. ¿Dónde está? Está presente, precisamente como lo estaba antes de que tuviera lugar el problema. Si te hacen esta pregunta, responde con otra pregunta por tu parte: «¿Dónde considera que está Dios para usted, ahora mismo? Veo que se pregunta dónde esta Dios, y es, en verdad, una pregunta lógica y sincera. A veces nos sentimos abandonados. En efecto, nos da la impresión de que si Dios hubiera estado a nuestro alrededor, lo que ha sucedido no habría sucedido.» Algunos de los afectados manifiestan realmente lo que piensan en sus preguntas, en tanto que para otros son sólo un medio de dar salida a su ira. Déjales que hagan sus preguntas, y no te sientas amenazado por ellas. Es posible que tú mismo te hayas hecho la misma pregunta en otras ocasiones. En el momento apropiado, contesta.

Esta pregunta sobre ¿dónde esta Dios?, hace que surja el tema, importante por cierto, de la omnipresencia de Dios. Este concepto es de tanta trascendencia para ti como consejero, como lo es para el aconsejado. Tú debes ser el primero en estar convencido y tener la seguridad muchas veces, por cierto penosas y difíciles, de que Dios está también contigo. Y que cuando guías y diriges al aconsejado a descubrir y definir su dificultad, Dios está presente, obrando en la vida de esa persona.

El ser humano descubre la omnipresencia de Dios, no tratando de visionar el hecho de que Dios está en todas partes, sino más bien reconociendo que Él está presente doquiera que se encuentre. Esto se puede conseguir por dos medios: durante la sesión de aconsejar y en asignaciones entre las sesiones.

Las Escrituras tratan este concepto de la omnipresencia divina en los Salmos 16:11; 73:28; 139:12; Josué 1:9; Hebreos 13:5; y Mateo 28:20.

La lista que facilitamos a continuación, contiene métodos específicos para ayudar al aconsejado a comprender el significado de la omnipresencia de Dios en su vida. En diversos casos, los pasajes bíblicos pueden intercambiarse. Algunas de estas asignaciones cumplen el mismo objetivo de manera distinta, de modo que debes tratar el concepto eligiendo el método que creas resultará más conveniente para el aconsejado.

1. Aprende de memoria la última parte de Josué 1:9: «Porque el SEÑOR tu Dios está contigo dondequiera que vayas.» Después trata de concentrarte en recordar la presencia de Dios, eligiendo una prenda que siempre lleves contigo como por ejemplo un reloj, un anillo, un alfiler de corbata, o una cadenita de cuello. Cada vez que durante aquel día por cualquier razón ves o tocas el artículo elegido, recita el versículo y recuerda que Dios está contigo.

2a. Lee los Salmos 73:28; 16:11; 121:1-8; Mateo 28:20; Josué 1:9; Hebreos 13:5, e identifica la característica de Dios que describen estos versículos.

   b. Selecciona un pasaje y apréndelo de memoria.

   c. Escribe un párrafo que describa lo que sería tu vida durante la semana próxima si vivieras más consciente de este atributo de Dios.

3a. Escoge un segundo pasaje y sigue las instrucciones de 2a. y 2b.

   b. Escoge un tercer pasaje y sigue las instrucciones de 2a. y 2b.

c. Escribe uno de estos versículos seleccionados en una tarjeta, y ponla de modo prominente, que se vea con facilidad, en un lugar donde pases mucho tiempo (el fregadero de la cocina, la puerta de la nevera, en la mesa de tu despacho, etc.).

4a. Lee el Salmo 139:7-12 y vuelve a escribirlo con palabras diferentes.

b. Enumera por lo menos quince lugares distintos en que estarás esta semana y escribe un párrafo explicando de qué forma este pasaje se puede aplicar a tu vida en cada una de estos lugares y situaciones.

5. Describe tu vida para mañana, si tuvieras siempre presente la realidad de Dios delante, cada hora del día (1).

El siguiente estudio bíblico sobre la esperanza en medio de la aflicción procede del excelente libro de Waylon Ward, *The Bible in Counseling* (Moody). El mejor momento para utilizar un estudio así, es con una persona o un grupo cuando no están pasando por una crisis, a fin de prepararlos adecuadamente para los momentos en que experimenten problemas en la vida. Puede utilizarse, también, cuando una persona ha pasado por algunos de los estadios de la crisis y está abierta y capaz de ver sus dificultades desde la perspectiva bíblica.

Esperanza en la aflicción

Leer 2ª Corintios 4:17, 18. Después de haber leído el pasaje, completar las siguientes preguntas:

1) ¿Qué es el «tesoro»? (v. 7).

2) ¿Qué quiso decir Pablo con «vasos de arcilla»? (v. 7).

3) ¿Cuál es la razón de que este «tesoro» se halle en «vasos de barro»?

4) En los vers. 8 y 9 Pablo enumera varios sentimientos de aflicción que él había experimentado o estaba experimentando. Enuméralos.

5) ¿Se pueden comparar algunas de las experiencias de Pablo con las experiencias que estás pasando o has pasado? ¿Cuáles?

6) Pablo comparaba sus experiencias de aflicción con lo que la mayoría consideraría el resultado final de cada aflicción. Hay cuatro frases que muestran que el apóstol estaba afligido en gran manera, pero que no había perdido la esperanza. Enumera a continuación estas cuatro frases (vers. 8, 9).

a.............................. pero no.............................

b.............................. pero no.............................

c.............................. pero no.............................

d.............................. pero no.............................

7) Pablo dice que siempre lleva por todas partes en el cuerpo, la.............................. de Jesús de modo que la.............................. de Jesús se manifieste en nuestros cuerpos (v. 10).

8) El v. 11 dice, básicamente, la misma cosa que el v. 10. Lee estos dos versículos y relaciónalos con 2ª Corintios 12:8-10. ¿Hay algún mensaje similar? ¿Qué considerarías que te dice este mensaje?

9) ¿Cuál es la esperanza de Pablo en medio de su aflicción? (vers. 13, 14).

10) En el versículo 16, Pablo indica que nuestro cuerpo exterior es.............................., no obstante, nuestro interior.............................. de día en día.

11) Pablo compara nuestra aflicción con nuestra esperanza en el v. 17. Escribe esta comparación con sus propias palabras.

12) La conclusión de Pablo es que no deberíamos.............................. sino que tendríamos que.............................. Porque lo que vemos es.............................. pero lo que.............................. .... es eterno (v. 18).

13) Vuelve a escribir la conclusión a que llega Pablo con sus propias palabras.

14) ¿Sobre qué prefieres centrar tu atención? ¿Vas a enfocarla sobre lo que se ve o sobre lo que no se ve?

15) Escribe una oración a Dios expresando cuál es tu esperanza, a la luz de tu aflicción, y diciéndole que te decides a concentrarte en lo interno y eterno que opera en tu vida (2).

Hay muchos textos de la Escritura que se pueden usar cuando ministres a otros. Aquí te indicamos una lista práctica de versículos que pueden serte útiles. Asegúrate de que dedicas tiempo suficiente a leer cada uno de ellos. Han sido enumerados de modo tópico.

Consuelo

Salmo 46:7	Salmo 103:17	Romanos 8:38, 39
Números 14:9	Deuteronomio 31:6	Salmo 27:10
Salmo 73:23	Mateo 20:20	Juan 6:37-39
Isaías 41:17	Salmo 94:14	

Paz

Romanos 5:1, 2	Éxodo 33:14	Salmo 85:8
Salmo 119:165	Isaías 26:3	Isaías 57:2
Isaías 32:17	Mateo 11:29	Efesios 2:14
Colosenses 3:15	Juan 14:27	Números 6:24-26

Temor

Hebreos 13:6	Deuteronomio 7:21	1 Crónicas 16:25, 26
Jeremías 15:20	Isaías 41:10	Proverbios 16:7
Isaías 35:4	2 Corintios 1:10	Filipenses 4:9
Nehemías 4:14	Salmo 28:7	Deuteronomio 1:17
Joel 3:16	Salmo 4:8	Salmo 56:3

Ansiedad

Mateo 1:28	Juan 16:33	Génesis 28:15
Job 34:12	Salmo 20:7	Salmo 50:15
Salmo 55:22	Salmo 86:7	Isaías 41:13
Proverbios 3:5, 6	Isaías 40:11	Salmo 68:19

Para aquellos que
se sienten débiles

Salmo 142:3	Salmo 147:6	Isaías 57:15
Habacuc 3:19	2 Crónicas 16:11	Salmo 37:10, 11
Salmo 72:13	Salmo 55:18	Salmo 62:11
Efesios 3:16	2 Corintios 12:9	Jeremías 10:6

Desesperanza

Haggai 2:4	Santiago 1:12	Ezequiel 34:16
Isaías 40:29	Isaías 51:6	Daniel 2:23
2 Tesalonicenses 3:3	Hebreos 10:35	Jeremías.32:17
Efesios 1:18	Salmo 46:1	Salmo 119:116
Salmo 100:5		

Aflicción

Isaías 43:2	Salmo 116:15	Apocalipsis 21:3, 4
Salmo 71:20, 21	Salmo 119:28	Salmo 119:76
Salmo 119:50	2 Corintios 1:3, 4	2 Tesal. 2:16, 17

Tiempo de
tribulación

Salmo 50:15	Juan 16:33	Salmo 121:5-8
Salmo 9:12	Salmo 37:39, 40	Salmo 34:7
Salmo 46:1	Salmo 138:7	

Sentimientos de
depresión
y desespero

Sofonías 3:17	Juan 10:10	Salmo 126:5
Salmo 30:5	Salmo 34:18	Salmo 40:1, 2
Salmo 42:11		

La oración

La oración es una parte muy importante del aconsejar. Habrá ocasiones en las que ores durante la sesión y otras en que orarás durante la semana por el aconsejado. Algunas veces durante el proceso de consejería te será útil intentar descubrir las pautas de la persona en cuanto a la oración y sobre qué acostumbra a orar. Muchos cristianos no han recibido demasiada enseñanza sobre el significado y propósito de la oración. Enseña a los miembros de tu congregación la importancia de la oración, y ayúdales a experimentar una vida de oración plena y consecuente. Será un recurso tremendo durante las crisis de la vida.

Pregunta al aconsejado: «¿En qué forma puedo orar por Vd. en estos momentos?», y «¿En qué forma puedo orar por Vd. durante esta semana?» Asegúrate de decirle en la próxima sesión que has estado orando por él. Muchos aconsejados me han dicho que lo único que les ha mantenido funcionando y aun vivos ha sido el saber que alguien estaba orando por ellos.

No hay necesidad de abrir cada sesión de consejería con una oración. Son las necesidades del individuo a quien estás ayudando las que deben determinar tu ministerio de oración. Hazte la pregunta a ti mismo y pregúntale a Dios: «¿Es la oración un recurso aplicable en este momento para esta persona?» El orar por una persona o el tratar de conseguir que oren cuando se muestran reacios a ella no es útil.

Durante las ocasiones de *stress* y de crisis, vas a descubrir el concepto que la persona tiene de Dios. Normalmente su pauta de oración antes o durante estos momentos te facilitará esta información. El uso de la oración puede dar pie a muchas preguntas acerca de Dios. ¿Quién es este Dios a quien llamamos Padre en oración? ¿Cuál es el papel de Dios durante nuestros problemas y aflicciones en la vida? ¿Qué clase de poder tiene Dios para liberar o aliviar a la persona de la aflicción? Hay quienes encuentran alivio al aceptar que sus tribulaciones son la voluntad de Dios. Otros, en cambio, rehúsan aceptar esta perspectiva. El libro de Job presenta muchas preguntas que muchas personas siguen haciéndose aún hoy día. Dios *está* implicado en cada situación de crisis y de *stress*. Dios *tiene* interés en nosotros y nos cuida.

Algunos creen que la oración es una forma de magia. Piensan que orando van a influir en que Dios quite el problema e invierta el proceso que les aflige. Esto lo expresó una mujer diciendo: «No sé qué pensar sobre la oración y sobre Dios. Cuando estuve enferma la última vez, oré y me sentí mejor. Pero esta vez he orado y no me siento mejor. ¿Dónde está Dios?» Esta idea de la oración y de Dios es muy limitada. La oración no es simplemente una forma de salirse de las dificultades, sino un medio de dar significado a lo que está sucediendo en nuestras vidas.

Algunos, en sus oraciones, elevan la pregunta: «¿Por qué, Dios? ¿Por qué?» Esto es, en realidad, tanto una pregunta como una protesta. Pero es parte del proceso normal hacia la aceptación de una mayor fe en medio de la adversidad. El decirle a una persona que no debe hacer preguntas así en la oración o el referirle a otras personas que jamás se hicieron preguntas de este tipo en momentos de adversidad porque «tenían una confianza en Dios excepcional» sólo crea sentimientos de culpa y es perjudicial. Cada uno de nosotros progresa a través de la vida cristiana de forma distinta. La fe es más fácil para algunos que para otros. El protestar ante Dios y hacerle preguntas es una forma de oración. Desgraciadamente, no hemos incluido esto en nuestra definición de oración. Pero es útil dejar que la persona sepa que su protesta *es* oración.

Puedes encontrarte con alguien que no quiere orar porque dice que está resentido y enojado con Dios. Pídele que se imagine a Dios sentado en otra silla frente a él en la habitación y que le diga cuáles son sus sentimientos. Después de que haga esto, puedes decirle que lo que acaba de expresar era, en realidad, oración. Y que Dios quiere discutir con él todos sus sentimientos.

Cuando oras por una persona ten cuidado con lo que pides a Dios que haga. Es importante que pidas a Dios que le dé consuelo, fuerza, apoyo, y comprensión, así como el darle gracias por lo que va a ocurrir en el futuro, aun cuando no sabemos qué es lo que va a ocurrir.

Me encanta lo que dice Lloyd Ogilvie en su libro *God's Will in Your Life*:

«Cuando nos hallamos en un apuro, no sabiendo qué hacer, hemos de alabar a Dios dándole gracias por la razón o causa misma que está causando nuestra tensión o presión... La oración persistente durante cierto período de tiempo, nos condiciona y nos prepara para recibir aquello que el Señor ha estado esperando pacientemente para revelarnos o dejárnoslo saber (3).

La oración no es vencer la resistencia de Dios a guiarnos; antes por el contrario, pone nuestra voluntad en condiciones de recibir lo que Él quiere para nosotros. Cambia nuestro estado de ánimo y nos da deseos entusiastas» (4).

Pero el alcanzar esta actitud y nivel de fe es un proceso, y no se puede forzar sobre la persona a la cual ministras. Ahora bien, sí puedes ayudarle mucho a descubrir la fuerza de la oración para ayudar en sus problemas y dificultades. Considera tus propios puntos de vista al respecto, y en la práctica de la oración. Hay muchos libros prácticos y útiles que pueden ayudarnos en este proceso. De manera especial recomendamos *Abba, Padre. Teología y psicología de la oración*, J.M. y Pablo Martínez, CLIE, 1989.

Refiriendo al aconsejado a otra persona

Muchos de los que acudan a ti para que les aconsejes se beneficiarán de tu consejo. Pero a algunos, debido a la gravedad de su problema, tendrás que recomendarles a otro profesional con más experiencia y capacidad. No lo dudes. Cuando no estés seguro de ti mismo o no te sientas capacitado para ciertos casos, el mejor consejo que puedes darles es el de que acudan a otro. El referir un paciente a otro profesional sin condenarte a ti mismo por tu falta de conocimientos, es una señal de seguridad y fuerza interior. Hay ocasiones en las que el consejero está muy encasillado en sí mismo y tiene una perspectiva poco realista de su capacidad. El conocimiento y aceptación de las propias limitaciones y dones espirituales es esencial.

Pablo dijo:

«No hagáis nada por rivalidad o por vanagloria; antes bien en humildad, estimando cada uno a los demás como superiores a sí mismo; no poniendo la mira cada uno en lo suyo propio, sino cada cual también en lo de los otros» (Fil. 2:3, 4).

En mi práctica como consejero tengo la costumbre de enviar con mucha frecuencia pacientes a otros profesionales, pastores, abogados, especialistas en finanzas, médicos o cualquiera que sea un experto en lo que el paciente necesita. Nuestra experiencia, preparación y personalidad son todas ellas variables que afectan al proceso de consejería.

¿Cómo saber cuándo es conveniente referir un paciente a otro profesional? Una de las razones más obvias y comunes es que las personas en situación de crisis necesitan muy a menudo *ayuda especializada* que un pastor no puede darles. Esto no significa siempre que la situación del aconsejado sea crítica, sino, únicamente, que su problema se basa en algo que está fuera de una área de trabajo. No des a la persona la impresión de que su problema es muy grave, porque esto aumentaría su tensión y agravaría la crisis. Que sepa, simplemente, que necesita la ayuda de un especialista en su problema.

Otra razón para enviar un paciente a otros es cuando hay indicaciones de un riesgo potencialmente serio y que está más allá de tu preparación el poder tratarlo. Siempre que el bienestar o la integridad física del aconsejado esté en juego, hazte la siguiente pregunta: «*¿Tengo la suficiente capacidad y tiempo para poder ayudar propiamente a esta persona?*» Puede ser necesario enviarle a un psicólogo, psiquiatra o a un consejero matrimonial.

Si la situación de crisis que le ha llevado a buscar tu consejo comienza a aminorar, pero existen indicios de que el proceso de terapia hasta la vuelta total a la normalidad será largo y tú no dispones de tiempo para ello, es necesario también que lo pongas en manos de otro. La mayoría de pastores no han sido entrenados para dar tratamientos prolongados, ni disponen de tiempo para atender a todos los que acuden a ellos en estado de crisis.

¿Cómo saber y elegir a quién puedes recomendarle? Seguramente conoces personalmente o has estado en contacto con otros pastores, psicólogos, médicos, abogados u otros profesionales cristianos que si bien, quizá, no pueden hacerse ellos personalmente cargo del caso, pueden orientarte. También puedes recurrir a instituciones cristianas, colegios, seminarios, hospitales u otros.

Es perfectamente correcto llamar a un especialista o entrevistarse con él con miras a obtener información respecto a su opinión o enfoque en un caso determinado.

¿Es conveniente enviar al paciente siempre a un terapeuta cristiano? Coincido con el Dr. Keith Olson en su criterio para seleccionar un terapeuta que, siempre que sea posible, el orden de preferencias es: 1º Un buen terapeuta que sea cristiano, 2º Un buen terapeuta que no sea cristiano (5).

¿Cuáles son los pasos a seguir en el proceso de enviar al afectado a otro profesional? En primer lugar, has de estar seguro de haber captado la naturaleza del problema, decidido que debes traspasarlo a otro, elegido a qué profesional piensas recomendar y anotado toda la información que el aconsejado pueda necesitar con respecto al mismo. Domicilio, horas de visita, coste de las visitas, ect.

La forma en que enfoques el tema es vital para el éxito. Debes evitar por todos los medios que el aconsejado se sienta rechazado, pensando que tú no le quieres ayudar, o que su problema es tan grave que no tiene solución y por tanto no quieres implicarte en él. Es preciso utilizar mucho tacto. Lo mejor es comunicárselo de forma natural, sin trascendencias, casi casual, evitando poner cara de circunstancias o de preocupación. Basta una recomendación más o menos como ésta: «Aprecio mucho todo lo que ha compartido conmigo hasta aquí, puesto que esto me ha ayudado a serle a su vez útil. Mi deseo es ayudarle en la mejor manera posible. Por ello creo,

350

que en este momento, la mejor forma en que puedo ayudarle es ponerle en contacto con un consejero profesional que trabaja en cuestiones y situaciones del mismo tipo que la que usted presenta y que, como experto, tiene mucha más experiencia que yo. ¿Qué le parece la idea?»

Es posible que el afectado lo acepte fácilmente o, por el contrario, se muestre vacilante y sorprendido. Y hasta puede que diga: «Entonces es que usted no quiere ayudarme», o «No quiere usted verme más.»

«¡De ningún modo!», le contestas, «*quiero* ayudarle y seguir viéndole de vez en cuando. Pero mi deseo es.que pueda recibir mayor y mejor ayuda. Es por esto que le hago esta recomendación».

El aconsejado puede contestar: «Pero he compartido tanto con usted y me ha sido tan difícil; y ahora quiere que vaya y hable con un extraño.»

«Ya me doy cuenta de que la idea le asusta un poco, y que no es agradable, a veces, empezar de nuevo a contar ciertas cosas, pero cuando vino a verme a mí por primera vez, recuerde que también le costó esfuerzo y, no obstante, ha sido capaz de ser muy franco conmigo. Usted tiene el mismo coraje y estoy seguro de que será igualmente capaz de hacerlo con otro que está mucho mejor preparado que yo para seguir ayudándole. ¿Qué cree que puedo hacer para que el ponerse en contacto con él le resulte más fácil?»

Recuerda que el aconsejado, tiene la opción de aceptar o rechazar la sugerencia de ir a otro consejero. Es él mismo quien debe tomar su propia decisión. Si el probléma es grave y crees que la situación es de emergencia, una depresión profunda, pensamientos suicidas, enfermedad física, malos tratos, ect., es imprescindible que el traspaso al profesional adecuado se haga de forma inmediata, por lo que es necesario insistir con delicadeza, pidiéndole que esté de acuerdo con tu decisión y confíe en tu juicio. En una situación que no es de emergencia, pídele que considere tu sugerencia y déjalo en este punto. Pero que entienda bien claro que no tiene por qué aceptar tu idea de ir a otro, ni necesariamente a la persona que tú le has sugerido. Para ello, si es posible, indícale más de un nombre para que sea él quien pueda elegir.

Cuando haya tomado una decisión afirmativa, ayúdale a dar los pasos necesarios. Esto es, invítale a llamar al otro desde tu despacho, pues esto refuerza la decisión, ora con él sobre el proceso o incluso acompáñale la primera vez.

Si te es posible, déjale que venga a verte después de su primera visita con otro profesional. Dile que seguirás orando por él y que estás interesado en su caso y en la feliz resolución del mismo.

NOTAS

1. Adaptado de un artículo por Betty Chase.
2. Waylon Ward, *The bible in counseling* (Chicago: Moody, 1977), pp. 111-12.
3. Lloyd Ogilvie, *God's will in your life* (Eugene, Ore.: Harvest House, 1982), p. 136.
4. Ibid., p. 164.
5. Dr. Keith Olson, Counseling teenagers (Denver: Group Books, 1984), p. 239.

Apéndice 1

El secreto profesional en la consejería cristiana

Las leyes sobre el secreto profesional varían de país en país, y en algunos países, como es el caso de Estados Unidos, incluso de estado en estado. Por ello resulta muy difícil facilitar unas normas que sean de aplicación a todos de forma exahustiva. Nos limitaremos, por consiguiente, a facilitar algunos consejos de carácter general, recomendando, al propio tiempo, a todos los consejeros, que se pongan en contacto con un abogado respecto a la legislación que afecta al secreto profesional, de un modo particular, en el país o lugar donde ejerce su ministerio.

Nuestro criterio es que el consejero debe considerar seriamente, en casos graves, la posibilidad de poner la situación en conocimiento de:

1. La posible víctima o familia de la víctima que es de esperar pueda sufrir los resultados de las intenciones por parte del paciente de causar daño a personas o cosas.
2. La familia del paciente que intenta causarse daño a sí mismo o a otro.

3. Los socios o amigos de los amenazados o que amenazan a otros.
4. Los funcionarios de la ley.

El país o estado en el que resides puede tener leyes que requieran dar información a los agentes de la autoridad o de la Sanidad Pública, en situaciones que impliquen cualquier señal de suicidio, abuso de niños o abuso sexual.

En algunos países hay leyes muy específicas en lo concerniente al maltrato de niños y abusos sexuales. Estas leyes se aplican a los que trabajan con niños, incluyendo a los maestros, directores de colegios, empleados de hogares infantiles y orfanatos, padres adoptivos, médicos, dentistas, psicólogos, terapeutas pastores, catequistas y otros.

Estas leyes estipulan que cualquiera de estas personas que, en su capacidad profesional o dentro del ámbito de su empleo, sospeche con razón que un niño ha sido víctima de maltratos dé cuenta de ello a organismos públicos, de forma inmediata.

Apéndice 2

Test de evaluación de una crisis

Adaptado por Karl Slaikeu y Ruth Striegel-Moore (1982)

Nombre.................................... Edad...... Sexo.........
Estado civil......... Empleo...
Nombre del Consejero.............................. Fecha.........

Instrucciones

El presente cuestionario puede ser utilizado bien como guía para estructurar una entrevista en caso de información de crisis, bien como hoja sumario para anotar información recogida del paciente, miembro de la familia, persona que lo envía, y otros. Cuando se utiliza como guía de entrevista, es importante adoptar un enfoque flexible, permitiendo al paciente que determine el orden a seguir, y reordenar las preguntas en conformidad con la capacidad del paciente para discutir aspectos varios de la crisis.

I. Sucesos precipitantes
  1. ¿Qué es lo que causó la crisis?
  2. ¿Cuándo y dónde tuvo lugar?

3. ¿Quién está implicado, además del aconsejado?
4. ¿Qué sucesos similares han ocurrido antes en la vida del aconsejado?
5. ¿Cómo fueron tratados y resueltos?

II. Presentando el problema
6. ¿Cuál es la descripción del problema (o problemas) en este momento por parte del aconsejado?
7. ¿Difiere esta historia de lo que piensan los miembros de la familia y otros?
8. ¿Qué quiere de ti el aconsejado?

III. Funcionamiento básico de crisis
Examina el impacto del suceso de la crisis en cada una de las cinco modalidades.

a) *Funcionamiento del comportamiento*: ¿En qué forma ha afectado el comportamiento del aconsejado la crisis? Indica el impacto del suceso de la crisis en cada una de las siguientes áreas:

No Impacto	Produjo Cambio	Especificación
( )	( )	Trabajo:
( )	( )	Ejercicio:
( )	( )	Uso del tiempo libre
( )	( )	Hábitos de comida:
( )	( )	Fumar:
( )	( )	Hábitos de bebidas:
( )	( )	Uso de drogas:
( )	( )	Sueño:
( )	( )	Vida espiritual:
( )	( )	Control de sentimientos (p. ej. acceso de mal genio, llanto frecuente, etc.):
No	Sí	
( )	( )	Indicaciones de comportamiento agresivo y autodestructivo:

358

No	Sí	Especificación
( )	( )	¿Hay actos o hábitos específicos que el aconsejado quiere cambiar?
( )	( )	El paciente necesita aprender nuevas formas de comportamiento.
( )	( )	El paciente quiere hacerlo con *más* frecuencia:
( )	( )	El paciente quiere hacerlo con *menos* frecuencia:
( )	( )	El paciente quiere parar de hacerlo:

Enumera las tres actividades favoritas del paciente:

1.

2.

3.

Como promedio, ¿cuánto tiempo pasa el paciente en la ejecución de las siguientes actividades?

Ahora

1.........horas/semana

2.........horas/semana

3.........horas/semana

Antes de la crisis

1.........horas/semana

2.........horas/semana

3.........horas/semana

b) *Funciones afectivas*: Examina los sentimientos que son más característicos del paciente en este momento de su vida (Marcar donde corresponda)

excitado	( )	abrumado	( )	ansioso	( )
enfadado	( )	tenso	( )	enérgico	( )
solitario	( )	jovial	( )	culpable	( )
feliz	( )	inquieto	( )	confortable	( )
triste	( )	asustado	( )	aburrido	( )
«entumecido»	( )	celoso	( )	agotado	( )
relajado	( )	satisfecho	( )	otros	( )

¿Cuáles son las situaciones en que el aconsejado se siente más trastornado?

¿Cuáles son las situaciones en que el aconsejado se siente más sosegado y tranquilo?

¿Cuáles son las situaciones/sucesos/experiencias que hacen que el aconsejado funcione mejor?

¿Cuáles son las situaciones en que el aconsejado es más probable que pierda el control de sus emociones?

¿Qué sentimientos le gustaría al aconsejado experimentar con *más* frecuencia?

¿Qué sentimientos le gustaría al aconsejado experimentar con *menos* frecuencia?

¿Qué sentimientos eran característicos del aconsejado antes de suceder la crisis?

Evalúa el nivel conjunto de tensión física experimentado por el paciente:

( )   ( )   ( )   ( )   ( )   ( )   ( )
completamente relajado   extremadamente tenso

¿Está el paciente ahora bajo medicación?
( ) No
( ) Sí. Enumera los medicamentos prescritos ....
....
....

Otros aspectos de la salud física del paciente, antes de la crisis, que no fueron discutidos antes:

c) *Relaciones personales*: Lo siguiente afecta a aspectos importantes de las relaciones del aconsejado con otras personas.

¿Tiene el aconsejado vínculos familiares?
  ( ) No
  ( ) Sí. Especifica:

¿Tiene el aconsejado amigos íntimos?
  ( ) No
  ( ) Sí. Especifica:

¿Es miembro de alguna organización social, iglesia, club social, etc.)?
  ( ) No
  ( ) Sí. Especifica:

¿Quién es, en la actualidad, la persona más importante en su vida?

¿Cuál es el impacto de la crisis sobre las relaciones sociales del aconsejado (cónyuge, hijos, amigos, etc.).

¿Está el aconsejado dispuesto a aceptar ayuda de la familia o de amigos?

  ( ) Sí
  ( ) No. ¿Por qué no?

¿Quién, en la vida del aconsejado, podría entorpecer la resolución con éxito de la crisis?

Describe el estilo interpersonal del aconsejado durante el tiempo de la crisis.

( ) Retraído   ( ) Agresivo
( ) Dependiente   ( ) Firme
( ) Gregario   ( ) Independiente
( ) Hosco   ( ) Otros

En conjunto, el paciente describe sus relaciones interpersonales como

	Satisfactorias	Aceptables	Conflictivas
padres	( )	( )	( )
hermanos	( )	( )	( )
cónyuge	( )	( )	( )
hijos	( )	( )	( )
colaboradores	( )	( )	( )
amigos	( )	( )	( )
vecinos	( )	( )	( )

¿Era la naturaleza de alguna de estas relaciones diferente antes de que tuviera lugar la crisis?

( ) No
( ) Sí. Especifica:

d) *Funciones cognitivas.* La próxima serie de preguntas examina en qué forma el paciente recibe e interpreta el suceso de la crisis.

Falso	Verdadero	
( )	( )	El suceso de la crisis amenaza un objetivo altamente valioso en la vida. Especifica.
( )	( )	El aconsejado verbaliza muchas afirmaciones del tipo «debería». Especifica.
( )	( )	El aconsejado se preocupa en exceso del suceso que causó la crisis y/o sus consecuencias. Especifica.

362

Examina las pautas de hablar consigo mismo del aconsejado. ¿Qué afirmaciones sobre él mismo confirma?
Indica la presencia de alguno de los siguientes:

( ) Catástrofes imaginadas   ( ) Desilusiones
( ) Habla irracional con él mismo ( ) Racionalización
( ) Alucinaciones   ( ) Idealización paranoide

¿Tiene la crisis actual toques de crisis pasadas (crisis previas no resueltas satisfactoriamente, conflictos reprimidos, etc.)? Explica.

¿Ha afectado la crisis la imagen personal del paciente?

Describe los sueños que tiene despierto y las pesadillas nocturnas que pueda haber tenido.

¿Cuál era la situación mental del aconsejado antes de la crisis?

Otras observaciones de interés:

Bibliografía castellana
sobre el tema

En las Notas, al final de cada capítulo, nos hemos visto obligados a respetar las citas del autor, que corresponden, casi en su totalidad, a libros en lengua inglesa que, en la mayor parte de los casos, no van a resultar fácilmente accesibles a los lectores de lengua castellana, pese a que deben figurar como fuentes utilizadas por el autor en el texto del libro.

Para suplir esta deficiencia hemos estimado conveniente añadir la presente bibliografía castellana de Libros CLIE sobre los distintos temas tratados en la obra, todos ellos disponibles en librerías, y que esperamos resulten de utilidad a nuestros lectores interesados en ampliar conocimientos sobre el tema.

1. Aconsejar en general, desde una perspectiva bíblica

Manual del Consejero Cristiano, Jay E. Adams. Ref. 22.30.29.
Capacitados para restaurar, Jay E. Adams. Ref. 22.31.32.
Perspicacia y creatividad en el arte de aconsejar, Jay E. Adams. Ref. 22.31.44.
El Evangelio y los problemas emocionales, Vernon Grounds. Ref. 22.03.90.
Principios bíblicos del arte de aconsejar, L. J. Crab Jr. Ref. 22.07.13.

La práctica de aconsejar, Jay Adams. Ref. 22.23.63.
Manual de psicología cristiana, Gary R. Collins. Ref. 22.05.71.

2. Proceso de intervención en una crisis

La curación de los traumas emocionales, David. A. Seamands. Ref. 22.32.02.
La curación de los recuerdos, David A. Seamands. Ref. 22.31.80.
Usted es algo especial, Bruce Narramore. Ref. 22.09.26.
Juntando los pedazos, Maurice E. Wagner. Ref. 22.05.20.
El hombre descentrado, Salvador Iserte. Ref. 22.04.70.
Psicoterapia cristiana, Rita Cabezas. Ref. 22.34.29.

3. Crisis de la depresión

Respuesta a la depresión, Norman Wright. Ref. 22.07.73.
Emociones: ¿Puedo confiar en ellas?, James Dobson. Ref. 22.03.49.
Qué hacer cuando la vida falla, Stuart Briscoe. Ref. 22.33.10.
Cómo vencer las preocupaciones, William Orr. Ref. 22.32.88.
¿Por qué temer?, Edward Deratany. Ref. 22.32.92.
Enciclopedia de problemas familiares, James Dobson, p. 311. Ref. 22.03.62.

4. Crisis del suicidio

Vale la pena vivir, Milo Arnold. Ref. 22.09.30.
Solitario, pero no solo, Nycky Cruz. Ref. 22.30.37.
Respuesta a la frustración y la ira, Norman Wright. Ref. 22.07.67.
Respuesta a la soledad, Norman Wright. Ref. 22.07.73.
Liberación de la soledad, David Clarebout. Ref. 22.31.90.

5. Crisis de la muerte

¿Dónde está Dios cuando se sufre?, Philip Yancey. Ref. 22.03.20.
El enigma del sufrimiento humano, Jaime Carder. Ref. 22.30.01.

Si he de morir a los treinta, Meg Woodson. Ref. 22.08.24.
¿Quién pecó, éste o sus padres?, Eugenia Price. Ref. 22.07.40.
La inmortalidad, Loraine Boettner. Ref. 22.04.93.

6. Crisis del divorcio

Mejor que el divorcio, Ruthe T. Spinnager. Ref. 22.05.86.
Matrimonio, dovorcio y nuevo matrimonio, Jay E. Adams. Ref. 22.30.90.
Respuesta al divorcio, Norman Wright. Ref. 22.07.66.
Solucionando problemas matrimoniales, Jay E. Adams. Ref. 22.31.02.

7. Niños en estado de crisis

Cómo criar a un niño difícil, James Dobson. Ref. 22.01.68.
¿Por qué no puedo entender a mis hijos?, Herbert Wagemaker. Ref. 22.07.04.
Enciclopedia de problemas familiares, James Dobson. Ref. 22.03.62.

8. Crisis de la adolescencia

Comunicación: Clave para entender a los adolescentes, Norman Wright. Ref. 22.01.78.
¿Puedo charlar contigo?, Elisabeth Skoglund. Ref. 22.07.30.
Enciclopedia de problemas familiares, James Dobson. Ref. 22.03.62.

9. Crisis por transiciones en la vida

El fracaso: una puerta abierta al éxito, Erwin W. Lutzer. Ref. 22.04.16.
En pie de guerra contra el miedo, Tay Thomas. Ref. 36.01.70.
Respuesta a la preocupación y la ansiedad, Norman Wright. Ref. 22.23.85.

10. Crisis de *stress*

Cómo transformar la tensión mental, Robert Schuller. Ref. 22.02.00.

Manteniendo el equilibrio en un mundo de tensiones, R. Letourneau. Ref. 22.05.69.

11. Utilizando la oración como medio terapéutico para la crisis

Abba, Padre. Teología y psicología de la oración, J.M. y P. Martínez. Ref. 22.35.33.

Printed in the USA
CPSIA information can be obtained
at www.ICGtesting.com
LVHW020857210724
785408LV00006B/18